El chef migrante

El chef migrante

La vida y los tiempos de Lalo García

Laura Tillman

Grijalbo

El papel utilizado para la impresión de este libro ha sido fabricado a partir de madera procedente de bosques y plantaciones gestionadas con los más altos estándares ambientales, garantizando una explotación de los recursos sostenible con el medio ambiente y beneficiosa para las personas.

El chef migrante
La vida y los tiempos de Lalo García

Título original: *The Migrant Chef. The Life and Times of Lalo García*

Primera edición: octubre, 2025

ISBN: 978-607-385-584-6

Impreso en México – *Printed in Mexico*

A Augie y Willa

Índice

Índice

Nota de la autora

Este libro es el resultado de cinco años de reportaje que incluyen cientos de horas en la cocina de Máximo Bistrot, observando y entrevistando a Eduardo *Lalo* García Guzmán, al personal de la cocina y el comedor, proveedores y clientes; entrevistas con chefs y personal de otros restaurantes de alta cocina en la Ciudad de México, entre ellos algunos con relevancia histórica que desde entonces han cerrado sus puertas; tres semanas trabajando en la cocina de panadería de Rosetta; viajes de reportaje a Guanajuato, el Estado de México, Baja California, Dubái, Georgia —con escalas en Atlanta, Uvalda y Vidalia— y Salinas, California, los cuales fueron financiados de manera independiente; y entrevistas con antiguos patrones y compañeros de trabajo de Lalo, con sus amigos y familiares.

Entrevisté a docenas de expertos en temas relacionados con las experiencias de Lalo, incluyendo la historia gastronómica de México, el trabajo agrícola migrante, el impacto del Tratado de Libre Comercio de América del Norte, la crítica gastronómica, la exposición a pesticidas, la historia política de Estados Unidos y México en lo relacionado con la migración y su persecución, agricultura sustentable, ley laboral, y el movimiento contemporáneo de alta cocina de la Ciudad de México. Siempre que fue posible, entrevisté a las fuentes directas y visité los entornos significativos en la historia de Lalo, en un intento por entender mejor su vida, recabar detalles adicionales y verificar información. Leí extensamente sobre todos estos temas, incluyendo obras de antropología, historia y sociología de académicos, memorias y ensayos de contemporáneos, registros policiales y de inmigración, y obras literarias. Cuando se describe el mundo interior de Lalo, los detalles incluidos en el texto son el resultado de extensas conversaciones con él acerca de su vida emocional, su reacción a los sucesos, y pláticas de seguimiento sobre lo que estaba pensando y sintiendo en momentos específicos. Muchas de esas reacciones eran lo contrario a lo que yo me hubiera imaginado, y la disposición de Lalo a ser franco y paciente fue crucial para este proceso. Siempre que fue posible grabé las entrevistas para garantizar citas y traducciones precisas.

Mucho del trabajo de Lalo como chef se ha documentado de alguna forma. Premios, inauguraciones, controversias y cierres han encontrado lugar en los registros públicos, y ha sido relativamente fácil verificar nombres, fechas y demás información relacionada con su exitosa carrera como chef y restaurantero. Sin embargo, hay poca documentación disponible de sus primeros años, y su recuerdo de esa época es imperfecto. He podido corroborar algunas cosas visitando los antiguos hogares de Lalo en el Estado de México y Guanajuato, entrevistando a familiares y amigos, viendo fotos de familia y verificando detalles con expertos, como lo relacionado con la exposición a pesticidas y el trabajo migrante. Cuando no fue posible verificar una fecha o dato importante, los familiares de Lalo generosamente se dedicaron a comparar recuerdos para llegar a un consenso. Las áreas en las que hay incertidumbre están documentadas en las notas finales.

Conocí a Lalo en 2016. Cuando llamé por teléfono a Máximo Bistrot para pedir una entrevista con su chef, no tenía idea de que Lalo estaba en un momento crítico de su vida: se estaba usando a los inmigrantes mexicanos cada vez más como peones políticos en la elección presidencial de Estados Unidos, y Lalo quería compartir su historia. Lo hizo a través de varias entrevistas en medios a lo largo de ese año, pero él quería que alguien la abordara con más profundidad. Yo había llamado a Máximo Bistrot porque me interesaba la posibilidad de escribir sobre los cocineros, meseros, lavaplatos y proveedores en un restaurante de alta cocina en la Ciudad de México, donde la desigualdad extrema del país a la vez se refuerza y se cuestiona. Cuando conocí a Lalo, entendí que su camino lo había obligado a enfrentarse a estas fuerzas una y otra vez.

Me he esforzado por contar esta historia con la precisión y el rigor del periodista, apoyada en la investigación antes mencionada; no hubo limitaciones a mi investigación. Lalo me dio un acceso extraordinario a la vida de su restaurante; ya fuera una tranquila mañana antes del servicio o la locura a la hora de la cena, siempre pude observar libremente, hacer entrevistas y tomar notas. Lalo también ha participado en un diálogo continuo conmigo, no sólo sobre lo que ha pasado en su vida sino lo que estos sucesos han significado para él. Estoy agradecida por su compromiso, su vulnerabilidad y por todo lo que he aprendido de él. Espero que los lectores puedan compartir esta experiencia.

Prólogo

Una mañana de octubre de 2016, una joven caminaba a la esquina de Tonalá y Zacatecas en la Ciudad de México, hacia un restaurante con un sencillo toldo negro; las letras blancas decían: MÁXIMO BISTROT LOCAL. Ella estaba inscrita en un programa vocacional de cocina y había venido a Máximo a buscar trabajo. Si tenía éxito, se uniría a millones de trabajadores de la industria de servicios que todos los días hacen el recorrido de horas: caminan hasta una esquina a esperar un colectivo traqueteado y lleno a reventar, luego el trayecto apretados como sardinas junto a pasajeros que huelen a café matutino y un chisguete de perfume, o bien a sudor y Fabuloso aún aferrado al uniforme del turno de ayer. Cuando los dejan en una estación del metro, el descenso entre vendedores de tamales hasta los túneles excavados en los lodosos cimientos de esta antigua metrópolis, cuyos canales alguna vez pulsaron con el agua de un lago y ahora están secos. El valle de México está rodeado de montañas nevadas, volcanes que encierran la contaminación y parecen hacer rebotar los sonidos de 22 millones de habitantes: el tañer de la campana del camión de la basura y el perro que le ladra, el grito operático de "el gaaaaasssss", las grabaciones que venden aguacates y guayabas. Por último, subir y subir y subir desde el metro hasta las calles de la pudiente colonia Roma, con sus mansiones porfirianas convertidas en cafés y departamentos, sus ordenados parques con fuentes y perros de raza que le traen la pelota a sus amos.

Ese día, la joven entró por la puerta hacia el mostrador de mármol donde el chef Eduardo García Guzmán, que ahí casi todos conocían como Lalo, preparaba el menú del día, que cambiaba con las estaciones y según su capricho. Aunque los hombres de su familia habían sido bendecidos con una abundante cabellera que duraba hasta su vejez, cinco años de manejar el restaurante se habían llevado casi todo su cabello.

A primera vista, no parecía un famoso restaurantero: su camisa solía estar manchada, y a menudo se le podía encontrar realizando las tareas más humildes en la cocina, como escoger hongos o escamar un pescado. Pero la autoridad irradiaba de sus ojos, enmarcados por cejas arqueadas; el resto del personal se movía en torno a él, una escuela de pececillos que van y vienen del espécimen de mayor tamaño. Esos ojos siempre estaban indagando, protegiéndose de los motivos ocultos, buscando señales de una verdadera pasión.

Lalo salió de detrás del mostrador, se limpió las manos con un trapo, y llevó a la aspirante a la mejor mesa del restaurante, un disco de oscura madera tropical en un rincón acogedor, de cara a un portal abierto, lleno de olivos en macetones de barro. Ella venía de Gastromotiva, una fundación que ayuda a personas económicamente vulnerables en México a recibir el entrenamiento necesario para obtener trabajos de cocina bien remunerados. Lalo había recaudado fondos para el programa y recibía a sus integrantes para entrevistas de trabajo, como esta.

Lo primero que ella tenía que hacer, le explicó Lalo, era venir a un turno de prueba.

—Primero queremos que tú veas el ambiente en que trabajas, porque sí es pesado —le dijo, su cuerpo relajado, su mirada intensa—. Sí te voy a decir que la carrera en la que te metiste es una de las más difíciles que hay, pero una vez que la puedes abrazar y que logras pasar esa barrera, es de las más ricas del mundo.

Le preguntó dónde vivía —no por chismoso, le aseguró, sino porque iba a trabajar turnos de doce horas, y él sabía que con los traslados podían volverse quince o dieciséis—. Trataría de apoyarla, en la medida de lo posible.

—La realidad es que donde tú vives no hay restaurantes en los que puedas trabajar, especialmente donde te puedan pagar más o menos, entonces allí tienes algo malo, y la otra es que en esos restaurantes no puedes aprender. ¿Sí me entiendes? Entonces, por una parte, tomaste una decisión increíble, o por otra, igual y no. Por lo mismo, por la distancia. Pero la realidad es que así es. Así es la vida.

Le advirtió: si no se tomaba ahora el tiempo de aprender, su carrera se iba a estancar.

—Mira, yo soy más sincero que todos —le dijo—. No voy a bajarte las nubes porque este negocio no es así. ¿Sí me entiendes? Este negocio, si tú logras digerirlo, si tú logras aprenderlo, puedes lograr algo increíble en tu vida. Pero para eso, primero necesitas comprometerte totalmente. Primero, primero, tienes que echarle ganas.

Gracias, dijo ella. Lalo llamó a su asistente para agendar un turno de prueba; normalmente, tendría que entrar a las 6 a.m., pero podía llegar a las 7 en caso necesario. Luego, él volvió al trabajo, sin saber muy bien si su plática sincera sobre la naturaleza extenuante del negocio resultaría en última instancia intimidante o inspiradora. Ella nunca regresó. Como con tantos otros, Lalo no se molestó en aprenderse su nombre.

La gente buscaba a Lalo constantemente. Desde el productor de lácteos que había venido a la ciudad para convencerlo de poner su queso fresco en el menú, hasta el acicalado millonario *millennial* ansioso por sumarlo a su círculo de amigos; todos entraban por la puerta día tras día. Ahora, Lalo era uno de los chefs más famosos de México; su restaurante insignia, un destino para turistas de todo el mundo, nombrado uno de los cincuenta mejores de América Latina, el mejor de México. Él se había hecho la reputación de ser un hombre que escuchaba y que trataría de ayudarte —si tu petición tenía mérito—. No era el chef más famoso ni el más influyente del país —ese título le correspondía a su mentor, Enrique Olvera, del restaurante Pujol— pero era al que la gente se acercaba con confidencias, al que no necesitabas cita para ir a ver. Un desconocido podía entrar al restaurante y, si su causa era digna, Lalo le daba hasta la camisa; más bien abría su clóset y le daba todas sus camisas. Pero si no estaba de acuerdo sólo cabeceaba sin comprometerse a nada, elogiaba la idea por cortesía como "increíble" pero al poco tiempo se olvidaba de ella.

Entre sus empleados en la cocina angosta y llena de gente, podía ser el mejor aliado de un cocinero; en su mente, esto también implicaba ser su más férreo crítico. Sin sus altos estándares, ¿cómo podría impulsar a estos jóvenes esperanzados?, ¿cómo podría ayudarlos a convertir un trabajo cualquiera en la industria de servicios en una carrera —y en una oportunidad de ascender a la frágil clase media del país—? Lalo podía tender la mano y sacar a alguien de la pobreza, siempre que la persona estuviera dispuesta a trabajar duro; pero todos los días se llevaba frustraciones, se decepcionaba por la falta de compromiso, preocupado de que cada vez que él se alejaba el tren podía descarrilarse.

Enrique Olvera era famoso por su espíritu innovador: podía deconstruir y reconstruir conceptos tradicionales, crear algo que llevara su sello inconfundible, iniciar modas que lentamente se iban extendiendo a restaurantes de rango medio y cocinas privadas, esparcir ideas que acercaban a la gente a una cultura desconocida. Lalo había viajado decenas de miles de kilómetros para comer en restaurantes así, como el remoto sitio al final de una carretera escandinava, donde un tiempo tras otro se preparaban con musgo y hierbas silvestres y reno curado. Comida en la que había que gastar en aviones y taxis y hoteles antes de pedir la cuenta. Estas comidas le interesaban, sin duda. Lalo había estado feliz de hacer esos viajes y había encontrado la inspiración al final del arcoíris. Pero no parecía ser capaz de suspender su conciencia por completo, de disfrutarlo sin que le recordara la nauseabunda aritmética del exceso y el hambre.

—Hay gente que no tiene ni un vaso de agua limpia; eso está muy jodido. ¿Cómo lo asimilas, mentalmente? No se puede. Si lo haces, te vuelves miserable.

Lalo no tenía deseos de crear una forma de privilegio tan esotérica que la mayoría de la gente no supiera ni que existía.

A veces, fantaseaba con un futuro en el que la economía mundial colapsara, los turistas dejaran de venir, y él pudiera cerrar sus restaurantes y volver al pueblo donde nació. Construiría una casa con sus propias manos. Se pondría a criar vacas y puercos y a hacer sus propios quesos y charcutería. Dormiría bajo las estrellas y despertaría con el sol. Y luego había días en los que podía visualizar los contornos de un emporio: una docena de restaurantes, dándole sustento a mil personas. La presidencia de la República, donde su primer acto sería la construcción de una cárcel enorme para encerrar a los narcos y los políticos que estaban arruinando el país. Mientras cocinaba, Lalo platicaba con su personal y su esposa sobre lo que había visto en las noticias y lo que habría que hacer. Pero cuando la gente lo elogiaba por los empleos que había creado o por su trabajo ambientalista, se ponía estoico; la expresión se le iba de la cara y decía cosas como: "Yo sólo soy un simple cocinero que le da de comer a gente que viene con hambre".

Lalo había trabajado para lograr el éxito —que a veces se definía como simple supervivencia— desde que era un niño flacucho de diez años, cortando naranjas y desenterrando cebollas en la ruta de Florida hasta Míchigan. Ahora, el bistrot que había abierto con su esposa, Gaby, había florecido hasta convertirse en tres restaurantes propios y varios más que asesoraban. Máximo Bistrot se había vuelto el lugar de encuentro de algunas personas ricas y poderosas; cuando estrechaba la mano de acaudalados empresarios y turistas, Lalo estaba ahí pero no del todo; robaba instantes de distracción para volver mentalmente al oasis de su pueblo, una versión idealizada compuesta de humo de leña y luz de estrellas. Pero en la vida real, cuando realizaba ese viaje, no soportaba ser el hombre de ciudad que llegaba en su carro del año a un pueblo pobre que apenas lo reconocía.

Sus decisiones y exigencias diarias ocultaban ansiedades profundamente arraigadas. Sí, sin duda esa era la salsa correcta para ese platillo, o el *chef de partie* equivocado para ese puesto. Pero la gente que lo rodeaba... ¿eran sus amigos o una serie de personas que se aprovechaban de él mientras le sonreían? Esta vida en una carrera de "hospitalidad", donde el dinero y los gestos amables se combinaban con resultados vertiginosos, ¿lo estaba alejando de su centro?

Cuando Lalo declaraba ser "un simple cocinero que le da de comer a gente que viene con hambre", sabía que, de hecho, su vida interior y exterior se habían vuelto cada vez más complejas. Que la gente que venía a sus restaurantes esperaba una experiencia que iba más allá del hambre. Que entre más se acercaba a la siguiente meta, más lejos se veían los ideales trillados como la "felicidad" o el "éxito". ¿Qué ganaría finalmente en su búsqueda? ¿Qué perdería de manera irreparable?

Natalia y Lalo en San José de las Pilas
Cortesía de la familia García

Capítulo uno

Tortillas al amanecer

Lalo nació en 1977; lo llevaron de una clínica rural a su casa, en el pueblo de San José de las Pilas, Guanajuato, en el centro de México, una comunidad tan pequeña que no aparece en el mapa del estado. Ahí, la mayoría de las familias cultivan frutas y verduras, con una dieta predominantemente vegetariana, así como maíz y sorgo para vender en el mercado. Para ganar más, te tenías que ir: un mensaje reforzado por las partidas constantes. El éxodo incluyó a los tíos de Lalo, que se mudaron de Guanajuato al pujante municipio de Nicolás Romero en el Estado de México, que abraza a la Ciudad de México por tres lados. Ahí, construyeron casas y consiguieron trabajo en una fábrica de pilas Rayovac.

La familia fue parte de una migración masiva de Guanajuato, Puebla y Guerrero al Estado de México, que vio su población duplicarse en los años 1970, llegando a 7.5 millones de personas para finales de la década. Millones de recién llegados se vieron atraídos por los terrenos accesibles y las oportunidades de empleo en la Ciudad de México, a una distancia que permitía el trayecto diario. Allá, trabajaban en cocinas, limpiaban hogares, eran albañiles, meseros, taxistas y niñeras, contribuyendo a la economía de servicios que mantenía bien atendidas a las clases medias y altas de la capital.

El padre de Lalo, Lupe, empezó a migrar a Estados Unidos a cosechar frutas y verduras poco después de casarse con Natalia, la madre de Lalo. Lupe regresaba a México muy ocasionalmente, a veces por espacio de una semana o un mes, cuando bajaba el ritmo de las cosechas. En esas visitas, la pareja se reencontraba, y al paso de los años tuvieron cuatro hijos: María, Isela, Lalo y Jaime. Como un año después de que naciera el menor, Jaime, Lupe regresó al pueblo para mudar a su familia a un terreno junto a la casa nueva de su hermano en el Estado de México. Trató de trabajar con sus hermanos en la planta de Rayovac, pero al haber pasado toda la vida trabajando al aire libre, se sentía confinado en la fábrica inhóspita, y frustrado con el mísero salario por hora. Por lo menos en los campos siempre había la posibilidad de llenar más cubetas si querías una billetera más gorda. Regresó a la ruta migrante.

Natalia hacía rendir cada peso que Lupe le mandaba, para financiar el tabique de concreto y la varilla para su nuevo hogar. En un principio, vivían en un solo cuarto con piso de tierra, con una cortina volando en el marco de la puerta. Para ir al baño, visitaban uno de los campos adyacentes. Entre la casa y el callejón había un socavón, y cuando llovía —que era seis o siete meses al año, todos los días— improvisaban un puente con tablones de madera sobre el estanque que rápidamente se formaba. En los años siguientes poco a poco añadirían más habitaciones: un segundo cuarto donde Natalia podía cocinar y donde algunos de ellos dormían. Otra habitación se volvió el espacio de estar, y más adelante, el lugar donde viviría una tía de Lalo, Camelia, que era monja.

Cuando la cuadrilla de albañiles venía a vaciar el concreto para un cuarto nuevo, Natalia agarraba uno de los cerdos y el tío de Lalo venía a matarlo: le levantaba una pata delantera y lo apuñalaba en el corazón. Natalia lo desangraba y cortaba la carne, luego vendía algunos cortes y guardaba algo para hacer carnitas. Ponía la sangre a hervir con cebolla y la especie de longaniza suelta y negra que quedaba la hacía tacos para alimentar a los albañiles. Este platillo, la moronga, fue una de las primeras delicias favoritas de Lalo.

Comer moronga significaba que la familia se acercaba un poco más a una meta discernible. Una casa era algo palpable, y Natalia amaba tiernamente su casita a medio construir en el Estado de México. Conocía el origen de esfuerzo de cada tabique de concreto. Cuando la casa al fin quedó terminada, sus muros formaban un cuadrado alrededor de un patio central donde Natalia cultivaba chayotes, higos y rosas.

En uno de los viajes de Lupe a casa, Lalo, que era un niño flacucho, se esforzó por ayudar a su padre con el trabajo de rellenar el socavón con camionadas de tierra, hasta dejar un patio bien nivelado frente a la puerta. Más adelante, cuando el barrio había crecido a su alrededor y se volvió denso y peligroso, levantaron una barda de concreto gris, descaradamente utilitaria, con varillas apuntando al cielo por si un día decidían hacerla más alta.

Durante más de una década, Natalia crio a sus hijos con el dinero que Lupe mandaba a casa de su trabajo en los campos. A veces los pagos se desviaban o se perdían, y ella tenía que mendigar comida con los vecinos. A veces Lalo, de 90 centímetros, salía a buscar trabajo. Cargaba ladrillos para una fábrica de un solo hombre que había en el barrio; cuidaba los cerdos del profesor de su hermana, el maestro Chon. Lalo regresaba a casa con helados de regalo para la familia, comprados con sus ahorros. Natalia le decía que era un trabajo demasiado peligroso, pero Lalo insistía: no quería que sus hermanos se perdieran de nada.

En una foto de los García poco después de llegar al Estado de México, las milpas maduras que rodeaban su casa los hacen ver pequeños. Al poco tiempo, la expansión de la mancha urbana haría que el recuerdo de esos campos pareciera tan sólo una alucinación. Para los habitantes del barrio, lo que habían sido distancias razonables entre la casa y el trabajo en la capital se congestionaron de tráfico, y las horas libres de la semana laboral típica de lunes a sábado se fueron perdiendo, consumidas por el recorrido.

En los veranos, Lalo regresaba con su mamá y sus hermanos a San José de las Pilas, un caserío abrazado a una ladera entre dos docenas de tonos de verde que domina una hilera de montañas, a ayudar a sus abuelos a trabajar los campos. Celebraban la llegada de Lalo preparando sus platillos favoritos: tamales de ceniza —que llevan ceniza revuelta en la masa, cocidos al vapor en hoja verde de maíz recién cortada, servidos con salsa de jitomate fresco encima— y chivo asado. En septiembre, cuando regresaban al Estado de México, que era cada vez más urbano, a Lalo le daba claustrofobia y entraba en duelo por su vida en el campo, deambulando por la casa entre llantos mientras Natalia se iba frustrando con todo su teatrito.

De modo que cuando Lupe regresó a México decidido a convencer a Natalia de venirse al otro lado con los niños, que ya tenían diez y ocho años —de que ya estaban listos para hacer el viaje y echar una mano en los campos— Lalo estaba puesto. Natalia fue más difícil de convencer: ella sabía que el estilo de vida de los migrantes era demasiado peligroso para sus hijas Isela y María, y que irse de México significaría dejarlas. Aun después de que Natalia estuvo de acuerdo, les tomó días decidirse a partir: cada vez que lo intentaban, la familia lloraba la separación inminente de manera tan profunda, tan insoportable, que se daban por vencidos y decidían quedarse un poquito más. Al fin, a media noche, abordaron el primero de una serie de autobuses que los llevarían hasta Tijuana. Este punto de entrada estaba lejos del trabajo habitual de Lupe en Florida, pero él decidió que el terreno relativamente urbano de Tijuana sería más seguro para que cruzaran los niños que el vasto desierto de Sonora o las corrientes impredecibles del río Bravo. Contrataron a un coyote que ideó un plan: les pondría vestidos a los niños para que usaran el acta de nacimiento de un par de niñas más o menos de su edad, así podrían cruzar la frontera en coche para entregárselos a sus padres del otro lado. Pero, asustados y llorando, los niños se negaron a ponerse los vestidos o abordar un vehículo sin sus papás. Acabaron cruzando a pie con Natalia por un hueco en la valla, guiados por un coyote. En California, se quedaron con un primo antes de volar a Florida.

La decisión de dejar a sus hijas fue tortuosa para Natalia, pero Lupe se mantuvo firme en que era lo mejor: además del trabajo brutal, a la mayor, María, le faltaban sólo un par de años para terminar su certificado de preparatoria con un título de contadora, que le permitiría conseguir un trabajo cómodo.

Décadas después, Lalo no recordaría haber sentido ninguna aprehensión ante el inicio de este nuevo capítulo. Estaba emocionado de hacer el viaje, de ver otro país, de poder conocer a su padre. Lalo y Jaime serían la tercera generación de su familia en unirse a los millones de migrantes mexicanos que viajaban al norte a arar los campos y recoger las cosechas en Estados Unidos, un país hambriento de mano de obra barata desde antes de su fundación, pero ambivalente sobre la gente que la brindaba.

José García Agueta, el abuelo materno de Lalo, llegó a EE. UU. durante la Segunda Guerra Mundial como parte del Programa Bracero, un acuerdo entre Estados Unidos y México que resolvía la falta de trabajadores causada por la guerra creando contratos de corto plazo para hombres mexicanos. En Guanajuato, el estado natal de Lalo, los trabajadores potenciales viajaban al centro de reclutamiento en Irapuato, luego esperaban semanas o meses y soportaban exámenes humillantes, que incluían ser desnudados y rociados con DDT. Les prometían vivienda, buenas condiciones laborales y seguro médico, pero en la práctica sólo una fracción diminuta de los patrones cumplían con estos compromisos. La ubicación céntrica de Guanajuato era ideal para los reclutadores de braceros: suficientemente lejos de la frontera para frenar o detener el flujo de trabajadores a discreción, pero accesible por tren cuando los seleccionados hacían el viaje al norte.

Los trabajadores mandaban a casa dinero que era el sustento de vidas, pero las condiciones fueron espantosas desde el principio. Los braceros a menudo trabajaban hasta más allá del agotamiento, sin que nadie se preocupara de su bienestar o incluso de su supervivencia. El activista laboral Henry Pope Anderson lo expresó así: "Se les ve como materia prima, como objetos, como esclavos... rentas a un bracero por seis semanas o seis meses, y si se maltrata no importa. Nunca lo volverás a ver. Recibirás el modelo del año siguiente: más nuevo, más joven y más sano". Después de la guerra, la gran oleada de huelgas de 1946 obligó a muchas industrias a mejorar los salarios y regular las condiciones laborales, pero el sector agropecuario siguió teniendo carta blanca: sujetos a ser deportados en cualquier momento, era poco probable que los braceros fueran a protestar. Es más, la Ley Nacional de Relaciones Laborales de 1935, que les garantizaba a la mayoría de los obreros el derecho a sindicalizarse, había excluido de su definición de "empleado" a los trabajadores del campo y domésticos. En esa época, un Congreso dominado por demócratas sureños había ideado esta exclusión para evitar el empoderamiento económico de los negros en el sur segregado. Los trabajadores agrícolas no tenían el derecho protegido federalmente a sindicalizarse ni siquiera en los años que Lupe y Lalo pasaron en los campos, ni tampoco hoy en día.

Cuando Natalia aceptó llevarse a Lalo y Jaime al norte, anticipaba que el trabajo iba a ser brutal y que carecerían de las comodidades más básicas. Ella había crecido en una familia de campesinos y no se hacía ilusiones sobre ese estilo de vida. Pero resultó que el trabajo en Estados Unidos no sólo era severo físicamente, sino también psicológicamente.

Su nueva vida en el camino era agotadora, mugrienta, venenosa. Se mudaban de un lugar a otro siguiendo las cosechas. Cada vez que se mudaban, Natalia trataba de tallar bien cada superficie, pero las cucarachas se metían en las grietas de las alacenas, a esperar a que oscureciera. La familia García sufrió más en Florida. Ahí, la actitud de que el trabajo realizado por gente pobre y morena debería ser gratis a duras penas había aflojado su agarre mortal. Los cítricos y los tomates eran los reyes. La familia a menudo era rociada con insecticida cuando llegaban a trabajar; la piel les quedaba pegajosa de los químicos. Los pesticidas les dejaban ampollas en las manos, algunas nunca se les quitaron. A veces, cuando pasaban en auto un punto de control al acercarse a un campo, los padres de Lalo escondían a los niños debajo de unas cobijas para que no los rociaran. La lección para el joven Lalo quedó clara: la salud de las naranjas era más importante que la suya.

Nada preparó a Lalo para la transición de un país a otro. Él lo compara con la experiencia de una persona que nunca ha oído hablar de un avión, que nunca ha visto uno ni en dibujo, y de pronto aborda un 747 y despega hacia el cielo. Todo —desde el primer traguito de Yoo-hoo y el olor de los pasillos refrigerados del 7-Eleven hasta el vasto paisaje de cosechas— impactó de lleno en sus sentidos.

Lalo, de diez años, era un niño revoltoso, lleno de preguntas, molestón y ávido de competencia: su familia decía que era hiperactivo, o nomás latoso. Pero también podía exhibir una obediencia militar cuando era necesario. Si la orden era recoger naranjas del suelo todo el día o juntar agujas de pino en montoncitos para que su padre pudiera meterlas en una caja y venderlas a 2 dólares el manojo, estaba decidido a ser el par de manos más rápidas, y no se quejaba si el trabajo lo dejaba todo pegajoso de resina o astillado. Trabajando en equipo, la familia llenaba cientos de cajas al día.

A veces no había trabajo. Estaban entre cosechas: la cereza ya estaba acabando y aún no empezaba la manzana. Lupe les enseñó a sus hijos con el ejemplo que nunca hay que dejar de buscar trabajo. Nunca. Encontraban una iglesia, ofrecían cortar el pasto. A veces los recompensaban con bolsas de arroz y frijol. Lupe era una máquina, dice Lalo.

—Nunca he visto a nadie trabajar tan duro como mi padre.

Nacido José Guadalupe García Guzmán en San José de las Pilas, Lupe era más alto que el promedio de sus compatriotas, ancho de hombros y musculoso. Era de cara alargada, ojos cafés, pensativo. Como Lalo adulto, su mirada transmitía convicción, un hombre que infundía respeto, pero que tenía un sentido del humor y un optimismo que parecía incompatible con sus arduas décadas en los campos. Tenía cabello abundante y oscuro, se peinaba de raya al lado y el copete le caía en la frente. Un bigote delgado recorría la orilla superior de su labio. Con los años de trabajo se acostumbró a sobrevivir con poco sueño, llevando su cuerpo al límite al servicio del bienestar de su familia. El llamado de su labor lo impulsaba de la misma manera en que otros hombres oyen un llamado de Dios para levantarse y rezar al amanecer.

Lupe había pasado la mayor parte de su vida sin su propio padre. Ignacio García Guzmán había sido asesinado a mediados de los años 1960 junto con sus hermanos, emboscados al volver de su trabajo en las milpas. Ya es una historia que se conoce sólo de oídas y los detalles son escasos; el único pariente que guarda la verdad no quiere hablar. Lo que se sabe es que Ignacio era un hombre poderoso en el pueblo, que a menudo resolvía disputas y pudo haber tenido varios enemigos. El asesinato fue un golpe atroz que para Lupe tendría consecuencias eternas. Después de los nueve días rituales de luto, Lupe se convirtió en el responsable *de facto* de su familia, con cinco hermanos menores que alimentar y la operación de los campos que supervisar. Era apenas un adolescente, que empezaba a pensar en seguir su propio camino, pero ahora tendría que criar primero a sus hermanos menores. Cuando tenía veinticuatro años empezó un coqueteo con Natalia, que aún estaba en sus primeros años de adolescencia. Las familias se oponían a la relación. Los padres de ella ofrecieron mandarla a vivir con unos parientes a Sonora, para que pudiera volver a empezar en un lugar donde el cortejo no hubiera dañado su reputación. Pero Lupe le propuso matrimonio.

Natalia, nacida Salomé García Acevedo, creció en una casita de adobe vecina a la casa de la familia de Lupe. Su padre tenía una miscelánea, un poco de ganado y una paletería, pero el ingreso de estos negocios apenas alcanzaba para mantener a los doce hijos del matrimonio. Un día de

Reyes, cuando tradicionalmente en México los niños reciben sus regalos navideños, Natalia recuerda haber recibido una muñeca hecha con un pedazo de cartón. Hizo un alboroto por su nueva compañera. Cuando estuvieron a solas, le contó a la muñeca su deseo secreto de ir a la escuela.

—Yo le rogaba a mi papá. Le decía: "¿Sabes qué? Es que tenemos que ir a la escuela". "¿Pero para qué?", decía. "Si ustedes son mujeres. No necesitan estudios. Ustedes se van a casar y ya, se van a dedicar a su familia". Entonces nosotros nos escapábamos. Escondiéndonos de mi papá porque queríamos saber algo —contó Natalia—. La niñez de uno, se pone uno a pensar y fue muy difícil, porque no hubo tiempo de ponerse a jugar con la muñeca, de salir a jugar con nuestras amiguitas. No. Todo era de campo, de casa, porque no había una manera de cómo estudiar, y cuando nos escapábamos, ¿cómo íbamos a aprender a escribir, a leer? Porque yo sí, aprendí a escribir, pero no totalmente a leer, porque, digamos, me escapaba veinte minutos. "Va a llegar mi papá y va a ser seguro una regañada que me va a dar". Entonces, mi mamá, como que sí le decía a mi papá: "¿Sabes qué? Pues no porque son mujeres no van a estudiar. Tienen que estudiar". ¿Al final, qué pasa con todo esto? Yo no digo que mi vida fue mala. Pero a la primera que encuentra uno, pues busca uno como que otra vida, ¿no?

Cuando se casaron, fue Lupe el que se marchó a buscar esa otra vida, una salida de la pobreza, que prácticamente estaba garantizada en San José de las Pilas. Dejó a Natalia en el pueblo, embarazada.

—Cuando me casé me dijeron: "¿Sabes qué? Aquí están dos platos. Aquí están dos tazas. Aquí está tu cazuela donde vas a cocinar. Tú sabrás lo que vas a hacer".

Natalia había pasado la mayor parte de su niñez ayudando a su madre a alimentar muchas bocas. Cultivaban su comida con el sistema de la milpa, que viene del náhuatl *milli*, que significa campo cultivado. Ahí, el cultivo de maíz, frijol y calabaza se combinan para crear un ecosistema de apoyo mutuo. El frijol regenera el nitrógeno de la tierra, los tallos del maíz funcionan como un emparrado natural para que suban las enredaderas del frijol, y las hojas grandes de la calabaza cubren el suelo, evitando que le dé el sol, manteniendo la humedad de la tierra y al mismo tiempo evitando las hierbas. Después de la cosecha, sembraban garbanzo como cultivo de cobertura, fijando el nitrógeno en la tierra. Este método le permite a una familia mantenerse nutrida con una pequeña parcela de tierra. Natalia y su familia usaban todo lo que les brindaba la milpa.

La calabaza —junto con las flores y enredaderas de la planta— se podía usar para las quesadillas. Los garbanzos se podían agregar al caldo preparado con lo que escurría del borrego en barbacoa de hoyo, que tomaban como sopa para entrar en calor en las mañanas. El frijol negro se podía cocer con cebolla y epazote. Pero realmente el maíz era la base de la dieta de la familia. Podía comerse tierno, pero la mayoría del maíz maduro y seco era nixtamalizado, el proceso de meter las mazorcas en agua con cal —es decir, en una solución de hidróxido de calcio— para luego lavarlas y desgranarlas. Después, se muelen para hacer la masa. El nixtamalizado cambia las propiedades químicas del maíz y hace que sus nutrientes sean biodisponibles; es una técnica que se ha usado en la región desde hace miles de años.

Cuando Natalia alcanzó a Lupe en la ruta del migrante, tenía casi el doble de la edad que cuando empezaron a salir. La vida diaria sin Lupe se había vuelto la norma. En su ausencia, ella había manejado el hogar a su propio juicio. Ahora, era deferente con Lupe, en un lugar que la volvía loca. Nunca tuvo tiempo de aprender las reglas ni de hacer una amistad cercana, porque en uno o dos meses se iban al siguiente lugar.

Nunca era difícil encontrar trabajo: el reto era encontrar vivienda. A veces paraban en moteles, derrochando los preciados dólares en un cuarto mientras encontraban un lugar más permanente. De vez en cuando se encontraban algún lugar marginalmente acogedor, como una casa en Florida a orillas de un bosque, por un camino blanco de conchas de mar. Ahí, Lalo se sentía libre. Pero ya fuera que durmieran en un motel o en un tráiler con una docena de hombres adultos, Lalo siempre dormía profundamente. Estaba cansado hasta los huesos.

Lupe se levantaba a las 4 a.m. para empezar a cocinar, y despertaba suavemente a Lalo y Jaime a las 5 a.m. La desmañanada era mitigada por dos aromas trascendentes, entremezclados: un altero de hot cakes calientes y otro de tortillas de harina, que Lupe preparaba de cero mientras el resto de la familia dormía. A falta de masa de maíz, con la que acostumbraban preparar las tortillas en México, saboreaban tortillas de harina más grandes, con menos nutrientes, pero sublimemente deliciosas cuando estaban recién hechas.

Lupe combinaba harina, sal y polvo para hornear en el tazón más grande que tenía, lentamente integraba la manteca con la punta de los dedos, luego agregaba agua y amasaba la mezcla pegajosa hasta dejarla sedosa al tacto. Hacía bolitas de masa del tamaño de limones chicos y palmeaba cada una hasta formar un disco. Luego, dejaba estas tortitas en el mostrador o una charola para hornear, las cubría con una toalla y las dejaba reposar quince minutos antes de usar un rodillo de amasar que había improvisado con un mango de escoba para aplanarlas. La última parte, que hacía coincidir con el momento en que despertaba a los niños, era fácil: deslizaba la masa aplanada a un sartén caliente hasta que cada tortilla se inflaba y quedaba moteada de carbón. Eran del grueso perfecto: suficientemente fuertes para soportar cualquier relleno, pero tiernas y suaves cuando les dabas una mordida.

Lupe aprovechaba los quince minutos en que reposaba la masa para preparar la mezcla para hot cakes. Cuando todos habían comido unos cuantos hot cakes, Natalia hacía tacos de huevo, frijol y salsa, que los niños comían en la pick-up, entre traguitos de leche con chocolate directo del cartón. Con la panza llena, se acostaban en el colchón que Lupe había conseguido para la caja de la camioneta, una manera de que sus hijos durmieran un poco más. Les podía tomar treinta minutos o dos horas llegar a la cosecha.

¿Cómo describir una infancia que fue a la vez tan adulta, tan desarraigada, tan laboriosa y, sin embargo, a grandes rasgos y en pequeños momentos, tan feliz? Así es como Lalo adulto describe esa época: cuando su papá se trepaba a las ramas de un árbol y las sacudía con todo su cuerpo, obligando a los cítricos a caer al suelo para que él y Jaime y Natalia pudieran reunir la fruta en una tinaja enorme que les pagaban a 9 dólares. Cuando le daban una ficha por cada cubeta de tomates pizcados. Cuando comían juntos un desayuno casero. Cuando se puso una linterna de cabeza y se asomó a ver los cultivos de hongos en Chester, Pensilvania, por primera vez. Cuando su padre estudiaba el mapa de carreteras y decidía tomar la ruta panorámica para ir de un estado a otro. Feliz.

A Lalo lo regañaron durante años por sus travesuras. No sabía estarse quieto. En los campos, podía canalizar esta energía con resultados increíbles. En vez de rebasar los límites rompiendo las reglas de sus padres, lo hacía superando cualquier expectativa de lo que un niño de diez años podía recolectar en un día. Su hermano Jaime lo veía con extrañeza:

—Si a Lalo le daban a escoger entre trabajar y jugar, prefería trabajar.

A Jaime no le encantaba el trabajo; tampoco lo odiaba. Sólo quería un poco de normalidad. Un hogar, unos cuantos amigos, quizá hasta jugar en un equipo deportivo.

En los huertos de cítricos en Wauchula, Florida, o en los manzanares de Belding, Míchigan, Lalo entendió rápidamente cómo funcionaba el marcador: si eras el que más ganaba, eras el mejor. Cuando aún estaba en primaria, tenía en la mira a los muchachos de veinte, en plenitud física, decidido a recolectar más que ellos. A menudo lo lograba. No todas las cosechas eran iguales. A Lalo le gustaban las que eran más rápidas: las naranjas las podías sacudir del árbol. Las fresas eran lentas. Tenías que cortarlas y escoger las más bonitas para ponerlas arriba, empacándolas para el supermercado allí mismo en el campo.

Aunque Jaime y él aún eran niños, su presencia en los campos no sorprendía a nadie. Lalo a menudo veía niños en edad preescolar llenando cubetas, bebés envueltos en un rebozo en la espalda de sus madres. Las leyes de trabajo infantil del país eran más laxas para el trabajo agrícola, pero aun así, casi todo lo que hacían Lalo y Jaime era ilegal. En teoría, ya desde los diez años un niño puede recolectar fruta y verdura, pero necesita un permiso especial que prácticamente nunca se expide por el riesgo de estar expuestos a pesticidas. Sin embargo, como no había dónde dejar a los niños cuando no había clases, sobre todo en las cosechas de verano, era común ver a los niños trabajando en los campos. A los trabajadores agrícolas a menudo se les paga por pieza o por peso durante la cosecha, y para los patrones era fácil hacerse de la vista gorda cuando los niños echaban fruta a la cubeta de su familia. Más allá del imperativo económico, en los campos no había mucho más que hacer aparte de ayudar. En cuanto aparecía por ahí un inspector, se podían llevar a los niños a otro lado o podían fingir que no estaban trabajando.

Un par de décadas antes de que Lalo trabajara en los campos, Truman E. Moore dramatizó el juego del gato y el ratón entre inspectores y niños en su libro *The Slaves We Rent* (*Los esclavos que alquilamos*). Un trabajador baja su cesto y, mirando el cielo azul y despejado, le dice al hombre a su lado que "parece que va a llover". El mensaje recorre las filas de arriba abajo, mientras los niños sueltan sus cajas. "Los niños se escondían del otro lado del camino en un pequeño claro en medio de un chaparral. De ahí, podían ver al hombre partir. Era su juego favorito. Esconderse del inspector era prácticamente lo único que interrumpía las largas horas en el campo. En el campamento así jugaban a las escondidillas: el que buscaba era el inspector. Pero era más divertido cuando había un inspector de verdad".

Cuando corría el rumor de una inspección en un sembradío de verduras, Lalo y Jaime se esperaban en la pick-up oyendo el radio hasta que les avisaban que había pasado el peligro. En los huertos, podían probar suerte escondiéndose.

Lalo ayudaba a su familia a ganar de 200 a 300 dólares al día, llenando una cubeta tras otra de cebollas, pepinos, naranjas, manzanas, limones. Si hubiera habido un marcador, el nombre de Lalo hubiera estado hasta arriba, enseguida del de Lupe. Pero lejos de los campos, en las escuelas a lo largo de la ruta, Lalo iba mal. No hablaba el idioma, y nunca permanecía suficiente tiempo en un lugar como para encontrar a un maestro que pudiera abocarse a su educación. Había un puñado de defensores de los migrantes esparcidos en el sistema de educación pública, pero las barreras eran enormes: papás que no hablaban inglés, niños que llegaban en noviembre y se iban en abril, la pobreza que exigía que trabajaran en los campos en vez de dedicarse a hacer la tarea, dormir o, a veces, asistir a clases.

Cuando Lalo llegaba a presentarse en los salones de clase, siempre desconocidos, se retraía. No sabía hacer amigos, un desafortunado problema para un niño que tenía que volver a empezar varias veces al año. Buscaba a los otros niños inmigrantes, que a veces venían de la India o de China. Por dentro, estaba ávido de conocimientos. Pero, con poco inglés y poca continuidad, sacaba malas calificaciones en todas las materias.

A él y Jaime los molestaban en el patio de la escuela en el sur de Georgia. En el recreo, un grupo de niños se les acercó: "¡Oigan, tengo un campo de cebollas que hay que pizcar! ¿Cuánto me cobran?". Ese recuerdo resurgiría en la cabeza de Lalo por décadas, sin buscarlo. En la fila de la cafetería, una niña lo detuvo. "Oye, Eduardo —le dijo—, ¡traes los mismos pantalones de ayer!".

—Yo le dije: "No, no", en mi mal inglés, pero claro que le entendía. La chica insistió: "Sí", dijo, "ayer traías los mismos pantalones". Obviamente usaba los mismos pantalones toda la maldita semana. Nomás tenía dos pares.

En el salón, los maestros sentaban a Lalo y unos cuantos niños, y les traían una televisión en un carrito, quizá con la vaga esperanza de que Harrison Ford les enseñara inglés mientras trataba de escapar del Templo de la Perdición. Algunos maestros dejaron una impresión positiva, pero Jaime recordaba más la pala de madera en una escuela de Florida, los apodos racistas que una maestra de Georgia les puso a todos sus alumnos de color. Lupe y Natalia nunca hablaron mucho de la nueva dinámica racial tan extraña en ese nuevo país tan extraño. Lalo percibía la tensión como un cambio atmosférico que parecía hacerse más denso entre más al sur viajaban. Al mismo tiempo eran bienvenidos —había trabajo que hacer, después de todo— y despreciados.

El racismo y el trabajo agrícola, desde luego, estaban entrelazados desde antes de que se fundara la nación, cuando el trabajo de los africanos esclavizados bajaba artificialmente el precio de la comida y los cultivos comerciales. A mediados del siglo XIX, los inmigrantes chinos que huían de la guerra y la hambruna llegaron a California atraídos por la fiebre del oro. Muchos se volvieron trabajadores agrícolas antes de que la Ley de Exclusión China —promulgada en parte para proteger los salarios de los trabajadores blancos— prohibiera en gran medida su entrada al país. En esa época, los afroamericanos y los nativos americanos podían ser acusados legalmente de vagancia, arrestados y obligados a trabajar, muchas veces hasta morir. Luego vino el movimiento eugenésico, que en ese entonces llamaban "ciencia", que afirmaba una jerarquía racial entre la humanidad y defendía la intervención humana para seleccionar la progenie racialmente superior. En el apogeo de la fiebre eugenésica en Estados Unidos, la Ley Johnson-Reed de 1924 consagró legalmente este sistema de jerarquías, fijando cuotas de inmigración con base en el atractivo percibido de sumar distintas nacionalidades al acervo genético de Estados Unidos. Aun así, había campos que arar y cosechas que recolectar; en parte por la presión para ocupar esos empleos difíciles y mal pagados, la ley no estableció cuotas para quienes provenían de países en el continente americano. Aunque el escepticismo sobre la eugenesia fue creciendo a medida que llegaron a Estados Unidos noticias de las crueles políticas del Tercer Reich para los discapacitados, y que la investigación científica desacreditó sus postulados, su lógica retorcida permaneció incrustada en el ADN del sistema de inmigración de Estados Unidos.

En 1960, el día después de Acción de Gracias, la CBS transmitió un reportaje de denuncia titulado *Harvest of Shame* (*Cosecha de vergüenza*) sobre las terribles condiciones de los trabajadores migrantes. Empezaba con el reclutamiento de trabajadores en Florida mientras Edward R. Murrow narraba: "Así es como se contrata a los humanos que cosechan la comida para el pueblo mejor alimentado del planeta. Un granjero vio esto y dijo: 'Antes éramos dueños de los esclavos; ahora sólo los rentamos'". Los políticos que pusieron fin al Programa Bracero en 1964 esperaban que los campesinos nacidos en Estados Unidos, al ya no tener que competir con mano de obra extranjera, recibieran mejores salarios. Pero lo que pasó fue que los agricultores cambiaron de cosechas, automatizaron los trabajos o redujeron su producción. Los desesperados intentos del Departamento del Trabajo por recoger las cosechas ante la nueva falta de trabajadores incluyeron reclutar a atletas preparatorianos; resultó que no fueron capaces de hacerlo.

Lupe empezó a migrar a Estados Unidos justo después de que terminara el Programa Bracero. No sabía nadar, pero logró cruzar el río Bravo: en Tijuana se metió a la cajuela de un coche. En California, donde pizcaba almendras y fresas, los campesinos mexicanos y filipinos se unieron para protestar por los bajos salarios y las condiciones de trabajo peligrosas, aunque uno de los líderes del movimiento, César Chávez, inicialmente no aceptaba a los migrantes extranjeros. En 1975, la Unión de Campesinos (United Farm Workers) obtuvo una victoria histórica que consagró en las leyes de California su derecho a organizarse, aunque no gozaban de ninguna protección similar a nivel federal.

Los otros estados se tardaron en seguir el ejemplo y hoy en día menos del 1 por ciento de los trabajadores agrícolas están sindicalizados.

Los trabajadores como Lupe que cruzaron la frontera subrepticiamente en los años 1970 y 1980 descubrieron que no era difícil hacerlo sin ser detectados. Aun si eran detenidos, rara vez eran procesados. El programa H-2A de trabajadores temporales llenó el vacío que dejó el Programa Bracero, pero sus características lo volvían igualmente fértil para la explotación, encasillando a los trabajadores en puestos específicos, y apoyándose en los reclutadores que enseguida ponían en la lista negra a cualquier trabajador que se quejara. Aquellos que decidían pasar por alto los canales oficiales descubrían que ninguno de los dos gobiernos tenía mayor interés en detenerlos: seguía habiendo demanda de trabajadores al norte de la frontera, y también de las remesas salvadoras que se enviaban al sur.

Lo que más se recuerda del ambivalente historial de Ronald Reagan en cuestiones migratorias es la amnistía masiva de 1986, que combinó una mayor vigilancia en la frontera con un camino para obtener la ciudadanía. Los inmigrantes indocumentados que cumplieran ciertas condiciones y hubieran ingresado al país antes de 1982 podían esperar dieciocho meses, luego hacer un pago de 185 dólares y recibir su *green card*, siempre y cuando aprendieran un mínimo de inglés, demostraran tener algún conocimiento de la historia y el gobierno de Estados Unidos y mostraran "buen carácter moral". Lupe se inscribió en la segunda fase, que ofrecía la misma oportunidad a los trabajadores agrícolas. Algunos de los 2.7 millones de nuevos residentes permanentes ansiaban volverse ciudadanos de Estados Unidos; otros, como Lupe y Natalia, estaban más interesados en tener un trabajo estable, puesto que el alto nivel de desempleo en

México volvía difícil el regreso. Tener papeles les daba más opciones: la posibilidad de entrar en profesiones más allá de la agricultura, de mudarse a diferentes regiones del país. A medida que los residentes de origen mexicano hacían estas conexiones, podían ayudar a sus familiares a encontrar trabajo, y en los estados como Guanajuato las esperanzas y los planes de sus familias empezaron a cambiar.

—Las remesas alimentan la imaginación de los jóvenes —dijo Jorge Durand, un antropólogo que investiga la migración mexicana—. Dicen: "Me voy a ir, quiero ganar dólares. Quiero construir una casa, o comprar una camioneta. Quiero un estilo de vida diferente". Se van pensando que en dos o tres años van a poder ganar lo suficiente para construir esa casa, y al final de ese periodo no les alcanza para construir nada.

En efecto, Lupe seguía regresando a Estados Unidos año tras año intentando ganar una cantidad que pudiera cambiarles la vida, pero fue hasta que Natalia, Lalo y Jaime cruzaron la frontera para acompañarlo que al fin pudieron ganar lo suficiente para empezar a ahorrar un poco. Al ir ahorrando ese dinero, empezaron a imaginar cómo sería hacer una vida al norte de la frontera. Cuando estaban trabajando en una cosecha redituable, Lalo y Jaime dejaban de ir a la escuela por completo.

—Recuerdo a mi papá diciendo: "Si de veras son listos y de veras quieren ir a la escuela, pueden ponerse al día, ponerse al corriente" —dijo Jaime—. Pero en realidad no era el caso, porque no podíamos adaptarnos.

Natalia veía a sus hijos batallar, pero ella misma apenas si había ido a la escuela, y en las conferencias de padres y maestros no podía comunicarse. Mientras tanto sus hijas, María e Isela, vivían solas en la casa del Estado de México, supervisadas por sus tíos que vivían en la siguiente cuadra.

Natalia sentía que estaba partida en dos: la mitad que recorría Estados Unidos estaba siempre en ascuas, la mitad que seguía psíquicamente en México se sentía impotente. No existían teléfonos celulares para mandar un mensaje de texto, no había chat en video para ver la cara de sus hijas. Natalia siempre ubicaba enseguida el teléfono público más cercano a cada nueva residencia, luego cambiaba sus billetes por un altero de monedas para una reunión de cinco minutos. Las niñas tenían que estudiar, tenían que tener una infancia diferente de la que ella había tenido, se decía Natalia. Era más seguro para ellas permanecer en México.

De todas sus escalas, Natalia odió Florida con singular pasión. Después de haber pasado la vida en las montañas del centro de México, el calor floridano era como un abusador invisible, que día con día la iba empujando más hacia el precipicio. Para cuando llegaban al huerto de cítricos en la mañana, ya tenía la ropa empapada y su grueso cabello esponjado por la humedad, frustrando sus intentos de peinarlo. Natalia se daba a la tarea, como de Sísifo, de mantenerlos a todos limpios y secos. Traía tres mudas de ropa por día, aunque estarse cambiando sólo les trajera breves momentos de librarse de la mezcla de pesticidas, condensación y sudor.

Despertaba de un sueño y salía corriendo del tráiler, jadeando por una bocanada rejuvenecedora de aire fresco, sólo para toparse con la noche densa y estancada. A menudo a esas horas oscuras insistía en que Lalo la acompañara a un hospital para ver qué tenía. En su inglés elemental, este trataba de explicar el dolor que su madre sentía en sus partes femeninas, cuyas funciones él aún no comprendía. Lalo se le quedaba viendo al doctor, que no parecía entender lo que su madre trataba de comunicarle. Sentía como si estuviera enterrado, bajo tierra. Tome dos Tylenol, descanse, solía ser el único consejo que recibía.

—Ahora que lo pienso —dijo Lalo—, estaban tratando de decirle: "Todo este drama que está ocurriendo en su vida, estar sin sus hijas, tener que ver a sus hijos trabajando como adultos, vivir en un país donde no pertenece y trabajar en las condiciones en las que trabaja, es lo que le está causando todos los problemas". ¿Sí me entiendes?

Décadas después, la familia aún no sabía qué diagnóstico deberían haberle dado a Natalia, sólo que su sufrimiento era muy real.

—Yo me enfermé mucho en los Estados Unidos. De ahí fue mi peor pesadilla porque, yo pienso que nunca, nunca me sentí bien. Nunca me adapté a la vida porque andábamos siguiendo las temporadas. Me deprimía mucho, por los cambios de climas, por las alturas. Yo no dormía porque me sentía tan triste, porque me sentía deprimida porque... no sé. No me sé explicar qué me pasó.

Lalo observó la transformación de Natalia de ser quien los disciplinaba y los nutría, una roca, a una mujer agobiada, desorientada, que ocultaba su fragilidad trabajando con diligencia para alimentarlos y vestirlos. No sabía cómo ayudarla. Sólo sabía que ella estaba sufriendo todo el tiempo, y que él no podía quitarle ese sufrimiento.

Así como padecía Natalia, las niñas también sufrían, extrañando a su mamá. María, que tenía la belleza fotogénica de una estrella de telenovelas y una confianza férrea y silenciosa en sí misma, estaba estudiando para titularse de contadora. Isela, una muchacha introvertida de cabello lacio y oscuro, y ojos grandes y penetrantes, se retrajo más cuando Natalia se fue. Lupe rara vez veía a las niñas, pero Natalia iba a México a verlas dos o tres veces al año. Aun desde antes de que su padre se fuera con su mamá y sus hermanos, María estaba enojada con él por pasar la mayor parte del tiempo tan lejos. Por teléfono, ella le rogaba que volviera. Cuando venía de visita, ella intensificaba su campaña. Los dos acababan llorando.

A María le daba curiosidad la vida de su familia al norte de la frontera. El cuadro que sus padres pintaban tenía poco que ver con las imágenes que Hollywood exportaba globalmente. Estaban hasta abajo del montón; los días se les iban en "puro trabajar". A Lupe le gustaba tomarse libertades con el mapa de carreteras, buscando dónde hacer algunas paradas para que se enfriara el motor cuando tomaban la ruta panorámica, pero sus desviaciones siempre eran por los paisajes naturales del país, nunca para ver los atractivos turísticos. En todos esos años nunca conocieron a Mickey Mouse en Disney World ni se desviaron para ir a ver el Monumento a Lincoln ni los rascacielos de Nueva York, ni siquiera para caminar por una playa de Florida. Lupe se hacía tiempo para una sola actividad: los domingos, si no llegaba un cura a visitar los campos, encontraban una iglesia, que a menudo era un simple cuarto en la casa de alguna familia con un púlpito improvisado y una cruz en la pared. Se sentaban a esperar a que llegara el cura de oficiar su primer servicio del día en un pueblo más grande por ahí cerca. Después de rezar, volvían al trabajo.

Cada año, a medida que ganaban más dinero, la ansiedad que inicialmente se había manifestado como una vibración inquietante empezó a pulsar con insistencia bajo la piel de Natalia. Estaba presente aun en sus épocas de éxito, y le robaba la satisfacción que debería haber llegado cuando, después de haber ido subiendo esforzadamente los peldaños de una escalera, te puedes tomar un breve descanso para admirar la vista.

—Pensé: "Esta no va a ser mi vida. Esta tampoco va a ser vida para mis hijos. Nunca tienen amigos, o si hacen un par de amiguitos en un estado, ya para unas seis semanas, ya no tienen esos amiguitos". Así andábamos, nunca estábamos más estables. ¿Cómo vas a sentir que esos son tus amigos? No son tus amigos. Lupe siempre les decía: "Mira, sé amigo de ti mismo, porque amigos, amigos, no los tenemos. Porque al final, ¿qué fue lo que vino pasando? Que en los momentos importantes, no se tuvo ningún amigo".

Estaban ahorrando dinero, eso Natalia lo sabía. ¿Pero a dónde los había llevado? ¿Cuándo iba a ser suficiente? Por lo menos en el Estado de México la casa había hecho visible lo que Lupe había logrado con años de esfuerzo. Ahora, itinerantes, se mudaban de un aparente hogar a otro, en una ruta que cambiaba de dirección y luego regresaba, hasta que el concepto de "un destino" perdió todo significado.

Capítulo dos

Escoffier reencarnado

Cuando Lalo cumplió doce marcó una metamorfosis para la familia: sus hermanas María e Isela al fin cruzaron la frontera para, por primera vez en la vida, vivir todos juntos, en Estados Unidos. María, la mayor, estaba llena de expectativas. Pero cuando llegaron al tráiler en Okeechobee donde la familia estaba terminando la temporada de cítricos, se sintió asqueada. Florida siempre era la parte más difícil de la ruta, y cuando llegaron manejando al tráiler, fue como si Lupe de pronto mirara su entorno a través de los ojos de sus hijas. ¡No podían quedarse ahí! Al día siguiente salieron hacia Ohio, a la cosecha de tomate italiano y pepinillo.

Para entonces María se había graduado de preparatoria con un título de contabilidad que hubiera podido aprovechar para conseguir un trabajo de oficina. Lupe no podía entender por qué estaba desaprovechando su titulación y los años de estudio que le llevó obtenerla viniendo a Estados Unidos. Pero el tema que más llamaba a María, el que estaba desesperada por entender, era su padre, un hombre que había estado ausente físicamente en gran parte de su niñez. ¿Qué era este lugar que se lo había llevado, que se había llevado a su madre y sus hermanos y las había dejado solas a Isela y ella en la casa del Estado de México por más de dos años? María se dio cuenta de que a menos de que hiciera el viaje, nunca llegaría a conocer a Lupe. La única manera era pararse a su lado, hacer el trabajo al que le había dedicado décadas y registrar los estragos que causaba. Después de un par de semanas apenas si podía sentarse en el excusado pues sus músculos agotados se habían contraído en señal de protesta. Ver de cerca la ocupación de su padre fue desconcertante.

—¿Cómo podía soportar tanto? ¿Tanto, tanto, tanto?

Después de Ohio, donde las diminutas espinas de los pepinos le irritaban las manos, hubo un breve respiro en Míchigan, con la cereza, la mora azul, la manzana, luego los colores del otoño. Quizá a las niñas les tocaría ver una nevada antes de dirigirse al sur. Ese año cuando los García llegaron a Míchigan, un granjero no aceptó a los niños. Lalo, Jaime e Isela se fueron caminando a la casa mientras que María, Natalia y Lupe se pasaron el día trabajando en el huerto. Cuando regresaron a la casa encontraron un banquete de duraznos rojos y amarillos como el sol poniente, cerezas y ciruelas con su oscuro resplandor: el botín que los niños habían recolectado en su caminata.

Cada año viajaban a Vidalia, Georgia, donde vivían en un tráiler al fondo de un camino color café, cerca de una tienda de conveniencia que vendía bolsas de cacahuates cocidos, los pasillos repletos de sandías. Esa cosecha traía su estado salvaje incluso a los campos industriales: las enredaderas se apoderaban del paisaje con su patrón desordenado. En Vidalia, pasaban semanas acuclillados sobre el suelo arenoso, desenterrando las cebollas epónimas de la localidad. Algunos días barrían las agujas de pino debajo de los árboles y las metían en una caja para venderlas como mantillo.

Fue en Georgia que Lalo de doce años entró al bosque de pinos con el rifle de su padre y escuchó un crujir de las hojas del suelo. Un venado salió al claro y Lalo le apuntó con el rifle y jaló el gatillo. No pasó nada. Entrando en pánico, movió el seguro, lo volvió a intentar. Nada. Otra vez, movió el seguro mientras el venado saltó fuera de vista y apareció otro. Lalo disparó y le dio al animal, vio cómo se doblaron sus gráciles patas y su cuerpo cayó al suelo. Era un joven venado macho, con la cola blanca y esponjada como algodón. Lalo caminó tambaleante hasta la casa con el venado en hombros y Natalia preparó la carne en un guisado con salsa de chile pasilla. La carne era magra y dura, pero el recuerdo del joven Lalo con el venado a cuestas y una sonrisa en la cara se quedó en la familia para siempre.

Estos eran los momentos que las hermanas habían esperado ver cuando vinieron al norte, las experiencias compartidas que se convertirían en preciados recuerdos, luego en leyendas familiares. Pero eran pocos y muy espaciados. En los campos, llegaron a compartir la experiencia de Estados Unidos que la familia había narrado por teléfono: un lugar de trabajo nefasto, soledad y explotación. No obstante, la competencia diaria por ganar más que los otros trabajadores parecía motivar a Lalo. En un campo con cien hileras y sesenta trabajadores, Lalo empezaba cada turno corriendo de una hilera a otra, plantando unas cuantas semillas en cada una para que su familia pudiera llevarse más trabajo. María, una chica de ciudad, miraba horrorizada mientras su hermano les aseguraba la mayor cantidad de trabajo posible. Se sentía rebasada y fuera de lugar.

—Le decían a mi mamá: "¿Cómo trae a sus hijas aquí? Mire, sus hijas tienen una piel muy bonita. Ellas no son como nosotros. ¿Por qué las trae en el sol?".

Antes de que llegaran las chicas, la familia había recorrido la ruta migrante guiada por Lupe, cuyas décadas de experiencia volvían rutinario el difícil camino. Pero con ojos frescos, María, horrorizada por las condiciones inseguras e injustas, empezó a protestar, cuestionando el futuro de la familia. Se fue a vivir a Atlanta con la hermana de Natalia, y consiguió trabajo en un McDonald's. Pero a lo largo del siguiente año, siguió pensando en el resto de la familia en los campos y los venenos a los que estaban expuestos a diario, la miseria que les pagaban. Su indignación creció. ¡Todos debían renunciar a la ruta! En Atlanta se podían conseguir empleos estables. Quizá Lalo y Jaime podían terminar la preparatoria. En un principio Lupe se resistió, pero en sus últimos meses trabajando en Florida, Natalia tuvo su peor encontronazo con el sistema médico. Un doctor le realizó un Papanicoláu de rutina y le diagnosticó cáncer. Natalia, que ya estaba batallando por mantener a raya la depresión y la ansiedad, entró en shock. Al ver su sufrimiento, un conocido de la familia, de las cosechas, le hizo a Lupe una propuesta extraordinaria: tenía 1 000 dólares ahorrados y animó a Lupe a tomarlos. Tienes que mandar a tu esposa a México, le dijo, porque aquí se te va a morir.

Aceptaron. Con el dinero, Natalia regresó a México sola en medio de un colapso físico y mental. Ahí, los doctores le realizaron más estudios, determinaron que no tenía cáncer y la instaron a regresar a Florida para exigir respuestas del hospital. Resultó que le habían dado a Natalia los resultados de otra paciente. Mientras tanto, había tenido un colapso nervioso.

—Esa fue la raíz de la depresión que me envenenaba —dijo Natalia. Lupe al fin aceptó que quizá María tenía razón y debían renunciar a la ruta, de una vez por todas. Decidieron alcanzar a María y sus demás familiares, y darle una oportunidad al suburbio de Chamblee, en el norte de Atlanta.

Para Natalia debería haber sido una época de paz y felicidad: estaban instalados en un lugar fijo, y tenía a toda su familia bajo un mismo techo por primera vez desde que era niña. Pero ella había cambiado, y tomaba una serie de medicamentos para calmar sus nervios y para dormir. A partir de ahí, fue como si ella se moviera a través de una neblina cuya densidad variaba. Para Lalo, la mamá de su primera infancia nunca regresó. La mujer que seguía con ellos era indómita, sí, en tanto que seguía trabajando y cuidando a su familia con vigor y sin quejas. Pero estaba distante, y esa distancia se podía detectar en sus ojos, en sus recuerdos borrosos, en una indecisión que Lalo nunca antes había notado.

En Georgia, Lalo y su familia se dieron a la tarea de echar raíces. Al hacerlo, se unieron a un creciente experimento entre los inmigrantes mexicanos al sur de Estados Unidos: al ver las oportunidades que brindaba un boom económico, se estaban mudando a zonas que antes habían estado aisladas de la migración mexicana, pues las leyes segregacionistas y el legado de racismo que perduraba desanimaban a cualquier migrante potencial y a la vez creaban altos niveles de pobreza y una abundancia de empleos mal remunerados. En la década de 1980 empezó un cambio radical, cuando la abundancia de empleos, los cambios en las políticas migratorias y la vivienda accesible atrajeron a migrantes a la zona. Georgia cuadruplicó su población latina en los años noventa, un cambio que era especialmente evidente en el destino que habían elegido, Chamblee. Ahí, entre 1980 y 2000, la población pasó de un 89 por ciento de blancos a 54 por ciento de latinos, 14.5 por ciento de asiáticos y 5 por ciento de negros. A los recién llegados les atraían las dos estaciones de metro en la zona y una serie de unidades habitacionales de bajo costo.

Ninguno de los lugares donde los García habían vivido en Estados Unidos había sido idílico, pero Chamblee tenía una serie de problemas.

—Había gente bebiendo, montones de policías, balazos y cosas así —dijo Lalo—. La gente era superracista, y recuerdo que la mayoría de los chavos que vivían en esos departamentos eran gente con la que después me relacioné: pandilleros.

Lupe se puso más estricto con sus reglas. Nada de pantalones tumbados, nada de rap en la casa.

El cambio del campo al suburbio fue más radical para Lupe. Durante décadas, había estado regido por las estaciones, trabajando y viviendo en condiciones que eran peligrosas, solitarias y precarias. Pero también había pasado toda la vida trabajando al aire libre; convencerlo de dejar ese estilo de vida fue una batalla. A María le desconcertaba que hubiera podido ser tan leal a un tipo de trabajo que no le mostraba la menor lealtad y le pagaba una miseria. ¿Cómo —se preguntaba— había podido soportarlo? Más adelante, razonaría que probablemente le gustaba el trabajo porque parecía una persona feliz, siempre con un chiste, siempre con alegría en el corazón. En esta nueva vida arraigada, se la pasaba encorvado sobre el fregadero de la sombría cocina de un restaurante de comida tapatía llamado El Torero, en un pequeño centro comercial abierto en Roswell, Georgia. Ansiaba estar afuera con cada hueso de su cuerpo.

Varios meses después de que se mudaron a Chamblee, una familia con la que habían trabajado hombro con hombro en Vidalia los invitó a un día de campo junto a un río. Otros paseantes les advirtieron que no se metieran más allá de la orilla, pero el agua se veía tranquila, la resaca y las raíces de árbol invisibles desde la superficie. Jaime y Lalo se pusieron a chapotear, y de pronto Lalo pareció meterse más profundo. Natalia lo vio sacar una mano. Primero pensó que estaba jugando, pero se dio cuenta de que no. Nadie de la familia sabía nadar. Lupe se metió cuanto antes al agua con sus pesadas botas y jeans. Natalia se quedó en la orilla gritando y vio a Lupe abalanzarse para pescar de la camisa a Lalo y levantarlo a la superficie antes de que un bote que iba pasando los sacara.

Lalo siempre rebasaba los límites. Les quedaba claro a sus padres que el aburrimiento era el enemigo. Ese verano, Lupe mandó a Lalo a Louisville, Kentucky, a trabajar con su tío en un restaurante de comida mexicana, llevando totopos y agua a las mesas. Cuando regresó, el primo de Lalo le dijo de un trabajo en el Georgia Grille, un relajado restaurante de comida del sureste de Estados Unidos, nombrado en honor de Georgia O'Keeffe y famoso por sus enchiladas de langosta. Durante seis meses Lalo lavó platos, satisfecho con su sueldo. Pero, eterno enemigo de la ociosidad, empezó a ayudar con los preparativos para la comida cuando no tenía suficientes platos que lavar.

Scott Adair, de treintaicinco años, cocinaba a su lado. Lalo tenía quince, y la mayoría de la gente asumía que era poco más que un buen trabajador con un dominio limitado del inglés. Pero Adair notó cómo cortaba el jitomate Lalo para hacer el pico de gallo: en una *brunoise* perfecta, cubos de tres milímetros. Picaba toda una caja de tomates en menos de treinta minutos, y su técnica nunca parecía verse afectada por la velocidad. Adair le puso un sobrenombre más gringo, "Fast Eddie", mientras subía por el escalafón de lavaplatos a producción a ensaladas, y luego a la línea.

Lo que Lalo sabía de cocina le venía principalmente de Natalia. Ella no era tan habilidosa para picar —partía los vegetales a golpe de cuchillo, en pedazos disparejos— pero lo que le faltaba de entrenamiento formal, lo compensaba de sobra con su paladar, su impecable sentido del equilibrio. Intuía la cantidad exacta de cebolla para los frijoles, la manera en que lo ácido del limón realza un platillo, la importancia de la nota de hierbas —epazote o cilantro— para terminar, exactamente cuánto ponerle y si debía ir crudo o cocido. Natalia improvisaba sobre los platillos mexicanos clásicos —llamaba a esas variaciones sus "pequeños experimentos"—. No estaba usando nitrógeno líquido para congelar las gotas de vainilla, no estaba preparando una espuma de frijol ni un aceite sabor menta; ni siquiera estaba usando un recetario. Lo que ella hacía era darle un pequeño giro, que un público no mexicano probablemente ni siquiera notaría. Agregaba una verdura que normalmente no llevaba un guisado, pero que parecía resaltar los sabores. Encontraba originalidad en su cocina y no le daba miedo apartarse de la norma. A veces esto surgía de un sentido de aventura, pero las más de las veces su inventiva era hija de la necesidad; como muchas de sus contrapartes, que cocinaban en los pueblos del sur y el Midwest de Estados Unidos, peinaba los anaqueles de abarrotes para tratar de recrear un sabor de hogar con una larga lista de sustituciones.

En vez del tomate verde, con su cáscara como de papel, Natalia trataba de evocar su acidez con jitomates que aún no maduraban. El cilantro lo compraba fresco en grandes cantidades, luego deshidrataba las hojas y las guardaba para después. Unos cuantos granjeros en Ohio, al ver la demanda entre sus trabajadores, empezaron a plantar chile, pero Natalia dependía principalmente de un guardado de chile seco que compraba en las tienditas mexicanas cuando estaban en Florida. A las salsas de todos los días les faltaba el picor fresco y ácido del chile serrano, al que estaba acostumbrada; muchas veces no picaban nada.

Los experimentos de Natalia eran, en esencia, otra aportación a un linaje de inventiva culinaria que adaptó los ingredientes de una cultura extranjera, aun en medio de la adversidad.

* * *

Uno de los primeros puntos de encuentro cultural entre el conquistador Hernán Cortés y los pueblos originarios del territorio que hoy conocemos como México fue la comida, que el tlatoani o emperador azteca, Moctezuma II, ofreció a la tripulación española que desembarcó en Veracruz en 1519. Les dieron "tamales muy bien hechos, que vayan calientes, tortillas comunes y con frijoles los tamales, redondos como gordas varas y todo género de aves cocidas, asadas, codornices, venados en barbacoa, conejos, chile molido, quelites cocidos, de muchos géneros y frutas como plátanos, anonas, guayabas y chayotes", según el cronista indígena Hernando Alvarado Tezozómoc, descendiente de Moctezuma. Este primer convite conlleva la abundancia de ingredientes originarios que eran desconocidos para los extranjeros —entre ellos el maíz y el chile— y la enorme diferencia en la preparación, incluyendo la ausencia de manteca para cocinar. Este presente de comida podría parecer un gesto amistoso de bienvenida, pero la historiadora Sarah Bak-Geller Corona escribe que es un intercambio más complejo de lo que parece, que revela "el carácter absolutamente político de los actores", tanto españoles como aztecas: Moctezuma ordenó a sus mensajeros estar atentos a la reacción de los extranjeros a la comida, para poder determinar si los recién llegados eran dioses o impostores. Los españoles, por su parte, sospechando que quisieran envenenarlos, les dijeron a los mensajeros aztecas que probaran la comida ellos primero. Luego, después de comer los abundantes platillos, los españoles correspondieron dando a los mensajeros algo de pan duro y vino. Esto marcó la pauta de todo el intercambio inequitativo que vendría después: los grupos indígenas ponían oro, plata, bordados y joyas, mientras que los españoles celebraban cualquier oportunidad de engañarlos y darles a cambio listones corrientes y agujas para coser.

Los panes fueron enviados a Tenochtitlan y analizados con cuidado. Los sacerdotes determinaron que estos presentes "son como alimentos humanos: grandes, blancos, no pesados, cual si fueran paja. Cual madera de caña de maíz, y como de médula de caña de maíz es su sabor. Un poco dulces, un poco enmielados: se comen como miel, son comida dulce".

Entre 1519 y 1526, Cortés envió cinco cartas a los reyes Fernando e Isabel. La comida se menciona a menudo, por lo general en el contexto de la impresión general de abundancia en las imponentes ciudades, por lo menos una de las cuales era "más hermosa de fuera que hay en España". En un mercado, calculó que sesenta mil personas venían diariamente a comprar y vender sus productos, que incluían metales preciosos, madera, ladrillo y mosaico, así como carbón, cerámica, conchas y plumas. Había calles con una asombrosa diversidad de aves a la venta (entre ellas patos salvajes, tórtolas, pericos y águilas), boticarios que vendían ungüentos líquidos, peluquerías, y otras secciones donde se vendían "todas las maneras de verduras que se fallan, especialmente cebollas, puerros, ajos, mastuerzo, berros, borrajas, acederas y cardos y tagarninas". Encontró la miel de maguey, "que es muy mejor que arrope", pescado salado, "maíz en grano y en pan". Cortés reconoció que no podía mandar una lista completa: los artículos a la venta eran demasiado variados, y en muchos casos, simplemente no sabía cómo se llamaban. "Finalmente, que entre ellos hay toda manera de buen orden y policía", con campos bien aprovechados, "todos labrados y sembrados sin haber en ella cosa vacua".

Estas referencias se ven seriamente opacadas por sus descripciones automitificantes de homicidios en masa perpetrados en nombre de Dios y patria. Después de ese primer encuentro, Cortés inició un recorrido hacia el poniente con sus hombres. No tenía idea de cuánta gente vivía en la región —Tenochtitlan era una de las ciudades más populosas del mundo al momento de la conquista— ni podía alcanzar a comprender la naturaleza de los conflictos entre los distintos grupos de la región. Cortés sembró la muerte en el valle de México, pero sus hombres no derrotaron Tenochtitlan por sí solos. Más bien, sólo entre 1 y 2 por ciento de los combatientes eran españoles. La mayoría eran miembros de otras ciudades estado y, en muchos casos, sus alianzas y conflictos antecedían la llegada de Cortés. La viruela también fue un factor determinante. Como fue erradicada en 1980, felizmente no conocemos sus síntomas; pero en esa época, cientos de miles de habitantes de pronto se vieron cubiertos de llagas, que crecían hasta volverse pústulas del tamaño de un chícharo, luego hacían costra y se caían. Muchos murieron y otros quedaron con cicatrices permanentes e incluso ciegos.

La inmensa mayoría de los colonizadores que llegaron a Nueva España eran hombres. Violación, matrimonio mixto y concubinato llevaron al surgimiento de una población mestiza, y las autoridades europeas, decididas a mantener su primacía, empezaron a definir un sistema de castas cada vez más detallado. Las pinturas de castas, que normalmente tenían dieciséis paneles, diagramaban la terminología usada para designar a los niños nacidos de distintas combinaciones de padres. En la mayoría de estas pinturas, el primer panel presentaba a un padre español, una madre indígena y su hijo: un mestizo. El término *mestizaje* llegaría a significar la mezcla de las culturas nativa y extranjera, también en la cocina de la región. Puesto que pocas mujeres llegaron de España antes de mediados del siglo XVI, prácticamente toda la comida era preparada por mujeres indígenas usando los métodos establecidos. Esto no significa que los españoles no anhelaran su dieta mediterránea —importaban vino, almendras y aceite de oliva— pero estos ingredientes se volvieron de lujo, más que de uso cotidiano. En última instancia, se adaptaron al modo de comer prehispánico, que ha perdurado hasta nuestros días. Los tamales con atole, basados en alimentos y preparación indígenas (maíz, frijol, chile, jitomate, cacao), siguen siendo uno de los desayunos más comunes para los trabajadores que buscan comer algo rápido en la calle. A menudo se habla de la comida mexicana como la unión de sabores de Europa y América, y si bien es cierto que los ingredientes de ambos continentes en efecto se fusionaron (las almendras del mole junto a los chiles y el chocolate; el pan del pambazo que se mete en salsa de chile guajillo y luego se fríe), la mayoría de los conceptos culinarios que hoy identificamos como "mexicanos" anteceden a la conquista. Muchos elementos de la lista de platillos enviados por Moctezuma pueden encontrarse en las mesas mexicanas contemporáneas, junto con salsa, atole, tlacoyos, pulque y chocolate caliente —aunque la versión actual de esta bebida lleva mucha azúcar agregada—. La introducción del cerdo fue la alteración más significativa a la cocina prehispánica, que antes usaba poco o nada de grasa. La manteca cambió la manera en que muchos platillos podían prepararse. En toda la región, la masa de maíz de los tamales se volvió más flexible por la manteca. En Michoacán, el puerco se asó en su propia grasa para hacer carnitas. En Yucatán, las semillas rojas del achiote, cosechadas de las vainas espinosas del arbusto del mismo nombre, se molieron para hacer una pasta usada para marinar el puerco antes de envolver la carne en hojas de plátano y cocinarla en barbacoa de hoyo: la icónica cochinita pibil.[1] Los ingredientes del continente americano también llegaron a ultramar. El maíz, el tomate, el chile y el cacao se han unido inextricablemente con la manera en que imaginamos la comida de Oriente a Occidente: hicieron posible el kimchi en Corea, el *rogan josh* en India, el arroz *jollof* en todo África Occidental, las trufas de chocolate en Francia y la pizza en Italia.

* * *

Lalo veía a su mamá preparar carnitas, chilaquiles y tamales en sus cocinas improvisadas. Veneraba los sabores de su mesa. Pero nunca imaginó que algún día él mismo sería un chef. Lalo no decidió empezar a trabajar en restaurantes por haber oído algún llamado celestial; un primo que trabajaba en el Georgia Grille le dio el pitazo de que había una vacante, y puesto que su familia por fin había decidido establecerse en un lugar, necesitaba encontrar algo ahí cerca que lo mantuviera ocupado y ganando dinero. Los años que su familia pasó en la Georgia rural, él devoraba la comida de la escuela; en su charola le ponían pollo frito, col berza guisada y *mac and cheese*. Pero su fascinación por la

[1] Antes de la conquista española, los cocineros mayas preparaban carne a fuego lento en un hoyo o *pib*, recubierto de hojas y piedras. La cochinita pibil, la presentación más conocida hoy en día, se hizo posible tras la introducción del cerdo al continente.

comida no parecía nada especial; a toda su familia le gustaba cocinar y comer. ¿Qué no todos amamos la comida? Los García tenían familiares que trabajaban en cocinas, y Lalo sabía por el tiempo que su padre pasó en El Torero que era un trabajo agotador: lavar montones interminables de platos, recoger platos con las sobras de mesas roñosas. Los trabajos de cocina no eran lo que uno soñaba.

A diferencia de Lalo, su colega cocinero Scott Adair había llegado a la cocina con un sueño en el corazón. En 1989, dejó una carrera estable de mercadotecnia en la compañía de su familia para volverse chef. Un año antes, la revista *Food and Wine* había publicado por primera vez su lista de los Mejores Chefs Nuevos, proclamando una creciente obsesión por la cultura de la comida en Estados Unidos. ¿Los nombres en esa lista? Daniel Boulud, Hubert Keller, Thomas Keller, Gordon Hamersley, Gordon Naccarato, Robert McGrath, Bruce Auden, Frank Brigtsen, Johanne Killeen y George Germon y Rick Bayless. Con razón Adair se imaginó entre sus filas: la revista había seleccionado para su homenaje a un grupo casi exclusivamente de hombres blancos.

Adair no podía darse el lujo de irse a hacer prácticas con los chefs que admiraba. Tenía que cobrar un sueldo. Su familia no estaba nada contenta de ver a su hijo seguir sus sueños. Cuando oían la palabra *chef*, lo que les venía a la mente no era ese sofisticado grupo de celebridades culinarias. Adair primero fue a la escuela de gastronomía y luego se puso a buscar trabajo. Sus suegros eran amigos de Karen Hilliard, la chef y dueña del Georgia Grille, y, para tranquilidad de sus padres y su esposa, él pudo conseguir un trabajo.

A principios de 1990, el panorama gastronómico de Atlanta empezó a florecer. El anuncio de los Juegos Olímpicos de 1996 trajo consigo una avalancha de inversión, incluyendo elegantes edificios de oficinas con espacio para restaurantes en la planta baja. La mayoría de la cultura de restaurantes de la ciudad era de lugares informales, sobre todo cafeterías, restaurantes de comida típica del sur y salones de té, junto con el *bánh mì*, el *lo mein* y las enchiladas de las nuevas comunidades de inmigrantes cerca del departamento de Lalo. Atlanta también era la sede de las oficinas centrales de la Coca Cola, y el logotipo rojiblanco del refresco era ubicuo.

Nativa de Atlanta, Karen Hilliard abrió el Georgia Grille en 1990, siendo una industriosa cocinera autodidacta. Cuando Lalo llegó a trabajar con ella varios años después, le impresionaron su ética laboral y su asombrosa velocidad. Lo veía con las verduras, picando velozmente montones de tomate y zanahoria, compitiendo contra una cocina llena de cocineros que ni se enteraban de la competencia. Lalo se cortó los dedos una y otra vez, y Hilliard lo llevaba al hospital a que le dieran puntadas. Cuando regresaba, se ponía un guante en la mano y volvía al trabajo.

El trabajo agrícola le había exigido a Lalo imitar y dominar rápidamente nuevas habilidades: ya fuera que estuvieras recogiendo agujas de pino o pizcando cerezas, tenías que desarrollar una técnica y luego mantenerla por horas, días, semanas. En el campo, las instrucciones de Lupe eran breves. Lalo aprendía observando, luego se arrancaba a toda velocidad. En la cocina, Lalo estudió las técnicas de Adair, que había pagado decenas de miles de dólares para aprender en la escuela de gastronomía. A los pocos días, Lalo las ejecutaba mejor y más rápido. Pronto, Lalo empezó a cocinar cosas para que Adair las probara, demostrando su paladar refinado, heredado de Natalia. Era como ver a un atleta superdotado entrenando: en Lalo, Adair veía cómo se conjugaban armónicamente las cualidades de la aptitud, la ética laboral y la capacidad física. Y mientras que un gran tenista puede tener la combinación ideal de fuerza y agilidad para dominar en la cancha, o una basquetbolista la altura que le dé una ventaja cuando salta hacia el aro, Adair admiraba las manos de Lalo:

—¡Eran como garras! Son el don que Dios le dio.

Esas manos le dijeron a Adair que nunca iba a poder superar a ese muchachito tan echado para delante, por mucho que se esforzara y trabajara.

Cuando Adair dejó el Georgia Grille para poner un negocio propio de banquetes, invitó a Lalo a irse a trabajar con él. Pasaba por Lalo a las 4:30 a.m. y entre los dos preparaban un desayuno que servían en un banco cercano. Dejaba a Lalo en el *high school*, lo recogía otra vez a las 3:30 y volvían a la producción, luego Lalo se iba al Georgia Grille.

Al poco tiempo, Adair abrió su primer restaurante, un lugarcito de comida del suroeste llamado el Purple Cactus Cafe. Cuando Adair llegaba al trabajo, Lalo lo estaba esperando con una nueva creación para que la probara. *Beurre blanc* de limón. Relleno de trucha ahumada y queso de cabra para hacer taquitos. Halibut en caldo de jengibre y naranja. Adair no entendía nada. ¿Cómo había aprendido este adolescente las técnicas que le permitían alcanzar semejantes resultados? En aquel entonces no existían los tutoriales de YouTube para aprender algo rápidamente. No sólo era un caldo sabroso, ¡sino transparente! No sólo era un trozo de pescado ahumado, sino que estaba a la vez firme y jugoso. La mitad de las veces, Adair, el graduado de gastronomía, acababa aprendiendo de Lalo, que estaba ejecutando técnicas avanzadas sin saber su nombre formal.

—En esa época le dije: "Compa, eres como Escoffier reencarnado", porque tenía habilidades, habilidades heredadas. Cosas que simplemente sentía en su interior cuando se trataba de comida.

En aquel entonces Lalo no entendió la referencia, pero cuando Adair invocó a Escoffier, le estaba haciendo el máximo cumplido imaginable a un cocinero en ciernes. Auguste Escoffier, francés, transformó la buena mesa de su época, de mediados del siglo XIX a mediados del siglo XX. Lo llamaban el "rey de los chefs y chef de los reyes". Hijo de un herrero, se dio a conocer en el Hotel Savoy y luego ayudó a inaugurar el Ritz de París y el Carlton de Londres. Escoffier es en gran medida responsable del concepto que tenemos en la actualidad de los chefs; fue el creador del método de trabajo de la *brigade de cuisine*, en el que los cocineros trabajan en estaciones específicas bajo una jerarquía que llega hasta el chef ejecutivo. Llevó la cocina, antes vista como un trabajo doméstico cualquiera, a ser una profesión de expertos calificados.

Llevaban como dos años trabajando juntos cuando Adair empezó a sentir que Lalo ya no tenía nada que aprender de él. Para Adair, Lalo era como un pájaro encerrado en una jaula demasiado pequeña. Cuando Lalo siguió su camino, Adair no se enojó, se puso melancólico. Después de años de camaradería, sintió el vacío de perder a un buen amigo.

Se abrió una vacante en la nueva Brasserie Le Coze, un restaurante dirigido por el joven chef Eric Ripert, nacido en Francia y criado en Andorra, quien ya era famoso en Estados Unidos por su sublime cocina francesa de mariscos en Le Bernardin, en Nueva York. Lalo entró con confianza: era Fast Eddie. Tal vez aún no supiera cómo deshuesar un pato, pero podía trabajar más duro que cualquiera.

Trabajar en una de las cocinas de Ripert le abrió las puertas a un nivel superior en el mundo de los restaurantes que podría llevarlo a un futuro profesional que aún no empezaba a imaginarse. Aquí, los comensales pagaban muy bien por un *rack* de cordero con *ratatouille* perfectamente ejecutados, o una aleta de raya rostizada con endivias estofadas y papas en salsa de mantequilla dorada y alcaparras. En el Georgia Grille, Lalo preparaba las salsas con unos cuantos ingredientes sencillos, a veces servidos de una lata o un cartón. Los desayunos que preparaba con Adair incluían panes y jarras de jugo de naranja del supermercado. No tenía nada de malo; los clientes estaban satisfechos y también los patrones.

Cuando Lalo entró a trabajar a la Brasserie Le Coze, tuvo que aprender un nuevo idioma: *julienne*, *mise en place*, *bouquet garni*, entre docenas de términos en francés que forman la base de la comunicación en el mundo de la alta cocina. Más aún, tuvo que perfeccionar las técnicas que designaban. Seguía aprendiendo inglés, un proceso que ganó potencia a medida que pasaba menos tiempo con su familia y más con sus compañeros de trabajo.

El principal compromiso de Ripert era con Le Bernardin, y sólo iba a Atlanta periódicamente. Pero el puñado de encuentros que tuvo con él dejaron una impresión profunda en el Lalo adolescente, que veía a ese joven y elegante francés entrar por la puerta vestido de traje y relucientes zapatos negros, luego desaparecer a la oficina para tener juntas, y volver a salir impecablemente ataviado con una filipina blanca de chef. Ripert le hablaba en español y le enseñó personalmente a preparar puré de papas y gazpacho, que eran parte de un menú de degustación que iban a hacer para ciento cincuenta personas —el primer menú de degustación que Lalo veía en su vida—. Más de veinte años después, aún podía recordar los platillos con precisión: ensalada verde, callo de hacha crudo, gazpacho, codorniz rellena de hongos y puré de papa, pierna de cordero con frijol *flageolet*, y de postre *fondant* con helado de vainilla. Según recuerda Lalo, cuando terminó la degustación, Ripert lo presentó a todo el comedor, que aplaudió su trabajo, también la primera vez para alguien que nunca había actuado en una obra de teatro escolar ni había oído su nombre en el cuadro de honor.

Después, Lalo hizo lo que hacía casi todas las noches. Se fue a casa al departamento de dos recámaras de su familia en Buford Highway con una bolsa grande de papas fritas y dos botellas de Snapple. Se sentó afuera en la oscuridad a comer antes de entrar de puntitas por la sala, donde dormían sus papás, hasta el cuarto que compartía con su primo, su hermano Jaime y su hermana Isela. La otra recámara la ocupaban María y su marido, a quien había conocido años atrás en los campos de cebolla de Georgia, y su bebé, Antonio.

Lalo trataba de pasar el menor tiempo posible en ese departamento lleno de gente, saturado de toda clase de sonidos y olores, desde un bebé llorando hasta calcetines sucios, desde la comida de Natalia hasta las discusiones de María y su marido.

—En realidad no encajaba en ningún lado. No encajaba con la gente que trabajaba ni con la gente que me juntaba, ni tampoco en mi casa.

Fantaseaba con las diferentes vidas que podría vivir. Años después, al tratar de recordar su juventud, le costaría trabajo separar la realidad de esas fantasías cuidadosamente detalladas.

También hubo historias con suficiente magnetismo para anclar a Lalo en un momento y un lugar: cuando se le reventó el apéndice a su padre, cuando mató al venado y lo trajo a casa en sus hombros, cuando el doctor le diagnosticó cáncer a su mamá erróneamente. Pero por lo general, cuando se ponía a recordar su vida, Lalo se sentía desorientado: todo había pasado muy deprisa, en muchos lugares distintos. Le costaba trabajo asir sus recuerdos y atarlos a una cronología.

Lalo empezaba y acababa cada día con extremos. En la escuela, había reprobado año tres veces, lo que significaba que los niños de su salón seguían hablando una octava más agudo que él y aún no tenían pelo en el pecho. En la tarde, iba a trabajar con adultos como Adair, de más del doble de su edad. Desde que tenía cinco años, cuando usaba sus ahorros para comprarles helado a sus hermanos, se había visto a sí mismo como el hombre de la casa, un líder de la familia durante las largas ausencias de Lupe. Pero para crecer, sabía que tenía que hacer más que impresionar a un salón lleno de gente elegante. Su cuerpo se tensaba de ganas de hacer algo más, pero no tenía idea de qué era.

Capítulo tres
Mustang

Cuando no tenía trabajo después de la escuela, Lalo acostumbraba tomar el autobús hasta una agencia Ford en los suburbios del norte de Atlanta. Buscaba a un vendedor que quisiera responder sus preguntas sobre la velocidad de aceleración y el costo de los asientos de piel. Al verlo venir —un adolescente tempestuoso— los vendedores prácticamente se escondían atrás de las defensas. ¿Quién era este muchachito flaco con brotes de pelo facial que les decía en su mal inglés que le interesaba comprar un Mustang del año? ¿Ya tenía edad para manejar?

Lalo tenía un Camaro Z28 1985 azul que luego pintó color verde pistache, pero cuando se lo vendió a su tío empezó a hacer campaña muy en serio para comprarse el Mustang '94. Quería algo más que un medio de transporte: quería causar una conmoción. Siendo adolescente, eso significaba un coche como los que veía en los videos de rap, el tipo de coche que nadie de su edad debería tener en la vida real.

Lalo llevaba trabajando casi una década de su joven vida. En Atlanta, iba y venía apurado entre sus trabajos en el Georgia Grille y la Brasserie Le Coze, la escuela y la casa. En la ruta, había trabajado como adulto, pero la mirada de sus padres había estado sobre él en todo momento, siempre pendientes de su seguridad. Ahora que estaban instalados en un lugar fijo, un adolescente empapado de hormonas con ansias de rebeldía empezaba a alzar la voz. Después de pasar años cambiando de una escuela a otra, estaba desesperado por encontrar un grupo de compañeros. Se veía como un lobezno en busca de su manada.

La primera vez que sus primos mayores y su pandilla invitaron a Lalo a dar un paseo, de inmediato dijo que sí, a pesar de estar resfriado y con fiebre. Se fue con ellos en una camioneta y vio cómo un chico bajaba, se robaba un coche y luego lo usaba para derribar buzones en un barrio de los suburbios. Esa noche el grupo retó a Lalo: ¿qué iba a hacer para probarse? Muy enfermo para hacer nada, Lalo se quedó callado, pero unas semanas después experimentó lo que es violar la ley, al robarse el estéreo de un coche; fue intoxicante. Adair, que ya tenía grandes expectativas de la carrera culinaria de Lalo, se sintió frustrado.

—No seas igual que todos los demás —le dijo Adair—. ¡Vales demasiado para hacer eso!

A Lalo lo agarraron robando estéreos dos veces, y en ambas ocasiones fue imputado por un delito grave. La segunda vez que lo agarraron, había tenido la temeridad de intentar el crimen en el estacionamiento de una escuela. Un guardia de seguridad lo vio en el acto y de inmediato llamó a la policía. Lalo recibió una sentencia de cuatro años de libertad bajo vigilancia intensiva, que exigía que fuera supervisado y que se reportara semanalmente con un oficial. Lejos de escarmentar, empezó un negocito extra vendiendo cocaína en el baño de un bar de mala muerte sobre Buford Highway, y a sus compañeros de trabajo en las cocinas, aunque verlos drogarse le parecía un espectáculo tan lamentable que nunca se sintió tentado a probarla.

Lalo estaba ganando 1 000 dólares a la semana. Le entregaba el dinero honesto a Lupe y él se quedaba con sus ahorros extracurriculares, para gastarlos en ropa, música, gasolina y de vez en cuando un porro. La campaña por el coche de sus sueños duró meses. Se ponía a hablarle a Lupe en la cena, rogando: él había trabajado por ese coche, estaba en su derecho de tenerlo. Después lo amenazaba: encontraría otra manera de conseguir el Mustang, alguien más que le prestara el dinero y firmara el contrato. Lupe le hubiera podido decir que no. Y eso hizo, todos los días. ¡Lalo estaba muy chico para tener un carro así! Llamaría la atención de manera equivocada. Era demasiado, simplemente demasiado. El Lalo adolescente era por momentos altanero, exasperante, encantador, ofensivo, chistoso. La relación con su padre se definía por el conflicto: escaramuzas diarias porque Lalo llegaba más tarde de lo que había dicho, o se juntaba con chavos que a su papá no le parecían, por sospechas de drogas. Pero Lalo era infaliblemente leal y trabajador: cada semana le entregaba el dinero fielmente a Lupe y nunca se quejaba del trabajo. Lalo había dicho una cosa que quería, algo que muy literalmente se había ganado. Por mucho que quisiera descartar la idea del coche como un capricho desmesurado y un riesgo en ese barrio, Lupe se tomó en serio la petición. Ya habían llegado hasta aquí, a un lugar donde una compra así por lo menos era posible. ¿Acaso no era algo digno de celebrar?

Cuando al fin cedió, Lupe, que no tenía historial crediticio, tuvo que pedirle a una señora para la que limpiaba oficinas algunas noches que firmara como aval en el contrato. En la concesionaria le dieron la mano al vendedor, pero a Lalo no le tocó llevarse el coche manejando a su casa... sino a la señora que firmó de aval. Sentado atrás, Lalo inhaló la mezcla de piel y químicos del escape, ese olor a coche nuevo.

¡Un Mustang 5.0 '94 blanco! Cuando llegaron a su departamento, Lupe no tenía ánimos de celebrar. Se sentó solo en el escalón de la entrada y sacó sus cigarros, que tenía a la mano sólo para cuando se echaba un trago o pasaba un momento de mucha ansiedad. Volteó sobre su hombro a ver la puerta del garage. Para el caso, hubiera podido ser una pecera de seis metros que contenía un gran tiburón blanco.

Adentro, Lalo estaba acostado en su cama pensando en lo que el carro iba a significar. *Soy un chingón.* En el trabajo traería mejor coche que gente que le triplicaba la edad. Mejor que el de su jefe. *Soy el rey de la selva.*

Lupe había tenido sus razones para decirle que sí. Natalia y él no habían ahorrado para mandarlo a la universidad. Sabían que la infancia de Lalo rebotando por el sur y el Midwest le había robado la esperanza de ese futuro. Pero eso no significaba que no tuvieran su orgullo. Tenían trabajos estables en esta nueva ciudad. Muchos de sus hermanos habían hecho el viaje a Estados Unidos y poco a poco estaban echando a andar sus negocios. Después de décadas de comprar sólo lo absolutamente necesario y ahorrar lo demás, por fin había dinero de sobra. Y si uno tenía dinero, ¿por qué no gastarlo? Podías negarle a alguien los papeles, podías deportarlo, podías espetarle insultos racistas. Pero como todos los dólares son iguales, Lupe podía entrar de la calle y comprar un auto, como cualquiera. Lalo debía tener ese coche. Se había ganado cada centavo.

Durante meses, Lalo tuvo prohibido manejar el coche; en el furor de la emoción por su costoso juguete nuevo, Lupe no se fiaba de que Lalo fuera a actuar de manera responsable. Lalo le seguía entregando sus cheques y Lupe sacaba de ahí para hacer el pago mensual de 890 dólares. Cuando Lupe por fin lo dejó sacar el Mustang, fue con restricciones: sólo podía usarlo para ir y venir del trabajo, y no muy tarde en las noches. No obstante, Lalo se iba a pasear en el coche por el centro de Atlanta, y veía cómo volteaban a verlo. Antes de 1994, los Mustangs eran muy cuadrados, pero ese año sus duras líneas se suavizaron en curvas. Cuando la gente veía el coche, era como si estuvieran viendo pasar el futuro, con Lalo adolescente al volante. Primero pasaba por Chamblee, el barrio sobre Buford Highway que ahora había florecido por los inmigrantes. Luego pasaba por el centro de Atlanta, cuyo corazón latía con dinero nuevo; el Mustang encajaba perfecto. Ese coche se volvió la droga más fuerte en su vida. Era intoxicante el poder del auto con sus curvas sexy, y ponía a todo volumen a Tupac, Kid Frost y Tha Mexakinz. Cuando vio cómo admiraba el auto la chica que le gustaba, se aseguró de estar disponible para llevarla adonde ella quisiera.

* * *

Aun después del triunfo de convencer a Lupe de comprar el Mustang, a Lalo de dieciocho años le enervaba lo difícil que era lograr que Lupe aflojara unos cuantos dólares para comprar ropa o comida o gasolina. Veía a los comensales de la Brasserie Le Coze disfrutar de comidas sofisticadas, y a los traficantes del barrio con ropa increíble. Su aprecio por el dinero sólo se intensificó: a quién podía impresionar, a dónde te podía llevar. Odiaba tener que mendigarle a Lupe el dinero que debía ser suyo. Así que cuando sus amigos le contaron su gran idea de asaltar la licorería S-S de Peachtree Road, Lalo se sumó de inmediato al plan. Era el lugar donde todo el barrio cambiaba sus cheques, y estimaban que la caja registradora iba a estar llena.

Llegaron a media mañana de un viernes a finales de marzo. Lalo esperó al volante, a varios cientos de metros de la licorería, en el estacionamiento de un changarro de *barbecue*. Cuando sus amigos salieron corriendo de la licorería, Lalo miró por la ventana del conductor y vio la sangre fresca salpicada en sus caras y su ropa. Cerraron las puertas de golpe y Lalo salió a Peachtree Road, para recorrer un par de kilómetros hasta la unidad habitacional donde vivían sus amigos, manejando dentro del límite de velocidad. Se ocultaron en el departamento y oyeron cómo se cerraban las puertas de una patrulla cuando dos policías se bajaron y empezaron a recorrer el edificio. Cuando les tocó a ellos —*toc toc toc*— la novia de su amigo abrió la puerta, como si nada: No, no hay nadie. Los policías siguieron su recorrido. Pero estaba claro que esto no había terminado. Aparte de un Lamborghini o el Batimóvil, su coche había sido la opción más ostentosa posible para llevar a cabo un crimen que dependía de poder pasar desapercibidos. Y tampoco es que estuviera muy lejos de su casa: estaba en su propio barrio, manejando el coche que todos, desde los pandilleros hasta los policías, habían admirado desde el momento en que lo trajo de la agencia. Había habido montones de testigos cuando sus amigos salieron corriendo de la tienda, montones de tiempo para apuntar la placa del Mustang y llamar a la policía. En poco tiempo, encontrarían el auto donde Lalo lo había abandonado, y el número de registro los llevaría directo a Lupe en el departamento de la familia en Coronado Place, a escasos 3 kilómetros de la escena del crimen. Era como si hubieran tratado de sacarle la billetera al director de la escuela un martes a las 10 a.m., gritando sus propios nombres al escapar.

A Lalo ya lo habían detenido, pero se las había ingeniado para no pasar tiempo en la cárcel. A su cerebro adolescente, los autoestéreos y las bolsitas de coca le parecían crímenes inofensivos. La sangre contaba otra historia. Más adelante, cuando Lalo y sus amigos decidieron huir a México, se enteró de lo que pasó en la licorería. Habían exigido el dinero. Para su sorpresa, el cajero, Jung Ho Kim, se negó. Le pegaron con la pistola en la frente y trataron de arrastrarlo hasta el refrigerador al fondo de la tienda, para luego ir a la caja registradora, pero él se siguió defendiendo hasta que salió corriendo a la calle, sangrando y gritando frenético, pidiendo auxilio. Ellos corrieron al Mustang, con los bolsillos vacíos.

Lalo esperó en el departamento de su amigo un par de horas antes de irse a su turno en el Georgia Grille. Los detectives lo confrontaron ahí esa noche a las 8:30. "En un principio —escribió el detective en su reporte— García declaró que ese día se fue a trabajar a las 9 a.m. y alguien le robó su coche. Después reconoció que se lo había prestado a alguien llamado Rodríguez. Luego declaró que Christopher le había pedido prestado el coche. García quedó de proporcionarnos más información cuando la descubriera". Después de sudar la gota gorda el resto de su turno, Lalo se dirigió a un bar a reunirse con sus cómplices. Era viernes —día de paga— y él cobró sus cheques. Parecía sólo cuestión de tiempo antes de que desenmarañaran su historia. Los amigos, que todos tenían raíces en México, manejaron los 1 800 kilómetros hasta Laredo, toda la noche y buena parte del día siguiente. La cabeza de Lalo estaba inundada de los regaños imaginarios de Lupe y Natalia. ¿Qué estabas pensando? ¿Después de todo lo que hemos sacrificado por ti? ¿Qué no te advertimos que no te juntaras con ese tipo de gente? ¿No te enseñamos a ser un hombre mejor?

En la frontera, los amigos entraron a una tienda de conveniencia y trataron de comprar provisiones con uno de los billetes de 100 dólares de Lalo. Volvieron a salir y le informaron que el cajero no había aceptado el billete porque decía que era falso.

—Aquí espéranos —le dijeron a Lalo—. Vamos a cambiar el dinero y ahorita regresamos.

Pasó una hora hasta que poco a poco entendió lo que había pasado: se habían llevado casi todo su dinero y lo habían dejado botado —a él, que era un riesgo, que había hablado con la policía— en la frontera. Con el billete de 100 dólares que le quedaba, Lalo compró los boletos en la estación de camiones, con transbordos en Monterrey y San Luis Potosí antes de llegar hasta su pueblo en Guanajuato.

En el día y medio que transcurrió, Lupe y Natalia estuvieron en un estado de pánico. Cuando Lalo no llegó a trabajar los detectives fueron a verlos, pero lo que les decían no tenía ningún sentido. ¿Cómo era posible que Lalo hubiera golpeado con una pistola al empleado de la tienda? Seguramente se trataba de un error.

Lalo se bajó del autobús y siguió hasta llegar a casa de su abuelo, una construcción sencilla de adobe con chivos, pollos y puercos en corrales afuera de la puerta que daba a la sala. Lalo no había venido al pueblo en una década y su abuelo estaba sumido en deudas de juego. Los pequeños negocios que tenía ya no existían, y en los años desde la partida de Lupe, también se habían ido las decenas de clientes que atendían; como él, se habían ido a buscar fortuna a otra parte. Ahora, los que quedaban dependían de su tierra y de las remesas para sobrevivir.

Lalo llamó a su casa y contestó Natalia, triste, furiosa, enferma de preocupación.

—¿Qué hiciste?

—¡Yo no hice nada! —insistía Lalo.

—Nos pusiste en peligro —le dijo Natalia—. Quédate donde estás.

Lalo se pasó los siguientes dos meses en relativo aislamiento, cuidando a los animales, y durmiendo en una cama de hojas de maíz, como cuando era niño. Visto desde lejos, parecía que Lalo había pasado de un extremo a otro: de trabajar con uno de los chefs más famosos del planeta y manejar un Mustang nuevo, a palear estiércol en el pueblo que sus papás habían dejado por la falta de oportunidades. Pero Lalo, que había pasado sus años formativos obligado a renunciar al apego a casas, escuelas y amigos al mudarse de un lado a otro, se lo tomó con calma. Este era el pueblo que había capturado su corazón cuando era niño, el lugar del que nunca se quería ir. Lo que anhelaba era el manto de la aprobación de su familia, que siempre lo había cobijado. Durante su ausencia, Natalia, Lupe y sus hermanos habían llegado a un acuerdo tácito: sencillamente, era inverosímil que Lalo hubiera participado en el crimen. Era obvio que estaba cargando con la culpa, lo cual era congruente con el carácter sacrificado que había mostrado en la infancia: el niño ansioso por cumplir responsabilidades de adulto, aun cuando nadie se lo pedía. Un par de meses después, Lupe mandó dinero a México y Lalo se despidió de sus abuelos y de su pueblo, sin saber cuándo se volverían a ver.

Lalo logró cruzar la frontera en un taxi, en los días en que no exigían pasaporte para entrar. Regresó a la Brasserie Le Coze y al Georgia Grille con la cola entre las patas, y les aseguró a sus jefes que su ausencia del mes pasado había sido por un malentendido. Lo recibieron sin problema; no era fácil encontrar trabajadores como Lalo, que competían consigo mismos por alcanzar un estándar imposible. Natalia y Lupe seguían en un estado de negación.

El tiempo transcurría despacio. Lalo estaba ansioso por que lo atraparan. Cuando el gerente del Georgia Grille le dijo por fin que la policía había llamado, sintió alivio.

Terminó su turno, fue a un teléfono de monedas y le devolvió la llamada al detective.

—Entrégate —le dijo la voz al otro lado de la línea—. Si te entregas, te puedo ayudar.

Lalo tuvo la sensación de que estaban desesperados por ponerle al archivo el sello de CASO CERRADO; si cooperaba y aceptaba la culpa de todo, probablemente recibiría una sentencia menor.

Capítulo cuatro
Ramen con Doritos

En la cárcel estatal Frank Scott en Hardwick, Georgia, Lalo empezaba el día con un desayuno de sémola de maíz chiclosa, café quemado y huevos en polvo descoloridos; luego lo desnudaban para revisarlo antes de que abordara un autobús con su uniforme azul y blanco de la Penitenciaría Estatal de Georgia. Lalo cortaba pasto, igual que su padre a 160 kilómetros; sólo que los prados que Lalo podaba rodeaban hospitales y oficinas de gobierno, mientras que Lupe trabajaba en los acres de un country club en Alpharetta. Lalo comía el almuerzo que les servía el estado, un sándwich de carne misteriosa y refresco en polvo, y si bien nadie tenía una sonrisa para los reclusos que arreglaban los jardines bajo el sol inclemente, el trabajo siguió siendo su zona de confort. Le resultaba reconfortante el acto de salir de su celda, completar una tarea y regresar agotado físicamente. Las revisiones al desnudo se volvieron rutinarias, pero siempre fueron denigrantes.

Cuando Lalo se entregó, lo encerraron en la cárcel del condado. Acusado de asalto agravado, lo pusieron en una sección con otros acusados de crímenes violentos. La primera noche, como no había camas disponibles, metió los brazos en el overol que acababan de darle y se acurrucó en el piso. Hacía mucho frío. La cabeza le pulsaba con el ruido constante: puertas que se abrían y se cerraban, gritos, el zumbido del aire acondicionado. Lalo pasaría ocho meses ahí, esperando su audiencia. Contrató a la única abogada de la que tenía noticia, Luzmina Gonzalez, cuyo nombre había escuchado por el barrio. Al fin, ella lo sacó bajo fianza y pasó varios meses esperando el juicio. En ese tiempo, Gonzalez llegó a un acuerdo con la fiscalía: Lalo podía pasar tres años en la cárcel por asalto agravado —un delito grave— o ir a juicio y arriesgarse a que le dieran treinta. De cualquier manera, probablemente sería deportado al terminar su sentencia. Aceptaron el acuerdo: un cargo de asalto agravado.

En la corte, Lalo estaba solo, de pie junto a su abogada. Antes de la sentencia, el juez le dio la oportunidad de hacer una declaración; este era el momento de pedir clemencia y apelar a la misericordia de la corte.

—Quería que dijera: "No merezco ir a la cárcel, llevo toda la vida trabajando. Vengo de una familia muy buena, necesito una oportunidad. Sólo por esta vez, necesito una oportunidad y nunca más volverá a verme por aquí". Eso es lo que él quería que dijera, lo sé.

Pero Lalo se quedó callado. Nunca había buscado una salida fácil. A veces, ese aguante feroz se traducía en vendarse el dedo y cubrirlo con un guante de látex para que su sangre no contaminara el platillo de un comensal mientras seguía adelante con su turno. Ahora, significaba admitir que había hecho algo malo y aceptar el castigo, aunque fuera por el crimen de alguien más. Lupe y Natalia se negaron a reconocer que Lalo hubiera estado involucrado en el robo que acabó en agresión. No asistieron a la audiencia.

Ese día, cuando el juez le pidió que hablara, Lalo le devolvió la mirada en silencio. Lo sentenciaron a tres años menos los ocho meses que ya había cumplido —meses en los que había temido este momento, inventando escenarios catastróficos de veinte, treinta años a la sombra—. Pero al no ver caras conocidas en el juzgado, Lalo tuvo una última petición: quería ir a casa a despedirse de su familia.

El juez le dio el fin de semana para despedirse. Lalo salió del juzgado, el rostro fijo y decidido, los ojos escurriendo lágrimas. En casa, Lupe lo presionó. Aún no podía creer que su hijo fuera responsable del crimen. No quiero pasarme la vida huyendo de esto, le dijo Lalo.

Lo que le ofreció después fue algo más grande que el Mustang: Lupe estaba dispuesto a desarraigar a toda la familia para regresar juntos a México.

—¿Es eso lo que quieres? —le preguntó Lupe.

Así se mantendrían unidos y Lalo podría evitar ir a la cárcel. Tenían la casa en el Estado de México, algunos familiares, algunos ahorros. No, dijo Lalo. No iba a ser responsable de despojar a su familia de lo que habían ganado, cuando cada detalle les había costado cien veces el precio de venta.

Cuando quedó instalado en una cárcel de mediana seguridad, Lalo encontró consuelo en el lugar menos pensado: la lectura. Aunque en la escuela le había costado alcanzar el nivel más básico de alfabetismo, aquí le era negado todo excepto tiempo y acceso a la biblioteca. Mientras sus compañeros del bachillerato estaban trabajando afuera en el mundo libre o asistiendo a la universidad, Lalo iba por libros a la biblioteca de la cárcel, se acostaba en su cama individual sobre la cobija que le habían dado y se esforzaba con las palabras, que se convertían en enunciados y párrafos.

En la semana, organizaba su tiempo como un medio de supervivencia. Si enfrentaba un día completo era demasiado largo para sobrevivirlo, pero si se enfocaba en el tiempo destinado al desayuno, al trabajo, a la regadera, la cena, la lectura o la cama, podía atravesar cada fracción y llegar al otro lado.

Leyó docenas de novelas del viejo oeste de Louis L'Amour, historias dinámicas de vaqueros que superaban obstáculos y eran recompensados por sus esfuerzos con amor y fortuna. En las novelas de romance de Danielle Steel, el lenguaje era claro y visual, una herramienta de enseñanza perfecta: "tres margaritas flotaban en un vaso y el pan era suave al tacto". Y siempre había por lo menos un ejemplar de *National Geographic* en su celda. Arrancaba sus fotos favoritas y las guardaba en un cuaderno, reservándolas para los momentos oscuros, cuando se echaba un clavado desde los muros grises a nadar por los arrecifes de coral del océano Índico.

El primer año de su sentencia se esmeró en ser gris. El muchacho enérgico y presumido que andaba por la ciudad en un Mustang se vio obligado a hacer su mejor imitación de un fantasma, a flotar por la cárcel sin llamar la atención. Años después, se preguntaría si ese cambio pudo haber sido un proceso de maduración natural que ocurrió en un contexto fuera de lo común: los adolescentes tarde o temprano se tranquilizan, y Lalo ya iba hacia sus veinte.

Después de ese año vino un cambio, al tomarse los primeros pasos del proceso administrativo para deportar a Lalo al concluir su sentencia. Esto significó ser trasladado a una cárcel de máxima seguridad en Glennville, Georgia; a Lalo, impactado, le pusieron los grilletes y lo subieron a un autobús. Antes de que se fuera, su compañero de celda le dio un consejo: en cuanto llegues, busca amigos. En efecto, dos compañeros de *high school* estaban en la misma cárcel, y Lalo pudo mantenerse a salvo en su compañía.

La penitenciaría estatal Smith tenía condiciones bastante más severas que la anterior, pero Lalo llevaba casi dos años de entrenamiento, entre su tiempo esperando el juicio en la cárcel del condado y su primer año en la cárcel. De entrada, ya había aprendido que era útil dejar encerrados los recuerdos del exterior. Aun así, Lalo no podía evitar "cocinar". Guardaba un huevo duro y un paquetito de mayonesa del desayuno y a media tarde se hacía de botana una ensalada de huevo. O preparaba su especialidad de la cárcel: fideos ramen con Doritos encima. Ingredientes: un paquete de sopa ramen, agua caliente, una bolsa chica de Doritos (o de otras papas). Con el paquete aún cerrado, estrella los fideos ramen contra una superficie dura. Sirve en un tazón y agrega agua caliente apenas para sumergir los fideos. Tapa el tazón y espera 10 minutos. Ahora, arroja la bolsa de Doritos contra una superficie dura varias veces hasta que queden rotos en pequeñas astillas fosforescentes. Destapa el ramen y espolvorea los Doritos encima. No esperes demasiado. No pienses en la comida que solías comer, en el menú de degustación que preparaste una vez con Eric Ripert, en las tortillas de harina de tu papá, en los tamales de tu mamá. Mejor cómete tu batidillo fosforescente y da gracias de que tu familia te deposita dinero en la tienda. Rinde una ración.

Pese a sus mejores esfuerzos, durante cinco minutos de cada día la nostalgia por esa vida le desgarraba el cuerpo, exigiendo ser reconocida. Parecía ser más común cuando apagaban las luces, cuando caía en la trampa que su propia mente le tendía con sigilo. Era entonces cuando pensaba en esa misma hora contemplativa en su hogar. El calor de la comida de su madre aún flotando en el ambiente, ella con las manos metidas en agua tibia y jabonosa en el fregadero de la cocina. María vendría llegando al estacionamiento después de su turno en el restaurante, su hijo Antonio viendo el último ratito de tele antes de que lo mandaran a dormir.

Lupe sentado junto a él en el sofá, el olor a pasto aferrado a su piel. Luego Lalo regresaba de golpe a la realidad. El consuelo de su familia, de su hogar, se drenaba de su cuerpo. El tiempo se extendía ante él y sentía su peso como tierra negra sobre su pecho. Trataba de conciliar el sueño para deshacerse de unas cuantas horas. Pero hasta el sueño parecía desperdiciado cuando estaba reponiendo energías para pasar otro día en ese lugar. Cuando era una persona libre, el sueño era nutrición, combustible para todo lo que podía hacer en su vida libre. En la cárcel, esas horas se pasaban esperando que la vida volviera a comenzar. Trabajaba, leía, se bañaba, veía la tele, comía sus comidas, se iba a dormir. Mantenía su distancia de los otros hombres encarcelados.

—Ves a tipos que tienen crisis nerviosas, a tipos que se suicidan, a tipos que provocan peleas para que los manden a la celda de aislamiento y estar solos —a veces alguien desaparecía y nadie sabía a dónde se lo habían llevado. Lalo no preguntaba—. Cada quien cumple su condena.

Lalo sabía que muchos de los hombres con los que estaba encarcelado saldrían libres un día y al poco tiempo estarían de vuelta en las mismas camas, comiendo la misma carne misteriosa y tomando la misma bebida en polvo de marca rara. Ahí dentro no había nada remotamente parecido a un esfuerzo por rehabilitarlos. De hecho, el tiempo en que Lalo estuvo coincidió con el reinado de Wayne Garner, un comisionado de prisiones de Georgia tristemente célebre por su inclemencia, que de manera sistemática fue quitando de las cárceles del estado todo lo que le parecía superfluo —incluyendo los cursos académicos y vocacionales— y lideraba violentas requisas de los internos con guardias vestidos de negro.

Al paso lento de los días, Lalo empezó a reevaluar su camino. Afuera, su trabajo en el Georgia Grille, e incluso en la Brasserie Le Coze, le había parecido un trabajo remunerado como cualquiera, sólo que más elegante. Realizaba una serie de tareas y a cambio le pagaban. Cuando trabajaba para Eric Ripert le intrigaba su jefe elegante, como si hubiera laborado en un set de cine y de pronto viera a un actor famoso. Pero aún no había empezado a considerar hasta dónde podría llevarlo la cocina, los conceptos más profundos que podría aprender de un chef así. En la cárcel, se empezó a preguntar qué alturas podría alcanzar si se dedicaba a la cocina de todo corazón.

Y se preguntaba qué hubiera podido pasar si Lupe le hubiera negado el Mustang. Era un símbolo potente de su peor yo, de su avaricia y arrogancia, el primer dominó que había derribado todos los demás. Pero visto con otros ojos, era un símbolo de lo duro que había trabajado la familia, de cuánto lo quería su papá. Entre más lo pensaba, más seguro estaba de que el coche no había tenido nada que ver con su destino. Siempre había estado decidido a romper los límites: competir con gente que le doblaba la edad, alborotar a sus hermanos hasta que sus papás cedían, trabajar turnos dobles, picar más rápido hasta que había sangre en la tabla. Estaba seguro de que él hubiera seguido desafiando la autoridad hasta toparse con una consecuencia suficientemente significativa como para pararle los pies. Se sintió agradecido de no haber perdido ningún dedo, y que sus crímenes no hubieran tenido consecuencias aún más graves.

Dos meses antes de que acabara su sentencia, Lalo se enteró de que otra vez lo iban a trasladar, esta vez a un centro de detención para inmigrantes. Lalo miró al juez en un monitor de video. ¿Sus padres eran ciudadanos estadounidenses? No. Ni Lupe ni Natalia habían querido cambiar su estatus migratorio de residentes permanentes a ciudadanos

—no le veían el caso—. Perfecto, dijo el juez, no hay ningún impedimento. La deportación podía seguir adelante.

Lupe y Natalia sabían lo que podía pasar si el camión de la Patrulla Fronteriza botaba a Lalo en Nuevo Laredo: era un perfecto candidato de secuestro, un blanco fácil para que lo extorsionara una pandilla, o algo peor. María y su marido fueron en coche a recibir a Lalo en el punto de liberación, lo recogieron y se dirigieron al sur, a San José de las Pilas. Nuevamente, Lalo usó la casa de sus abuelos como refugio. Pero esta vez no estaba huyendo; era libre. Podía pasarse todo el día afuera. Podía respirar el aire puro e ir adonde quisiera. Como se dieron las cosas, Lalo no tuvo mucho tiempo para decidir si iba a estar satisfecho viviendo en México. Pocas semanas después de llegar, Natalia llamó con noticias graves. Lupe sentía algo de dolor en el estómago después de comer y los doctores estaban preocupados. ¿Podía Lalo venir a casa? Sí, les dijo. Sí.

Capítulo cinco

La jaula de oro

Antes de que Lalo fuera encarcelado, él y su familia vivían en Chamblee. Lalo aún era adolescente y Lupe estaba sano. Ahora, su familia tenía una casa en el tranquilo suburbio de Alpharetta, a 30 kilómetros, cerca del trabajo de jardinería de Lupe. Mientras que Chamblee era una pujante comunidad de inmigrantes, Alpharetta era rural, predominantemente clasemediero y blanco. Habían vendido el Mustang para ayudar con el enganche.

Lupe tenía cincuenta y tres años. Trabajar todos los días en el campo de golf lo había mantenido fuerte. Pero cuando los crujidos de panza después de comer se volvieron dolores agudos, fue al doctor. Le metieron una cámara por la garganta hasta el estómago y vieron el puño apretado de un tumor. En etapa cuatro. Eso es lo que el doctor Christopher Hart les dijo a Lupe y Natalia en la tranquilidad de su oficina. Con cirugía, quimioterapia y radiación podían comprarle a Lupe unos cuantos meses, quizá un año más de vida. No era curable.

En ese momento nadie habló de los pesticidas que habían estado en sus manos, su ropa, sus pulmones y su comida en los campos. No fue sino hasta después, al ver que más amigos y familiares que se habían dedicado a la pizca morían jóvenes, que se empezó a nombrar la causa de muerte.

El vínculo entre estar expuesto a los pesticidas y la muerte prematura ha sido difícil de probar. Los trabajadores migrantes del campo, que van de cosecha en cosecha, están expuestos a muchos productos químicos, lo que ha frustrado los intentos por identificar un culpable específico para llamarlo a cuentas. Y como siempre están en movimiento se vuelve difícil identificar un conjunto específico de enfermedades, que pueden manifestarse años o décadas después de haber estado expuestos.

Durante esos meses de tratamiento, Lalo y Lupe se metían al coche a las 5 a. m. y conducían en silencio al hospital de la Universidad Emory. A Lupe no le gustaba hablar durante su tratamiento; se quedaba sentado bajo una gruesa cobija de lana y miraba distraído las pantallas de TV que había en la habitación. El conflicto que había definido su relación con el Lalo adolescente se había evaporado. La vida era preciada; saboreaban poder estar juntos.

A lo largo de sus décadas en los campos, Lupe se había apoyado en su fe católica; a veces era lo único que lo sostenía. Los García no bendecían la mesa ni rezaban antes de dormir. Pero Lupe tenía a Dios cerca del corazón, una cuestión privada que invocaba cada que se subía a su coche y le daba gracias a la Virgencita "por este día". Ahora otra vez, ella lo acompañaba en su momento más difícil.

Gracias a su trabajo en el country club Lupe tenía seguro médico, pero Lalo sentía más que nunca la presión de mantener a su familia. Trabajó brevemente con Jaime, fabricando paneles para puertas de coches en una planta de General Motors, pero no soportó el trabajo robótico. Decidió buscar otro restaurante; sin Mustang ni licencia de manejar, salió a buscarlo a pie.

Cuando Lalo cocinaba en la Brasserie Le Coze, sus colegas a veces leían las reseñas gastronómicas del *Atlanta*

Journal-Constitution. Sin alcanzar a comprender la influencia que un solo chef puede tener sobre una sociedad, Lalo se quedaba perplejo e intrigado por el esfuerzo y análisis empleados para escribir sobre comida. John Kessler era el crítico culinario del periódico, y cuando estaba sentado a una de sus mesas, el nivel de locura en la cocina subía de golpe a once.

Fue en esa época que Lalo oyó hablar de un buen restaurante en Roswell, un suburbio cercano, llamado Van Gogh's. Lo lideraban Michele y Chris Sedgwick, una joven pareja que había construido su pequeño grupo restaurantero desde cero. Van Gogh's, que abrieron con 8 000 dólares, fue su primera empresa. En poco tiempo, cuenta Michele, "tuvimos un éxito de veras enloquecido, estábamos ganando 3.5 millones de dólares al año". Los dos cocinaban y cada uno trajo a la mesa sus talentos específicos: Chris era el de las grandes ideas, el que soñaba los conceptos y conseguía financiamiento, personal, equipamiento y espacio. Michele, recién graduada de gastronomía, se encargaba de los detalles, inmersa en las minucias —presentación, hospitalidad y decorado— que vuelven una buena experiencia gastronómica en algo grandioso. Juntos, crearon el menú.

Durante los años en la cárcel, el nombre de Van Gogh's se le quedó en la mente a Lalo, junto con la reseña estelar de Kessler. Pero no buscó activamente un empleo en su cocina. Más bien, después de breves periodos en un par de restaurantes desafortunados a distancia caminable de la casa nueva de su familia en Alpharetta, probó suerte en otro lugar al que podía llegar a pie: Vinny's on Windward.

Vinny's también era de los Sedgwick, y estaba inspirado en las interpretaciones de la comida italiana de Napa

Valley. En los suburbios de Atlanta, era difícil encontrar lugares con carácter, así que mandaron traer los portones de madera y el ladrillo antiguo. Los arcos con enredaderas hacían pensar en un campus universitario o un monasterio. Cuando Lalo entró a Vinny's, no tenía idea de que los dueños eran la misma pareja del Van Gogh's.

Lalo llevaba más de tres años sin cocinar, pero a sus veintidós contaba con bastante experiencia, y el nombre de Eric Ripert siempre llamaba la atención. Ahora que estaba en el país de manera ilegal, el trabajo conocido que había realizado —picar verduras, parrillar, saltear— se sentía incierto y tenso. La cocina se volvió un escenario donde Lalo interpretaba escenas selectas de su antigua vida, rodeado de coestelares que no estaban actuando. Cualquier diferencia se tornaba amenazante, recordándole a Lalo que estaba atrapado en un episodio de *La dimensión desconocida* que probablemente acabaría con su deportación —sólo que no sabía si sería hoy o en diez años—. Le recordaba una de las canciones favoritas de su papá, interpretada por el grupo de música norteña Los Tigres del Norte. Se llama "La jaula de oro":

¿De qué me sirve el dinero
Si estoy como prisionero
Dentro de esta gran nación?
Cuando me acuerdo hasta lloro
Aunque la jaula sea de oro
No deja de ser prisión.

Antes, Lalo paseaba por Atlanta en su auto de lujo con la música a todo volumen. Ahora, se iba caminando al trabajo por calles suburbanas, con temor de cualquier conductor que se le quedara viendo un instante de más.

En el Vinny's, quiso demostrar de lo que era capaz. Empezó como cocinero de partida, un puesto bajo en los restaurantes elegantes, pero los Sedgwick conocían su negocio y no les tomó mucho tiempo ascenderlo a *sous-chef*, el segundo en la jerarquía. Para entonces, Lalo se había enamorado, y Chris y Michele invitaron a la pareja a su casa, que aceptó pensando que se trataba de una fiesta. Cuando Lalo entró por la puerta se dio cuenta de que eran los únicos invitados. Los Sedgwick le hicieron una propuesta: ser el chef en jefe del Van Gogh's. Más responsabilidad, más libertad creativa y un mayor salario. Era una oportunidad soñada. Lalo se quedó callado, luego les dijo que no podía aceptar. Un chef tiene que tomar decisiones ejecutivas: ponerle precio a los platillos, determinar el tamaño de las porciones y no salirse del presupuesto. Lalo les explicó a los Sedgwick que de niño se la había pasado entrando y saliendo de escuelas y que aún batallaba con la lectura y la aritmética. Michele y Chris se voltearon a ver. No había problema. Le pondrían un asistente; su trabajo era crear y cocinar.

Los Sedgwick estaban seguros de que habían descubierto un diamante en bruto, y querían que Lalo resplandeciera. Cuando acababa su turno lo llevaban a restaurantes en el centro de Atlanta y analizaban todo lo que veían y probaban. ¿Qué era lo nuevo? ¿Qué era sólo una moda? ¿Qué iba a perdurar? Cuando viajaban al extranjero, le traían a Lalo menús, libros y fotos para que los estudiara. Eran lindos gestos, sin duda, pero también eran algo más sustancial: los Sedgwick creían que Lalo era capaz de superar cualquiera de los platillos que habían probado y, siempre competitivo, Lalo se animó a aceptar el desafío.

El Van Gogh's había abierto en una época en que el éxito de un restaurante dependía cada vez más de la figura del chef, antes invisible desde el comedor. Ahora, los chefs eran los protagonistas, con un creciente séquito de medios enfocados en la comida para darles realce. En el pasado, sólo unos cuantos chefs excepcionales, como Alice Waters, Julia Child y Wolfgang Puck, se habían vuelto personajes famosos en Estados Unidos. Pero ahora, más y más personalidades estaban llamando la atención en todo el país, y los comensales viajaban largas distancias y gastaban con holgura para comer en sus restaurantes. En Napa Valley, se alzaba la estrella de Thomas Keller en el French Laundry, junto con su filosofía de comida hiperlocal; en Nueva York, en el WD-50, Wylie Dufresne había convertido el papel del chef en algo entre cocinero y científico loco, con un estilo llamado *gastronomía molecular.* Michele estaba buscando a alguien que transformara el Van Gogh's, que para nada era un lugar tan creativo como al que aspiraba su nombre. Aunque su base de clientes regulares estaba satisfecha, los Sedgwick querían que su restaurante insignia ganara reconocimientos, que estuviera a la vanguardia y que diera de qué hablar en una ciudad que aún no era considerada un destino gastronómico. Michele les había dado a los chefs anteriores la libertad de crear algunos platillos del día, para ver de qué eran capaces, pero siempre acababa molesta, decepcionada u horrorizada por los resultados. Y entonces llegó Lalo, que empezó a combinar sabores de una manera inteligente. Él absorbió los conocimientos de ella, y podían hablar de enfoques innovadores; estos intercambios se empezaban a sentir como una colaboración. Dos personas con una visión similar. Dos personas aspirando a un nivel de excelencia que no habían alcanzado antes.

Luego, el día de San Valentín, Chris le dio a Lalo la oportunidad de crear su propio menú. Cuando llegó el 15 de febrero, notó que Lalo estaba decaído de regresar a lo de siempre.

Pues haz un menú distinto todos los días, dijo Chris, cediendo como si nada una cantidad inusitada de poder a un joven cocinero que llevaba trabajando con él menos de un año. Lalo tomó la estafeta y no hubo vuelta atrás.

—Era un desmadre —dijo Michele. Pero uno muy divertido. Le encantaba quedar atrapada en el tornado de la creatividad de Lalo y que la levantara.

En todos los demás rincones de su vida, Lalo andaba sobre una cuerda floja. Constantemente anticipaba el día en que todo se vendría abajo: su estatus migratorio sería descubierto, el cáncer de su padre llegaría a su predecible final. En la cocina, sin embargo, los Sedgwick le habían dado completa libertad. Algunos días, cambiaba su ansiedad por la presión vertiginosa de la cena. Otros, reencauzaba su agitación hacia metas menos importantes, como una escalopa mal sellada o un empleado que llegó tarde. Se volvió alguien temperamental y muy exigente.

Crear un menú diario significaba que estas exigencias cambiaban constantemente. Mientras que un menú fijo le permitía a la cocina establecer un sistema confiable para preparar los componentes de cada platillo antes de que empezara el frenesí del servicio, los contratiempos inevitables de preparar platillos que no se habían hecho antes le robaban tiempo valioso, hasta que la cocina degeneró en un caos, apenas controlado.

Diez minutos antes de empezar a servir, Lalo llamaba a Michele a su casa.

—Necesito que vayas al Whole Foods a traerme unas chantarelas —le decía.

—¡Ni madres! Estoy esperando a que mi hija llegue a casa.

—Bueno, la esperas, te la llevas y me traes mis chantarelas.

Michele llegaba, le aventaba la bolsa de hongos y se iba. Y finalmente podían imprimir el menú, momentos antes de empezar el servicio. Pese a los dolores de cabeza, Michele estaba encantada con la transformación del restaurante.

A Lalo le habían dado permiso de inventar, pero eso no significaba que tuviera algo especialmente original que aportar. Había pasado de preparar las recetas de otros cocineros a concebir un platillo de vez en cuando, a estar a cargo de cambiar el menú constantemente. Cuando comentaba que algo se veía bueno, lo decía de manera literal. Veía una foto en línea y leía la descripción, luego se metía a la cocina a probar diferentes versiones hasta decidirse por la que más le gustaba.

Lalo admiraba especialmente a Rick Bayless, un chef que vivió en México en la década de 1980 y encontró la fama en Chicago con su serie de televisión en PBS, *Cooking Mexican* (*Cocinar mexicano*), y sus restaurantes Topolobampo y Frontera Grill. Muchos estadounidenses aprendieron a preparar comida mexicana gracias a Bayless. A Lalo le parecía inspirador el enfoque de Bayless de la comida mexicana: comprometido a aprender las técnicas y los platillos regionales tal como los preparaban en México, pero abierto a la posibilidad de innovar. Pero a Lalo también le daba vergüenza que había tenido que venir alguien de fuera de México para lograr que la comida de su país se respetara en Estados Unidos.

Poco a poco, Lalo empezó a innovar. Muchos de sus intentos acabaron en la basura, junto con el dinero que los Sedgwick estaban gastando para financiar al autodidacta. Por suerte para Lalo, Michele había tenido una experiencia similar al principio de su carrera, cuando la contrataron como repostera a fines de los ochenta en el Country Club of the South del área de Atlanta. Llegó a su primer día de trabajo con sólo dos semanas de entrenamiento de repostería en su escuela de gastronomía. Como nadie se fijaba, se puso a aprender ella sola.

La mayoría de los sabores de la infancia de Lalo —epazote, frijol negro, moronga— no acabaron en los platillos del Van Gogh's, pero hubo excepciones: un gazpacho con un nido de ceviche de cangrejo en medio del plato, tártara de atún con jengibre y soya sobre una cama de aguacate. "La combinación de texturas y sabores es estelar", dijo un crítico. A veces no le salía: una *crème brûlée* de limón en una sopa de mango era una mezcla caótica de sabores que competían, y la rebanada de tofu para acompañar un *confit* de faisán con pechuga de faisán, "una guarnición demasiado extravagante". Cuando Lalo preparaba los clásicos europeos, tenía que fiarse del cosmopolita paladar de Michele para que dictaminara si le habían salido bien o no.

Lalo disfrutaba de la libertad que le ofrecían los Sedgwick, pero fue la manera de cocinar y de comer de Michele lo que tendría un impacto más duradero. Una inspiración para ella era Judy Rodgers del Zuni Café en San Francisco, y le enseñó a Lalo sobre la sofisticación de la comida simple, bellamente preparada, que en el lenguaje de los restauranteros se llama *rústica*. Le untaba mantequilla a una rebanada de pan de masa madre, el interior suave, la corteza sutilmente caramelizada, luego le ponía encima un huevo con la yema suave. Un platillo así representaba la unión divina que ocurre cuando la sencillez coincide con la perfecta ejecución y la perfecta ejecución coincide con ingredientes de la mejor calidad. Luego le decía a Lalo:

—Prueba.

Era en parte una orden y en parte una tentación.

De Chris, Lalo aprendió la importancia de entrenar a los líderes potenciales en un equipo: volver aliados a tus mejores empleados, para que cuando el negocio crezca, puedas depender de la gente que vas a poner a cargo. Y al poner tanto poder en manos de Lalo en tan poco tiempo, la pareja le enseñó que tenías que confiar en tu intuición y tomar riesgos.

Los comensales del Van Gogh's no necesariamente estaban felices con los cambios. Lo que había funcionado durante años —montones de comida, una cámara frigorífica atiborrada de crema y mantequilla, alteros de verduras en juliana— ahora se sentía innecesariamente pesado y anticuado, como un faldón pasado de moda lastrando unas finas cortinas de seda. Los Sedgwick estaban dispuestos a decirles adiós a algunos clientes, junto con el estilo que adoraban, con la esperanza de encontrar un nuevo público y mantenerse relevantes.

Lalo seguía con la mujer que había llevado a casa de los Sedgwick, y pronto tuvieron un hijo, Max. La llegada del pequeño fue una noticia dichosa, y a nadie alegró más que a Lupe. Max era un bebé feliz a quien Natalia cuidaba mientras su papá trabajaba y su mamá asistía a clases.

Lupe había sorprendido al doctor Hart con lo bien que respondió al tratamiento, aunque nunca lo declararon libre de cáncer. Pasaba tiempo con Max y la familia, y a veces Lalo le cocinaba, sobre todo en las celebraciones. Una vez, Lalo preparó codorniz rostizada, puré de papa y *jus*. Lupe se sirvió dos veces, tres, cuatro. Pero con un diagnóstico de etapa cuatro, los buenos momentos no podían durar. En 2005, Lupe volvió con el doctor Hart con una obstrucción; tenía otro tumor, esta vez en el intestino delgado.

Lalo se refugió en el restaurante. Sus relaciones ahí se hicieron más profundas. Llegó a ver al personal como una segunda familia, el restaurante como un segundo hogar, un lugar donde escapar del panorama devastador en casa de sus papás, mientras la familia veía con impotencia cómo se iba deteriorando Lupe. Pero aun en el trabajo, el consuelo que buscaba se veía menoscabado por la posibilidad de ser deportado que acechaba en cada rincón. ¿Quién podría traicionarlo? ¿Los padres de la mamá de Max, que sospechaba no estaban nada contentos de que ella hubiera elegido a un mexicano? ¿Un cocinero rival en el restaurante? ¿El marido de una mujer con la que había tenido una aventura? Cada día rebotaba entre la sensualidad, la banalidad y la ansiedad.

Lalo se sumergió en un nuevo proyecto: los Sedgwick querían abrir un restaurante de comida mexicana en Alpharetta, con Lalo al mando. Servirían salsas recién hechas, tamales, chilaquiles, enchiladas y más. El concepto era elegante pero relajado, un sitio para pasar a comer algo entre semana o salir con alguien el sábado en la noche a probar sus famosas margaritas. PURE Taqueria, como se llamaba, conservando el nombre de la gasolinera que había sustituido, marcó la primera vez en la vida profesional de Lalo que cocinaba sobre todo comida mexicana, y que las lecciones de su mamá sobre el arroz y los frijoles, la salsa y las carnitas pudieron llegar directamente a los comensales que atendía. Natalia incluso hacía tamales para el menú una vez a la semana.

La comida mexicana desde hacía mucho que había permeado otras partes del país. Como escribió el periodista Gustavo Arellano, durante siglos esta cocina se devoró vorazmente en Estados Unidos, aunque al mismo tiempo la ridiculizaran y la culparan de trastornos gastrointestinales. “La gente ni siquiera trataba de imaginarse la comida mexicana como algo exquisito o refinado, o para el caso regional. La comida mexicana era un monolito”, me dijo Arellano. El tío de Lalo, Martín García, estaba entre quienes se esforzaron por encontrar su fortuna al norte de la frontera por medio de la cocina de su tierra. Abrió una pequeña fonda llamada Mi Taco en Marietta en 2001. En poco tiempo, él y su esposa habían ahorrado lo suficiente para poner un restaurante más grande, que pragmáticamente nombraron 7 Tequilas —un número de buena suerte y un nombre mexicano identificable—. En los primeros años, Martín descubrió que su público quería los clásicos que ya eran famosos al norte de la frontera: enchiladas, burritos, nachos. Al paso del tiempo, cuando más personas de Atlanta empezaron a visitar México y volver a casa con antojo de lo que habían probado, el menú cambió, las salsas y los moles se volvieron más complejos, los ingredientes más especializados. Esos comensales (en su mayoría) habían superado el abracadabra de que la comida mexicana, por sí misma, te hace enfermar —sólo dos siglos después de que Louis Pasteur desmintiera la teoría de la generación espontánea—. Como muchos otros restauranteros mexicanos exitosos, Martín supo evaluar acertadamente lo que el público quería —fueran chiles rellenos o dip de frijoles— y eso les dio.

* * *

Durante sus últimos días, Lupe estuvo condenado a una dieta de líquidos, pero todos los domingos podías encontrarlo en el asador. Cuando la carne estaba lista, la cortaba en trozos aún más pequeños y se sentaba a comer en silencio. Pero por muy diminutos que fueran los trozos, por mucho tiempo que los masticara, pronto empezaba a ahogarse y jadear. Natalia hubiera podido regañarlo. Pero lo que hacía en cambio era llevarlo al hospital, donde otra endoscopía de emergencia le retiraba la obstrucción, y daba gracias por otra semana.

El día que Lupe murió, llamaron a Lalo al trabajo para que fuera al hospital. Las últimas palabras que Lupe le dijo a Lalo fueron consistentes con su vida, le imploró que cuidara a su familia. Jaime se había casado, tenía un bebé y se había mudado a su propia casa. Ahora se esperaba que Lalo tomara la antorcha y velara por el bienestar de su madre y hermanos. Cuando Lupe miró a Lalo a los ojos justo antes de morir, Lalo vio todo lo que necesitaba saber sobre el amor de su padre.

Al haber regresado a Estados Unidos ilegalmente después de su deportación, Lalo no podía arriesgarse a cruzar a México para asistir al funeral de Lupe. Fue la peor indignidad de su vida de indocumentado. Ayudó a Natalia a hacer los trámites para que el cuerpo congelado de Lupe se enviara por avión a la Ciudad de México, pero fue Jaime quien viajó en el avión para garantizar que su padre llegara bien. En San José de las Pilas, los vecinos y familiares abarrotaron la iglesia. Cocinaron suficiente pollo con mole y arroz para darle de comer a todo el pueblo, y Natalia miró a su alrededor asombrada. Se había acostumbrado a la soledad de abrirse camino en ciudades y pueblos que apenas sabían que ella existía. Cuando iba a buscar ayuda, cuando lloraba en las clínicas y les pedía que le dijeran qué era lo que tenía, los doctores le ofrecían poco más que un paracetamol. Aquí la apoyaban, la entendían. Por muy larga que fuera su ausencia, el refugio de su compañía era su derecho de nacimiento.

A medida que se hizo mayor, el amor de Lalo por su padre nunca disminuyó, pero lo reverenciaba menos.

—No fue un padre modelo. Pero es lo que él sabía. No lo hacía a propósito. A veces sí siento que tenía un poquito de resentimiento, o a lo mejor era mucho como soy yo, que a veces me siento furioso y no sé por qué, me desquito con la gente. A lo mejor a él le pasaba un poco lo mismo. "Vas a trabajar, vamos a trabajar meses sin parar, de sol a sol". Él venía de un contexto donde eso es lo que le enseñaron.

Cuando Lupe se fue, Lalo se volvió más distante y Natalia estaba abatida. Cada día que Lalo invertía en esta vida temporal se sentía un poco desperdiciado. No era un padre comprometido. El negocio que manejaba no era suyo. Su relación con la mamá de Max estaba a punto de desmoronarse.

El andamiaje de la rutina lo apuntalaba, pero sólo hasta cierto punto. Al pensar en esos años, la imagen que más recuerda es de una grisura demencial: con la llave del coche en la mano, abría la puerta del conductor cada mañana, giraba la llave en el arranque. Al final del día, volvía a girar la llave y se iba a casa. El hecho de que pudiera recordar el momento en que apagaba su coche le parece un indicador de que algo estaba profundamente mal.

Ese año, los Sedgwick le cambiaron de nombre al restaurante a Bistro VG y lo remodelaron a fondo. A Lalo le interesaba la remodelación y acompañó a Michele en sus viajes a comprar mantelería y escoger mobiliario. Pero tenía la cabeza en otra parte. Pasaba horas fantaseando con ser detenido por las autoridades migratorias. Un cliente abría la puerta y un destello del sol reflejado del estacionamiento entraba en su visión periférica y aceleraba su pulso: Quizás ahora. Quizás aquí. Con las manos embarradas de tripas de pescado. Quizá en su día libre cuando se sentara a cenar con Max y estuvieran saboreando un guisado. Los agentes se lo llevarían, Natalia se quedaría inmóvil y el rostro tembloroso de Max estallaría en lágrimas y mocos. Que lo atraparan parecía la única opción, y en el fondo empezó a anhelar la llegada de ese momento y el alivio que traería.

Y entonces el día llegó. Era 2006. Max tenía cuatro años y Lalo llevaba siete viviendo de ilegal en Estados Unidos. Siete años con el corazón en la garganta. Siete años de ser un fantasma. Un par de agentes de Inmigración y Aduanas vestidos de civil entraron por la puerta del Bistro VG y le preguntaron a la gerente, Jennifer Velazquez, si Lalo estaba ahí. Usaron un apellido que ella no reconoció, y les dijo que en el restaurante no trabajaba nadie de ese nombre. Luego fue atrás, a la cocina, a advertirle a Lalo de los agentes. Jennifer estaba histérica; Lalo trató de tranquilizarla y de evaluar la situación.

—Tengo que ver a Max —dijo.

Los Sedgwick se habían ido de vacaciones a esquiar a Colorado, y cuando Jennifer levantó el teléfono para llamarlos, le dio la espalda a Lalo, para poder fingir inocencia con los agentes si él decidía huir.

Detrás del restaurante había una pequeña arboleda; después, los suburbios. Lalo salió un momento por la puerta trasera, sopesando sus opciones, pero el restaurante estaba rodeado. Ya no vería a Max. Volvió a entrar al comedor, con las manos al frente como si estuvieran esposadas, y se sentó a una de las mesas. Un sabor conocido se formó en su paladar: amargo alivio.

—Tuve muchas oportunidades, me hubiera podido ir adonde fuera. Y lo pensé. Pero imagínate, ¿estás huyendo de qué y para qué?

Capítulo seis

El regreso

En 2007, Lalo regresó a México, derrotado. Aunque ya se esperaba este momento desde hacía años, de todas maneras tenía el olor nauseabundo del fracaso.

A los García les tomó una semana rastrear a Lalo después de que fue puesto bajo custodia por el Servicio de Control de Inmigración y Aduanas. Había sido transportado a un centro de detención en Georgia donde pasó varios meses antes de firmar un documento de renuncia, el día de San Valentín, en el que juraba nunca más regresar a Estados Unidos. Un avión destartalado lo depositó en Laredo, donde lo llevaron a cruzar el puente; su familia lo recogió y manejaron trece horas hasta el Estado de México, en silencio.

—Las respuestas siempre estaban en la boca de mi papá y esta vez mi papá no estaba con nosotros.

Natalia decidió quedarse en México con Lalo unos cuantos meses en lo que buscaba trabajo. Inició su búsqueda en Canadá, pensando que podría ganar un buen sueldo para enviarle dinero a su familia en Alpharetta. Encontró anuncios en Craigslist para puestos por todo el país, y programó entrevistas desde la Isla del Príncipe Eduardo hasta Vancouver, luego compró un boleto con destinos múltiples. Pero cuando el avión aterrizó temprano por la mañana en Toronto, cuatro agentes de migración estaban esperando a Lalo en el puente de embarque: no se había dado cuenta de que las autoridades migratorias de ambos países compartían inteligencia.

—Ni siquiera me pidieron mi identificación. Me dijeron: "Levántate la camisa". Así que me levanté la camisa y tenían una foto del tatuaje que tengo en el estómago, que me hice en la cárcel —GARCÍA escrito arriba del ombligo en letras góticas de 5 centímetros—. Me dijeron: "¿Eres Eduardo García?". Les dije: "Sí". Dijeron: "Hazte a un lado".

Lalo se pasó el día en el aeropuerto de Toronto, donde los agentes revisaron sus pertenencias: algo de ropa, un cepillo de dientes y un montón de reseñas que había ido imprimiendo al paso de los años para mostrarle a los empleadores potenciales.

—Uno de los agentes me dice: "Qué lástima que no puedas entrar a Canadá, pareces un gran tipo, me puse a leer todos tus recortes de periódico. Pero así está la cosa".

Otra renuncia que tuvo que firmar, otro vuelo a México. El avión pasó horas en la pista en lo que los técnicos arreglaban un problema mecánico, y las sobrecargos mantuvieron felices a los pasajeros con bebidas gratis. Cuando al fin despegaron, el piloto, apenado, les dijo cuál conjunto de luces flotando en la oscuridad era Louisville. Lalo se despidió de lugares en los que había vivido y de otros que nunca conocería. Cuando llegó a casa temprano a la mañana siguiente, Natalia se soltó a llorar.

—¿Qué hacemos ahora? —le preguntó desesperada al nuevo sostén de la familia. Su primer intento de iniciar una nueva vida había durado un total de veinticuatro horas.

De vuelta en Craigslist, Lalo vio trabajos en cocinas de hoteles en playas mexicanas, y en poco tiempo estaba cocinando para miles de turistas en un centro turístico en Los Cabos, aunque "chef" parecía un título demasiado elevado para la odiosa labor de descongelar tinajas de camarones, pollo y pescado, y freírlos para el bufet. Cuando los lavaplatos renunciaron, las torres de platos sucios se quedaron días apestando. Asqueado, Lalo siguió a los lavaplatos al poco tiempo.

En Estados Unidos, donde George W. Bush ya estaba bien entrado en su segundo mandato como un presidente duro contra la inmigración en un mundo post 11 de septiembre, la gerente del Bistro VG, Jennifer Velazquez, ayudó a organizar una campaña de cartas a favor de Lalo: compañeros de trabajo, antiguos patrones, el dentista de la familia, comensales fieles le escribieron a Bush así como a senadores, pidiendo una excepción para el campesino modelo que "demostró ser responsable a pesar de haber empezado a trabajar desde temprana edad", para el amigo que "quedó atrapado en la ola de la corrección política", para el chef que "crea platillos que acarician el paladar". Las peticiones no tuvieron ningún impacto sobre su caso.

La ausencia de Lalo se sintió en el restaurante. PURE fue un éxito; con el tiempo llegó a tener siete ubicaciones, un éxito construido en parte sobre el trabajo fundacional de Lalo de haber creado el primer menú. Pero como deportado, Lalo no podía disfrutar de ese éxito. Y no se aferraba a la esperanza de continuar su relación con la mamá de Max —antes de que lo deportaran él estaba teniendo una aventura, y pensaba que lo más seguro es que también ella anduviera ya en otra cosa—. A fin de cuentas, Lalo le había dicho que era imposible que él pudiera regresar. Pero siguió hablando con su hijo por teléfono, y buscando trabajo para poderles mandar dinero. La primera oportunidad prometedora fue en un hotel boutique de playa llamado Verana. En el taxi acuático desde Puerto Vallarta, se acercó a la costa de Yelapa y vio los cerros donde las lujosas casas vacacionales y albercas infinitas asomaban entre la densa jungla. Lalo sintió que su ansiedad se aligeraba por primera vez en años: ¿sería posible que lo hubieran deportado al paraíso? La entrevista salió bien, pero faltaban varias semanas para que empezara el trabajo pues el hotel seguía cerrado por la temporada. De regreso en el Estado de México, Lalo se sentó en un café internet a hacer una investigación. Googleó: "mejor chef de México", "mejor restaurante de México".

Enrique Olvera. Pujol. Enrique Olvera. Pujol. Enrique Olvera. Pujol. Casi parecía un error en el algoritmo: todos los resultados eran lo mismo. Lalo pensó: Si él me da trabajo, no me voy a Verana.

El día que Lalo llamó a Pujol, por casualidad Olvera iba pasando junto al teléfono y contestó. Lalo le resumió su currículum, y el nombre de Eric Ripert fue todo lo que hizo falta para que Olvera lo invitara a una entrevista —un plato de *foie gras* y trufas negras en Le Bernardin fue lo que convenció a Olvera de que quería ser un chef de alta escuela—. Uno de los tíos de Lalo tenía una flotilla de microbuses y al día siguiente le dio un aventón a la ciudad. Lalo se bajó en frente del bosque de Chapultepec, un parque del doble de tamaño que el Central Park de Nueva York, donde los capitalinos y los turistas deambulaban frente a museos y esculturas, empujando carriolas por el jardín botánico y comiendo elotes cubiertos de mayonesa, queso, chile y limón. En 2007, México estaba al límite. La elección presidencial del año anterior había acabado en acusaciones de fraude cuando Andrés Manuel López Obrador perdió ante Felipe Calderón. Aunque el país experimentaba una baja histórica en homicidios, el tema de seguridad estaba en primer plano de la discusión pública; Calderón empezó su presidencia declarándoles la guerra a los poderosos cárteles de la droga del país, y decenas de miles de tropas se desplegaron por todo el territorio. Las batallas que vinieron después sirvieron para desorientar más al país, fragmentar los cárteles en facciones más agresivas, y poner de manifiesto no sólo la violencia del crimen organizado sino la corrupción que socava las posibilidades de vencerlo. Rodeada por todos lados de estas amenazas, la Ciudad de México se consideraba una isla de seguridad.

A pesar de haber pasado sus primeros años a unos cuantos kilómetros, Lalo nunca había caminado por las calles de la capital.

—La impresión que yo tenía de la Ciudad de México era la misma que cuando vives en Estados Unidos: contaminada, peligrosa, sucia, gente grosera. Todo lo malo de una ciudad. Nada bueno.

Pero en ese barrio, las calles estaban limpias. Era la temporada de lluvias y los árboles y enredaderas florecían ostentosamente en cada palmo de tierra. En Polanco, donde Olvera había abierto Pujol ocho años antes, Lalo sintió que había entrado a una de las telenovelas que Jaime y él solían correr a casa para ver en su televisión de caja: la gente traía ropa elegante y cortes de pelo caros con luces rubias. En los alrededores del parque Lincoln, los comensales platicaban en cafés con mesas en la banqueta, bebiendo copas de vino y tazas de exprés, en calles con nombres como Carlos Dickens, Aristóteles y Julio Verne.

Resultó que Lalo había llamado a Olvera fortuitamente en un momento estupendo. Olvera estaba en el proceso de seleccionar al personal para la cocina de un nuevo restaurante en un hotel boutique llamado Condesa DF y necesitaba a alguien con el nivel de experiencia de Lalo para encabezarlo. Olvera le dijo a Lalo que podía empezar como *sous-chef* en el hotel, trabajando bajo las órdenes de Jorge

Vallejo, que más adelante sería el chef y dueño del aclamado restaurante Quintonil. Cuando se abriera un puesto en el Pujol digno de la experiencia de Lalo, lo llevaría para allá. Era una propuesta increíble y el propio Lalo no se la acababa de creer. Cuando se despidieron, Olvera le informó a Lalo que tendría que esperar una o dos semanas antes de empezar, hasta que él regresara de un viaje a Nueva York. Lalo asintió con la cabeza, pero la despedida lo dejó intranquilo.

Se avecinaban nubes negras, la predecible tormenta de la tarde, y Lalo se sentó en la barra de un restaurante argentino cuando empezó a caer el aguacero. El barman le sirvió una copa de vino y charlaron amistosamente. En el camión de regreso a casa, repasó el día en su mente, aún no muy seguro de poder confiar en el frágil optimismo que sentía surgir. Al día siguiente, regresó a Polanco para pasear por el rumbo y empezó a imaginar cómo podría verse su vida nueva. En teoría tenía dos trabajos, pero no había nada concreto que hacer, ni dinero que mandarle a su familia. Cuando recibió una llamada de Verana diciéndole que había llegado el momento de volver a la playa, Lalo debería haber dicho "No, gracias", pero titubeó. ¿Qué tal si Olvera, este chef del *jet set*, olvidaba sus promesas? Trabajo era propósito. Propósito era cordura. Sí, le dijo al dueño, ahí estaré. Cuando llegó a la playa, cortaba fruta de los árboles, se iba caminando al muelle donde los pescadores llegaban con los botes cargados de pulpo, huachinango, esmedregal. En las noches, preparaba platillos sorprendentes para los dueños con el botín del día, y se maravillaban. Pasaron dos semanas antes de que lo llamara Olvera.

—Te estuve esperando —le dijo a Lalo—. Nunca llegaste.

—No sabía si de veras me ibas a contratar —dijo Lalo—. No entendí por qué no podía empezar el trabajo sin ti. Nunca he vivido en este país, no sé cómo son las cosas.

Olvera le dio hasta el día siguiente para decidir. Esa noche, Lalo se quedó despierto oyendo el trinar y el croar de la selva, y las olas rompiendo incesantemente en la playa. Cuando llegó a México, había estado en su punto más bajo: su padre muerto, su carrera terminada, su hijo a cientos de kilómetros, su futuro incierto. Aquí en Yelapa había encontrado una oportunidad de ser feliz, y le asustaba dejarla. Pero sabía que Olvera le había abierto una puerta, durante más tiempo de lo que la cortesía dictaba, y que más le valía entrar por ella antes de que se cerrara para siempre. Empacó su maleta y aceptó el trabajo con Olvera.

* * *

Del otro lado de esa llamada telefónica estaba el chef contemporáneo más venerado del país, Enrique Olvera, cuya meteórica carrera seguía en ascenso. Nacido en una familia de clase media de la Ciudad de México, se había deleitado en experimentar con la comida desde que era niño, nunca le interesó seguir recetas. La cocina lo intrigaba precisamente porque le ofrecía la oportunidad de experimentar y jugar. Para Olvera, un estupendo corte de carne o un plato de pasta eran exquisitos en su sencillez, pero "eso ya lo hicimos". Estaba ansioso por avanzar y ver qué más podía alcanzar.

De adolescente, cocinaba para sus amigos. Pronto se corrió la voz y los papás de sus compañeros también empezaron a venir a las reuniones. Viajó a Hudson Valley para asistir al prestigioso Culinary Institute of America, luego en 1999 trabajó en Everest, un restaurante francés en Chicago. Pero después de seis meses regresó a México a seguir su sueño de abrir su propio restaurante, apoyado por inversiones modestas de amigos de sus padres.

Fue durante sus años en la escuela de gastronomía que Olvera empezó a identificar los estereotipos que tenían los estadounidenses sobre la comida de su país. Creían que era un lugar lleno de pobreza y violencia, con algunas playas bonitas. En Nueva York, la versión de la comida mexicana que hubiera podido ser un punto de entrada para complejizar esta percepción más bien parecía reforzarla: enchiladas malas cubiertas de queso fosforescente, frascos de salsa insípida, tortillas de harina de paquete con un tiempo de caducidad sospechosamente largo. Una triste imitación de la comida *tex-mex*. Incluso si llegaban a ir a Cancún o Puerto Vallarta, lo más probable era que sus compañeros de clase acabarían comiendo tacos de pescado congelado importado y bebiendo margaritas sintéticas.

Al mismo tiempo, a Olvera le cautivaba la influencia de chefs como Gastón Acurio, ocho años mayor que él. Acurio regresó a Perú después de estudiar en Le Cordon Bleu en Francia y creó una visión de comida sofisticada, basada en la inmensa riqueza de ingredientes y tradiciones de su país. Ahí, los campesinos andinos cultivan más de cuatro mil variedades de papa, cuyas texturas van de cremosa a harinosa a cerosa; su carne puede ser amatista, magenta o dorada, y salen de la tierra en forma de coma, de racimo tupido de uvas, de puño, de lanza. El primer restaurante de Acurio, Astrid & Gastón, abrió en Lima en 1994, y al poco tiempo pudo exportar el concepto internacionalmente, abriendo restaurantes desde París hasta Chicago o Doha, y alimentando a comensales que nunca habían oído hablar de una causa —un platillo en capas que por lo general se hace con papa, chile amarillo, aguacate y una proteína— y nunca se habían aventurado más allá de una papa blanca o una roja.

Olvera observó a Acurio y pensó "hacer lo mismo para México, porque si algún país tiene riqueza gastronómica, es México, ¿no? Y me parecía increíble que hubiera este dinamismo y este protagonismo de otros países que tienen gastronómicamente menos de donde tomar que México".

Olvera le puso a su restaurante Pujol (pronunciado /puyol/), una referencia a un apodo de la preparatoria —que tenía que ver con la palabra pozole mal pronunciada—. Quizá la comida en un principio no era la mejor. En palabras de Olvera:

—Hoy no puedo pensar en ningún restaurante así de pinche.

Pero siempre fue buen vendedor, describiendo la comida en una entrevista como: "creativa, cocina de autor". Servían croquetas de cangrejo con un toque de cilantro, mayonesa de chipotle y jugo de limón, y un filete de atún con una corteza de pimienta negra. Observó que al público le atraían los platillos de inspiración mexicana: ceviche de camarón marinado en miso con aguacate caramelizado, una terrina de *foie gras* con mermelada de guayaba.

A Lalo, Olvera le resultaba desconcertante. Lalo era un ser pragmático por necesidad que dependía de su ética de trabajo, su capacidad de durar más que cualquiera en la cocina y hacer los trabajos más agotadores. Olvera era un soñador y para cuando llegó Lalo, se pasaba gran parte del tiempo viajando y promoviendo el restaurante como idea. Para él, el propósito del Pujol iba más allá de servir una comida sabrosa: era un lugar para sorprender, estimular y en última instancia cambiar la perspectiva de un comensal. Lalo recuerda a Olvera diciéndole al equipo:

—Lo que quiero que entiendan es que están trabajando en el mejor restaurante del mundo, y su trabajo es cocinar la mejor comida del mundo.

* * *

Olvera sin duda jugó un papel decisivo para poner a la Ciudad de México en el mapa global de los *foodies*. Pero fue precedido más de una década por las chefs Mónica Patiño de La Galvia, Carmen Ortuño de Isadora y Alicia Gironella de Los Naranjos, que ya estaban ocupadas reimaginando los establecimientos de alta cocina del país. Estas chefs aparecieron en un artículo de Patricia Sharpe, la crítica culinaria del *Texas Monthly*, que proporcionaba una instantánea notable de la silenciosa revolución en proceso —en torno a la comida, pero también al género y la identidad nacional—. Esta turbulencia llevaría, de una manera que ahora parece inevitable, a un panorama culinario aclamado internacionalmente por su combinación perfecta de experimentación y celebración de la herencia cultural. Pero cuando salió ese artículo, reimaginar lo que podría aparecer entre los restaurantes de alta gama de la capital se consideraba todo un atrevimiento, ir en contra de conservadurismos y prejuicios muy arraigados.

Decir que la comida mexicana se apreciaba en loncherías y hogares de toda la república es quedarse muy corto. La comida —el cultivo de los ingredientes, la preparación de un linaje histórico de platillos, y cómo reflejaba las creencias, encendía la creatividad, unía a las familias y aseguraba la supervivencia— era la piedra angular de la vida en México. No obstante, aunque había un puñado de establecimientos de mantel largo dedicados a la comida mexicana, incluyendo la Hacienda de los Morales, la Fonda El Refugio, el Nicos y el San Ángel Inn, cuando se trataba de alta cocina en la Ciudad de México la comida francesa, italiana y española dominaban. El artículo de Sharpe ofrece un vistazo a un periodo decisivo para la gastronomía de la ciudad, cuando se estaban transformando las dinámicas de género en la cocina profesional, y se estaban cuestionando los parámetros eurocentristas de la buena mesa.

Sharpe habla de la fortaleza de cada restaurante, con atributos que bien hubieran podido ser de las propietarias. Califica a La Galvia como el más moderno, Isadora como el más poético y Los Naranjos como el más intelectual. Las tres mujeres eran de clase alta y atractivas para los medios, es decir, de complexión clara... y sabían cocinar. Una cosa hubiera sido simplemente conjuntar sabores que antes no se habían mezclado y recibir los aplausos, pero la ejecución era ejemplar. De Gironella, Sharpe prueba el helado de mamey y dice que sabe al "durazno más jugoso y celestial que hayas comido" con un toque de mango, un postre que te cambia la vida. De Ortuño, los ravioles rellenos de huitlacoche en salsa cremosa de chile poblano fueron toda una revelación.

El medio es el mensaje, ya fuera el diseño del elegante comedor del Isadora o el toque de chile para complementar una salsa tradicionalmente francesa, o en el caso de estas chefs, un refinado profesionalismo desde el corazón mismo de la obligación de género: la cocina. Gironella, Patiño y Ortuño estaban cuestionando creencias sobre la identidad mexicana que se habían empleado desde la conquista para subyugar. Esa subyugación había adoptado diversas formas: esclavitud, supremacía lingüística, una jerarquía racial impuesta con violencia, la restricción de los derechos y la supresión de la religión. También se había manifestado en la gastronomía, como una serie de normas definidas que indicaban quién debía cocinar qué, qué debía consumirse dónde y con quién, marcando la diferencia de clases en cada comida. Este elitismo iba en contra de la supuesta unidad racial y cultural del país, un proyecto que cobró fuerza después de la Revolución mexicana, cuando la nación al fin pacificada intentaba forjar un camino armónico después de una cruenta guerra desatada por la desigualdad económica y la falta de derechos, trazadas en gran medida sobre bases raciales. La figura del mestizo, de ascendencia tanto indígena como europea, fue reconcebida como una identidad paraguas que uniera a la nación. Como escribe el historiador David S. Dalton, la insistencia en el mestizaje era en última instancia un intento de recategorizar y, en el proceso, transformar a los pueblos indígenas en mestizos, obligándolos a apartarse de un modo de vida considerado "atrasado" o "primitivo" y participar en sistemas modernos, como la agricultura y manufactura industrializadas. Pero aunque el mestizaje se promovía oficialmente, en los comedores de la élite la preferencia por la cocina europea delataba la jerarquía que se mantenía.

En retrospectiva, parece casi demasiado fácil; había tantos ingredientes y conceptos que se prestaban naturalmente a estos maridajes, tantos sabores cautivadores que sencillamente no habían recibido el respeto institucional que sus contrapartes europeas habían disfrutado durante siglos. ¿Helado de fruta tropical? La nevería Roxy llevaba sirviendo sabores de origen local desde los años 1940. ¿Pasta rellena de huitlacoche? Cuesta trabajo creer que a ningún chef doméstico se le hubiera ocurrido antes esta combinación tan natural. Pero hacer esas conexiones en apariencia inocuas en los espacios de élite era un riesgo comercial: las actitudes que por tanto tiempo habían privilegiado las técnicas y los sabores europeos no iban a desaparecer de la noche a la mañana, y una chef como Patiño no podía estar completamente segura de encontrar un público. Para cuando Lalo llegó a México en 2007, Olvera estaba disfrutando un aluvión de publicidad y su restaurante estaría en la lista de los cincuenta mejores del mundo durante años.

Pero cuando Olvera abrió las puertas del Pujol por primera vez al arranque del milenio, había días en que no llegaba un solo cliente. No existían los hashtags de Instagram para ayudarlos a volver virales estos nuevos conceptos, ni estrellas Michelin a las cuales aspirar.

Las mujeres del artículo de Sharpe sabían lo que estaban haciendo. "Mi estilo no tiene fronteras", dijo Patiño. Ortuño fue un paso más allá: "No considero que la mía sea una nueva cocina, sino una nueva manera de ver". Estos no eran sólo establecimientos con buena iluminación y excelente servicio. Eran espacios reverenciados donde se llevaban a cabo negociaciones, de gobierno, negocios y matrimonio.

Pero en un sentido más profundo, no fueron las primeras. Basta pensar en mujeres como Natalia, trabajando en sus propios "pequeños experimentos". A veces se llevaban a cabo en cocinas domésticas, a veces en establecimientos callejeros, que inventaron platillos tan fundamentales como los tacos árabes, una mezcla entre taco y *shawarma* ideado por inmigrantes libaneses, que resultó en un trompo de cerdo marinado en comino y servido en pan pita delgado. A veces se emprendieron en aras de disimular divisiones internas, como en el recetario de 1831 *El cocinero mexicano*, cuyo autor anónimo incluyó platillos que ya habían empezado a mezclar las gastronomías europeas e indígenas. Como escribe la historiadora Sarah Bak-Geller Corona, el acto de catalogar estas recetas homogeneizaba la propia comida, delimitando los diversos ingredientes, medidas y métodos a una versión tradicional aceptada, y afirmando que el cocinero de élite que preparara dicha versión (o les indicara a sus empleados que lo hicieran) cumplía también con la naciente definición de mexicano.

Los colonizadores y sus descendientes criollos y mestizos habían comido mucha comida indígena desde la conquista, pero el consumo de estos alimentos llegó a estar regido por reglas de etiqueta conforme la clase alta buscaba diferenciar su estatus. Los tamales podían consumirse bajo circunstancias específicas, como una comida informal en la calle, o en la privacidad del hogar, preparados por la cocinera. Al paso de los siglos, las cocineras domésticas recurrieron a ingredientes importados para crear novedosas combinaciones, aunque sin la atención de la crítica especializada —aparte de, digamos, la de los más remilgosos de la familia—. Para cuando Sharpe escribió su artículo, los platillos que aparecían en los exclusivos comedores de Isadora y La Galvia tenían el brillo de algo nuevo; en realidad, eran una serie de variaciones sobre melodías de hace siglos.

Cuando este movimiento gastronómico empezó a despegar a principios de la década de 1990, la ciudad seguía recuperándose del catastrófico terremoto de 1985. Se calcula que el temblor de 8.1 grados mató a diez mil personas y dejó miles de construcciones en ruinas. Sus efectos se sintieron agudamente en las colonias Condesa y Roma, cuyos cimientos lodosos se construyeron sobre lo que había sido el lago que rodeaba la isla ciudad de Tenochtitlan. Aquí, cuando el suelo inestable vibra, el movimiento de un terremoto puede amplificarse hasta cien veces. Muchos habitantes de estas colonias que alguna vez fueron opulentas se mudaron a ubicaciones más sólidas al poniente; en pocos años, jóvenes creativos, así como incipientes restaurantes, se vieron atraídos por las maravillas arquitectónicas y las rentas baratas que dejaron atrás.

Fue una década caótica, y ningún año encapsula mejor el tumulto que 1994, cuando la periodista Alma Guillermoprieto escribió que el país se sentía como si estuviera "equilibrado precariamente en la cabeza de un alfiler". El levantamiento zapatista arrancó el 1.º de enero, el inicio de una prolongada lucha en el sureño estado de Chiapas por una redistribución de las tierras y un mejor trato a los pueblos indígenas del país. Poco después, el candidato presidencial del partido gobernante fue asesinado; con ese acto desestabilizador se abrió la posibilidad de que un partido político distinto llegara al poder por primera vez en sesenta y cinco años. El dramático secuestro de Alfredo Harp Helú, uno de los hombres más ricos del país, salpicó las primeras planas hasta que por fin terminó más de cien días después con el pago de un rescate de 30 millones de dólares. La violencia, la agitación y la incertidumbre llegaron a definir tanto la esfera política como la personal. Desde la ratificación del Tratado de Libre Comercio de América del Norte (TLCAN) hasta el desplome del valor del peso, el futuro de la fuerza laboral del país, sus derechos sobre la tierra y la capacidad de cada hogar de poner comida en la mesa estaban en peligro.

Los secuestros se volvieron un espectro en el ciclo de noticias, ahuyentando a los turistas y poniendo a la ciudad en alerta máxima. Un hombre de negocios advirtió a los lectores del *New York Times* sobre los males de la ciudad con todo el dramatismo de un hermano mayor junto a la fogata: "Todo el que viene aquí tiene una historia. Una historia de pesadilla, como estar esperando en un semáforo y que de pronto se te suban al coche tres tipos con pistolas y te digan: 'Okey, vamos a tu casa'".

Además, la contaminación no era un detalle menor. La Ciudad de México se volvió famosa en el mundo por la bruma de esmog entre amarillenta y grisácea que se estancaba como sopa rancia en un tazón de montañas. Es fácil entender cómo se reforzaba la imagen que Lalo tenía de una metrópolis contaminada y llena de crimen.

Sin embargo, fue en este contexto que surgió un nuevo estilo de cocina mexicana, siguiendo la revolución de la *nouvelle cuisine* en Francia en las décadas de 1960 y 1970, que se apartó de los pesados alimentos tradicionales hacia una comida lujosa que enfatizaba los ingredientes frescos en pequeñas porciones. De pronto, los chefs empezaron a pensar más en la forma, ya que las imágenes de sus creaciones podían publicarse en los suplementos de periódicos y las incipientes revistas de giro gastronómico. De las estrellas en ascenso de aquel periodo, probablemente Mónica Patiño sea el nombre que más se reconoce en la ciudad el día de hoy. Como Olvera, era joven cuando abrió su primer restaurante —en su caso, tenía apenas veintiuno—. Se llamaba La Taberna del León y estaba ubicado a un par de horas de la Ciudad de México, en Valle de Bravo, donde chilangos adinerados se escapaban los fines de semana literalmente a respirar un poco de aire fresco. Los clientes venían a visitarla tanto a ella como al restaurante, encantados por la belleza y el aplomo de esta joven que estaba trabajando para crear algo suyo, y traía recetarios de sus viajes al extranjero.

Patiño ahora tiene sesenta y tantos años, y está en la posición envidiable de tener negocios exitosos que han perdurado, entre otros logros, y ser un modelo a seguir, a quien la gente detiene en la calle para alabar; podría pasarse los días viajando por el mundo con el mismo gusto que seguir atendiendo sus restaurantes. Desde pequeña conoció el enfoque poco convencional de su familia cuando se trataba de cocinar y comer. En la mansión señorial de su abuela en la Roma, Patiño a menudo comía platillos franceses o italianos, pero con un giro mexicano: volovanes rellenos no con la receta tradicional de espinacas, champiñones y *gruyère*, sino de rajas con crema y chorizo. Cuando su papá tomaba una copa, podía saborear un whisky o un tequila, con una botana de chicharrones crujientes y un plato de aceitunas españolas.

—A lo mejor tenías una cocinera de Oaxaca o a lo mejor tenías otra de Puebla, entonces allí cada una traía su forma de ver y cocinar —dijo Patiño, mencionando dos de los estados gastronómicamente más prolíficos del país.

En casa de su tía comía creaciones sonorenses, como el frijol pinto cocinado en leche evaporada ("¡Nos gustaba esa combinación!"), y tortillas hechas a mano rellenas de nopales, servidas con champaña.

—Era como natural; lo tenemos en la sangre, la mezcla. Entonces, ahora que te presentan platillos del sureste o de Oaxaca o de Puebla, lo entiendes. Pero también si te presentan una comida francesa bien hecha, la entiendes. Era como muy fácil entenderla. No lo sentías como una incongruencia ni una aberración de culturas en una mesa, porque la sangre de este mestizaje histórico nos ha llevado a tenerlo dentro, en el ADN.

La familia de Patiño era de origen mexicano e italiano, y ella había vivido en Inglaterra, Suiza y Francia para cuando abrió La Taberna del León. Cuando regresó a México después de esos periodos en el extranjero, le desconcertó la experiencia de "vivir en este país tan rico y pensar que era pobre". Esta incongruencia fue en última instancia lo que llevó a muchos de los grandes chefs del país a regresar; eran como pintores que en el extranjero se sentían a la deriva, con sólo unos cuantos carboncillos a su disposición, imaginando las obras maestras que podrían crear en su tierra, con la paleta mexicana de azul cerúleo, magenta y verde amarillo.

Si bien Patiño creció en una posición privilegiada, abandonó la preparatoria y se independizó a los dieciocho años, renunciando al apoyo de su familia. Estaba llena de preguntas sobre el sentido de la vida y decidida a abrirse su propio camino hacia las respuestas.

—Siempre digo que la ignorancia duele —dijo Patiño, sentada en el comedor de su restaurante, Casa Virginia— y la ignorancia es lo que te hace crecer, en la medida en que te duele y te quieres quitar el dolor. Entonces vas preguntando, conociendo, practicando. Hasta que poco a poco ese dolor se va mitigando porque lo vas llenando de conocimiento y de experiencias. Y entonces, durante muchos años, me dediqué a llenar mi vacío.

Tuvo su primer hijo a los diecinueve, y si bien se reconcilió con su familia, nunca volvió a vivir bajo su techo. Su padre le hizo un préstamo para que abriera La Taberna del León, que ella le fue pagando semana a semana. Modeló ropa en desfiles de moda improvisados en el restaurante, lo que al fin le permitió ahorrar suficiente dinero para regresar a Europa a estudiar cocina. Más adelante, su padre sería uno de los inversionistas en sus otros restaurantes exitosos.

Cuando Patiño empezó a incluir comida mexicana en la carta del restaurante, su padre no estaba de acuerdo. Aunque en casa podía disfrutar felizmente de tostadas y tacos, era un admirador de la guía Michelin —aun entonces, que sólo abarcaba restaurantes europeos— y pertenecía a una generación que se aferraba a rígidas expectativas sobre qué comida podía servirse dónde y a quién. Pero a Patiño no le impresionaba la versión anticuada de comida francesa que por lo general se servía en México: la *cuisine classique*, con sus pesadas salsas y guarniciones idénticas, platillos rígidos que parecían resentir la falta de los toques mexicanos incorporados en la mesa de su tía y su abuela. Para el escritor de gastronomía Alonso Ruvalcaba, uno de los platillos de Patiño llamó la atención: un plato de tostadas miniatura de tinga, el pollo deshebrado en salsa de jitomate y chile sobre la tortilla crujiente, con lechuga y crema encima, un platillo sencillo y casero preparado en todo México. La

Taberna del León tenía un elegante papel tapiz y vitrales; los meseros usaban corbata y había un pianista tocando en la entrada.

—Las tostadas de tinga, que son de lo más comunes, ¿cuándo se ponen en un ambiente que no corresponde? Te sacude un poco. ¡Me encantó! —dijo Ruvalcaba—. Ahora, nos parece de lo más normal. ¡Qué extraño que fuera tan sorprendente! Pero así era. Era sorprendente. Era una idea brillante.

El restaurante abrió nuevos caminos y Patiño nunca se detuvo. Insistía en ingredientes hiperlocales de alta calidad; abrió un restaurante, Naos, que combinaba conceptos mexicanos y asiáticos; y empezó a servir una amplia carta de mezcal.

De hecho, ofrecía el mezcal en un carrito, similar al de los quesos o postres que circulaban. Un mesero traía las botellas de espadín, madre cuishe y pechuga a un público de comensales que no tenía idea de qué significaban esos términos, para luego empezar la complicada danza de tratar de convencerlos de una bebida que para la mayoría de la élite era sinónimo de aguardiente casero. La propia Patiño conocía el mezcal desde joven, pero en la Ciudad de México sólo se conseguían unas cuantas marcas. Mientras que el tequila se hace tradicionalmente de una sola variedad de maguey —el agave azul— el mezcal se puede hacer de varias docenas de variedades, casi cincuenta según algunos cálculos. Destilado históricamente por pequeños productores en los pueblos donde se cultiva el maguey o se cosecha silvestre, con algunas variedades que toman décadas en madurar, el alcohol se fermenta en barro, madera, cemento o incluso cuero, y a veces con una pechuga cruda de pollo, fruta, o una iguana suspendida en el vapor arriba del alambique para lotes especiales. El mezcal aún no era aceptado en los comedores de la élite; así como la clase alta disfrutaba los tamales cuando eran de un puesto callejero, en una feria o en unas vacaciones con la familia, pero no en la mesa de un restaurante caro.

Patiño empezó a aprender sobre mezcal en un evento en Oaxaca y quedó fascinada. Regresó a las destilerías rurales para aprender más, luego se llevó un camión cargado de mezcal al Naos en la Ciudad de México, con un experto de Oaxaca para que les enseñara a los meseros y que ellos pudieran transmitirle a la clientela este conocimiento. Crearon una nueva carta, que especificaba el tipo de maguey, el método de destilación, la cantidad de litros producidos, el nombre del maestro mezcalero que lo creó y los grados de alcohol. Dos meses después recibió una llamada de su padre, quien le informó apenado que el proyecto tendría que descontinuarse. Ella pensó que sería algún enredo burocrático: habían perdido su licencia, había algún problema con los reglamentos. No, le dijo él: los meseros están muy angustiados, no logran vender el mezcal.

Patiño estaba furiosa cuando convocó a una junta con el personal.

—Les dije: "Pero ¿qué les pasa, pendejos? ¡Estoy tratando de poner al nivel de un whisky, de un coñac, nuestro producto, que es el mezcal! ¿Dónde no están entendiendo?".

Con las cabezas agachadas, los brazos cruzados, Patiño tuvo que interrogarlos antes de descubrir que, en realidad, la que no estaba entendiendo era ella.

—Me di cuenta de que no podían vender mezcal porque sentían que era de pobres. Cada vez que veían una botella de mezcal seguramente la veían con estos anteojos: de que pobre es el que traía huaraches, y pobre es el que trae vestido de algodón, y pobre es el que tiene sombrero y vive en la sierra, y pobre es el mezcal que toma este pobre.

Patiño estaba más decidida que nunca. ¿Por qué debían sentir que una bebida originaria de su país merecía menos respeto que el vino francés que servían?

—Dije: no voy a quitar el proyecto del mezcal. Le dije a mi papá: no lo voy a quitar. Lo voy a reforzar. Porque el problema de que no quieren vender es un problema de que nos han pisoteado: la Colonia, los españoles, los franceses, diciendo que todo lo de fuera de aquí es más verde que lo nuestro, el jardín de enfrente es más verde que el nuestro, y esto demuestra que todavía seguimos siendo servidores de esta idea de desarrollo y de crecimiento, y que somos los pobres mexicanos, y que la tortilla es de pobres y el pan es de ricos. Así que con el mezcal, decidí envolverme en la bandera.

Patiño estuvo entre los primeros restauranteros de la Ciudad de México en promover lo que se convertiría en una sensación internacional, una historia de amor apasionada con la bebida, que ahora está en peligro de volverse inaccesible para la gente que va a su palenque local a encargar un lote especial para una celebración o simplemente a rellenar su botella. Las mismas cualidades que antes llevaron a los chilangos a rechazar la bebida —las regiones remotas donde se produce, lo enigmático de su sabor y métodos de producción— se han convertido en parte de su atractivo, detalles para que te emociones como un fanático cuando un amigo regresa de un viaje con un líquido transparente en una botella de Pepsi y te cuenta del lugar donde lo compró, o para que el conocedor en ciernes se luzca en el extranjero explicando el proceso de destilación de un mezcal de pechuga.

Estas dinámicas están llevando a los productores a crear el mezcal de manera diferente, para un público extranjero que paga mejor, gravitando hacia destilados de un solo maguey, rompiendo con la práctica de combinar distintos tipos de maguey en un solo lote. En una variedad silvestre valorada como el tepeztate, las reseñas en línea detectan notas de chicle, chile poblano, granos de cacao, espárrago, vainilla, canela, guayaba, aguacate verde, plátano, jengibre, bimi, cáscara de pepino, turba, cáscara de sandía, con una "nota húmeda de heno que me encantaría tener en una vela aromática" y "quizá ¿jabón de lila? Seguido de una suave ceniza; como de una fogata que se apagó sola en la noche, no con agua, así como un toque cálido de madera de cedro y quizá agua de rosas". Es fácil olvidar que diez años antes de escribir estas reseñas, hubiera sido poco probable que esos aficionados probaran un mezcal, que cuando Patiño llegó corriendo a su restaurante se encontró con un motín de meseros que se rehusaban a vender una bebida que en gran medida era vista con desdén en su propio país.

La identidad mexicana para nada es monolítica. En el país se hablan más de sesenta lenguas indígenas. En los siglos XVI y XVII, la región fue un importante punto de llegada de africanos esclavizados. Los judíos conversos llegaron huyendo de la Inquisición española, y las comunidades libanesa, siria, iraquí, colombiana, caribeña, china y centroamericana han ayudado a moldear la cultura local, por no hablar de las influencias norafricanas traídas por los colonizadores españoles. Los jóvenes citadinos como Patiño y Olvera han viajado extensamente, probando las diferentes técnicas e ingredientes hasta llegar a conocer cada región de su país. Patiño recordó un viaje que hizo de adolescente, al pueblo de Huautla en las montañas de Oaxaca. Su cadencia se aceleró al describir ese viaje de diez horas en carretera; despertar al amanecer rodeada por un manto de niebla. Vio una columna de humo levantarse de una casa cercana y se acercó, percibiendo el olor de la leña. Una mujer estaba haciendo tortillas a mano y había una olla de frijoles hirviendo. La mujer preparó una salsa en molcajete. Fue la mejor comida que había probado en su vida. En entrevistas, Olvera a menudo habla del día que probó las chicatanas, la delicia de grandes hormigas voladoras color café que sólo se consiguen frescas unos cuantos días al año, cuando sus nidos se inundan con los primeros aguaceros de la primavera. Probar esas hormigas fue uno de los momentos más emocionantes de su vida, dice, al mismo nivel que el día que inauguró el Pujol.

Lalo provenía de uno de esos pueblos rurales que sus mentores podrían haber visitado en busca de inspiración, pueblos donde las técnicas de cocina vienen de una evolución milenaria. Algunas innovaciones fueron el feliz resultado de una abundancia de ingredientes. Otras, como el consumo de hormigas, probablemente se debieron a condiciones de escasez. Cuando Lalo llegó a la cocina de Olvera en 2007, los experimentos que estaban realizando con la comida no eran muy distintos a los de un laboratorio científico. Olvera se inspiró en la cocina de México, a la vez que siguió el ejemplo de restaurantes como Alinea y El Bulli para hacer gelatinas, espumas y esferas de sabor que poco se parecían al original. La gastronomía molecular había alcanzado su máxima experimentación en las colinas de Cataluña. Siempre que un chef regresaba a México después de haber hecho prácticas allá, recibía respeto y admiración.

Olvera y Lalo cayeron en un patrón. Lalo escuchaba escéptico mientras Olvera trataba de convencerlo de los méritos de la experimentación, aun cuando los resultados no supieran tan bien como los clásicos. Para sus compañeros en la cocina, el pedigrí de Lalo también era sospechoso. Lo llamaban “pocho”, ese modismo para referirse a una persona que se fue de México a vivir a Estados Unidos y regresó.

Puedes llamar a alguien *pocho* afectuosamente, pero por lo general la palabra tiene una connotación negativa, implicando que la persona que regresó es ignorante sobre su país y tiene una actitud condescendiente tanto hacia México como hacia sus paisanos. Literalmente, *pocho* significa marchito o ajado. Pero, al igual que Olvera, sus colegas de la cocina vieron a Lalo microgestionar cada detalle, nunca demasiado orgulloso para ocuparse de una labor menor si podía ayudar a mejorar el trabajo colectivo.

A Lalo le desconcertaba la cantidad de tiempo que Olvera pasaba viajando, pero esos viajes daban resultados. Los turistas empezaron a venir y a correr la voz.

—Creo que México pasó de ser un país folclórico, para el mundo, a ser un exponente mucho más sofisticado —dijo Olvera—. O sea, sin perder esta alegría que siempre ha estado asociada a México, ¿no? Muchas veces, cuando la gente viene a México, viene de vacaciones en un plan relajado y creo que también es parte de quienes somos. Somos hospitalarios y hacemos buenas fiestas, pero también siento que la gente conocía a México más desde fuera, ¿no? Desde una experiencia turística de un hotel.

Pujol se convirtió en un punto de partida para los gourmets: el destino que los atraía inicialmente, antes de que descubrieran que había mucho más por descubrir.

Olvera no era el primer soñador para el que Lalo había trabajado; Ripert y los Sedgwick también aspiraban a alcanzar alturas cada vez mayores con sus restaurantes. Lalo había pasado años como jefe de su propia cocina, pero estaba dispuesto a ponerse al servicio de la visión de Olvera. Cuando regresaba de un viaje, inspirado, Olvera entraba a la cocina y les decía a sus cocineros que le prepararan una quesadilla líquida. Lalo se dedicaba a observar mientras sus colegas valientemente se ponían a probar recetas hasta que creaban una cucharada que le agradaba a Olvera. Entonces, Lalo se aseguraba de que cada quesadilla líquida —una mezcla de queso y masa tostada al comal servida en un caballito de tequila— le llegara al cliente exactamente como Olvera había ordenado.

Olvera siguió desafiando las convenciones al traer la comida de la calle al comedor. En el libro *Veinte*, la crónica de las primeras dos décadas del Pujol, Alonso Ruvalcaba escribe que antes del siglo XXI "los restaurantes se desentendían de la calle y la calle no aspiraba a las supuestas alturas del restaurante". En Pujol, los tacos empezaron a aparecer en el menú, pero inevitablemente habían sido reimaginados hasta quedar apenas reconocibles. Un taco era una serie de capas en un frasco, como sopa inglesa. Las tortillas se reinterpretaban como aire o polvo. Con el tiempo, estas transformaciones como de casa de los espejos fueron desapareciendo. Ruvalcaba escribe de un robalo acompañado de piña, chile verde, limón y cilantro —lo típico para ponerle a un taco al pastor—. "Era un platillo que pedía a gritos: 'Déjenme ser un taco'". Al poco tiempo, Olvera pareció escucharlo. "Y entonces, tan inevitable como la tierra girando, el robalo se volvió propiamente un taco. De esos que vienen envueltos en una tortilla de maíz; de esos a los que les echas salsa y que agarras con la mano; de esos que tomas enteros con los dedos y te llevas a la boca más o menos en diagonal. Un taco, pues".

En la siguiente década, Pujol empezaría a adoptar el taco en su forma clásica. Las tortillas se volvieron parte fundamental del menú y de la vida de la cocina. El restaurante reabrió en 2017 en un edificio concebido especialmente para acompañar la visión de Olvera. El espacio es cálido y a la vez contenido, con muebles y techo de madera noble, y pisos de terrazo. Los ventanales al fondo enmarcan un exuberante y verde jardín, que devora la abundante luz de sol. La cocina es tan notable como el comedor: orientada en torno a las técnicas mexicanas, las estaciones incluyen una parrilla de leña y un prominente comal donde hay un cocinero durante todo el servicio, echando tortillas; afuera, hay un hoyo de barbacoa y hierbas nativas que crecen en el jardín. Fue también en 2017 cuando Olvera hizo un anuncio que llamó la atención: el nuevo Pujol tendría un menú de tacos *omakase*. *Omakase* es el término en japonés para la selección del chef y típicamente se refiere a sushi. En el Pujol, los comensales participan en una larga comida compuesta de tacos y botanas que cambia con cada temporada.

Hoy, Olvera ha dejado de ir en pos de una fantasía surrealista. Quiere que los comensales de Pujol experimenten una comida de sabor excepcional, que cumpla con los más altos estándares, preparada con los mejores mariscos, productos agrícolas, insectos, lácteos y carne. Una comida que celebre a México como fue y como podría ser mañana —infundida de nuevas ideas de chefs jóvenes que complementan más que controlar lo que en última instancia termina servido en el plato—. Olvera rinde homenaje a la riqueza de su país, pero no se siente obligado a seguir fielmente las recetas ni las técnicas "auténticas". Sigue siendo el niño en la cocina que prefiere jugar que seguir los pasos del recetario de alguien más.

Uno de los platillos icónicos del restaurante sobrevivió la transición del primer Pujol al actual comedor hecho sobre diseño: elotes tiernos cubiertos de chicatanas y mayonesa de chile. El platillo llega a la mesa servido en un guaje. Cuando le quitan la tapa el humo condensado escapa y salta hacia ti. Recuerda los elotes que venden en la calle —cubiertos de mayonesa, queso cotija desmoronado, chile y jugo de limón— sólo que este elotito, atravesado con un palillo, puede comerse entero, y descansa en una cama de hojas de maíz asadas.

Con el tiempo, Lalo llegaría a apreciar los frutos del trabajo de Olvera lejos de la cocina. Era otra clase de trabajo; un proceso de educación y de publicidad ganada con mucho esfuerzo volvieron a Olvera una especie de santo patrono para los otros restauranteros de la ciudad, lo que aumentó el turismo y por lo tanto el flujo de dinero. Después de trabajar para él, los cocineros se iban a abrir sus propios restaurantes, confiando en que muchos de los clientes que iban a comer a Pujol los encontrarían a ellos también. Así como Patiño se había convertido en una voz nueva en un diálogo de siglos, Olvera agregó su propia perspectiva.

Aunque Lalo llegó a admirar a Olvera y el valor de su misión, no podía imaginarse alejado de la operación cotidiana.

—No me perdería por nada del mundo cocinar para ustedes, ser el que corta el pescado, ser el que hizo la salsa. ¡No me lo perdería por nada del mundo! ¿Por qué querría perderme eso para estar en otro lado?

Capítulo siete

Máximo Bistrot Local

En otoño de 2011, Lalo estaba parado en una zanja lodosa en medio de lo que había sido una tienda de sillas de ruedas. El costo de la instalación profesional de la nueva cisterna para su restaurante era de 3 000 dólares. En vez de pagarlos, Lalo se trajo un mazo, rompió el piso de loseta y se puso a escarbar. Debajo encontró lodo negro —el fondo del lago que alguna vez rodeó la ciudad isla de Tenochtitlan— y un ataúd vacío. Le llevó a Lalo tres días excavar lo suficiente para meter la cisterna de 5 000 litros donde estaría el agua del restaurante. Años después, amigos y familiares seguirían recordando esa imagen de Lalo: enlodado, poseído, en movimiento, esculpiendo su restaurante a mano.

Excepto que no era sólo suyo. Hacía algunos años, Lalo había conocido a Gabriela López Cruz, la gerente de alimentos y bebidas del hotel Condesa DF. Eran opuestos en muchos sentidos, de esos que se atraen. Ella, una yogui petite con una risa gozosa que echaba su cuerpo hacia delante en actitud cómplice. Ella, que había crecido con estabilidad económica, titulada en administración de restaurantes, con ropa a la moda, buen corte de pelo, de temperamento ecuánime. Lalo, ancho de hombros y desaliñado, cuyo ejercicio diario era cargar ollas pesadas y correr por la cocina. Lalo, que podía ser de una distancia desconcertante o un apasionamiento embriagador. Los padres de Gaby siempre la cuidaron mucho, nunca pronunciaron un insulto y, al pertenecer a la pequeña clase media mexicana, habían usado todos sus recursos para pagarles a sus tres hijas una escuela privada que a duras penas estaba a su alcance. Lalo y sus padres rara vez se abrazaban y nunca proclamaban un "te quiero" explícitamente; Lupe había impuesto la disciplina con su mano y Natalia a mentadas, pero su amor era evidente en sus acciones de servicio: el riesgoso viaje de Lalo cuando regresó de México a cuidar a Lupe que se estaba muriendo de cáncer, y el plato de pozole que le preparó Natalia cuando llegó.

Gaby se fijó en Lalo primero. Para ella, era como un Leonardo DiCaprio moreno: ojos intensos, cara ancha y cejas arqueadas que volvían su mirada casi felina. Gaby, vegetariana, estaba acostumbrada a sobrevivir a base de quesadillas con frijoles y nopales todos los días, pero cuando Lalo vio que estaba quedando excluida de la comida para el personal, que llevaba carne, empezó a cocinar cosas para ella. Esta consideración especial debía ser una señal de interés, pensó ella.

¿Por qué no vamos a tomar un café?, le preguntó a Lalo. ¿O qué tal un trago, un día de estos? No, él estaba ocupado, siempre ocupado. Si no estaba trabajando, estaba en el trayecto de una o dos horas hasta la casa de su familia en el Estado de México, donde seguía viviendo.

Gaby había soñado con una carrera de restaurantera desde que era niña. En vez de juguetes o ropa, de cumpleaños siempre pedía comer en un restaurante elegante. Un año podía ser La Taberna del León de Mónica Patiño, otro año El Lago, el enorme lugar con vista al lago de Chapultepec. Cursó una maestría en hospitalidad y después ahorró para estudiar yoga en la India. Aunque Gaby era en todo sentido una jefa pragmática, tomaba sus decisiones más importantes basada en su intuición. En Lalo, percibió la presencia de un alma buena, vapuleada por una serie de adversidades. Se sentía atraída por él y aceptó como hechos lo que otras personas hubieran podido percibir como banderas rojas.

La pareja tenía más en común de lo que podía parecer: a ambos les obsesionaba la búsqueda de la perfección en su trabajo y usaban sus pocos ratos libres para disfrutar de buenas comidas y vinos. Estaban hambrientos por explorar lo que podía hacerse en el espacio de un restaurante, y rápidamente descartaban las modas que les parecían más bien artilugios en favor del servicio cordial, la excelente cocina y los espacios íntimos. A Gaby le interesaba la estética, sin duda: le encantaba usar buen perfume y adaptó su propia versión del estilo de colegiala británica de la modelo Alexa Chung, con una predilección por las minifaldas con calcetas a la rodilla y zapatos bostonianos de cuero. Pero, al igual que para Lalo, su familia era el centro de su vida, y valoraba las relaciones y las experiencias más que las cosas que el dinero podía comprar.

Una noche, Lalo tenía que cerrar tarde y abrir temprano a la mañana siguiente. El viaje de ida y vuelta al Estado se llevaría la mayor parte de las horas y sólo sumaría a su agotamiento.

—¿Me puedes conseguir un cuarto de hotel donde quedarme? —le preguntó a Gaby.

—Si quieres puedes dormir en mi departamento —le dijo ella. Estaba a pocas cuadras.

Ella ya había abandonado las esperanzas de que su invitación pudiera llevar a otra cosa aparte de dormir, pero cuando regresó a casa después de su turno, él despertó y al fin se tomaron aquel trago pendiente.

—Y pues una cosa llevó a la otra —contó ella.

Pasaban sus días libres comiendo y bebiendo por toda la Ciudad de México, probando todo lo que tenía que ofrecer. En términos generales, los restaurantes de alta cocina de la ciudad no eran nada del otro mundo, decidieron. Los que servían comida decente tenían una formalidad acartonada que pertenecía a otra generación. Si querías comer bien, por lo general te iba mejor en un buen puesto callejero de tacos, donde una larga fila indicaba que te esperaba algo extraordinario. Las críticas sin concesiones de Gaby al panorama de restaurantes le resultaban fascinantes a Lalo, quien consideraba que la indiferencia es de los peores —y más comunes— vicios del ser humano. Juntos, podían pasarse horas analizando las fallas de un platillo o del servicio en el restaurante que visitaron, y se deleitaban pensando cómo lo podrían hacer mejor, juntos. Su sueño era simple: tener su propio restaurante, enfocado en la comida. Gaby en el frente, Lalo en la cocina.

La mamá de Max se había dejado de comunicar con Lalo desde hacía mucho. Él la entendía: le había sido infiel y se había vuelto distante y apático, mientras que ella los cuidaba a Max y a él. El hecho de que después se hubiera arrepentido no podía compensar esos errores del pasado. Su primera unión con Gaby tampoco fue idílica. Hubo engaños y mentiras de ambos lados. A veces Gaby sentía que Lalo hablaba otro idioma. Un comentario dicho a la ligera podía atormentarla días. En una ocasión, se tapó el escusado y Gaby le pidió ayuda. Lalo lo destapó fácilmente y lanzó un comentario hiriente.

Gaby agarró sus llaves y al perro y salió a dar un paseo antes de que él pudiera ver las lágrimas que corrían por su rostro.

—No podía creer que un tipo me tratara así. En mi casa, cuando crecí, mi papá siempre nos trató como reinas, como damas. Y de pronto estoy con este tipo, del que estoy enamorada, y empieza a decirme estas cosas. ¡A mí!

Discutieron y se reconciliaron. Fueron a terapia. Dejaron de salir con otras personas. Hicieron un juramento de decirse la verdad. Discutían y se reconciliaban. Las discusiones se fueron volviendo menos explosivas y los periodos felices entre una y otra más largos.

Independientemente de la temperatura romántica del día, siempre tenían el trabajo en común. A Gaby le impresionaban la cocina de Lalo y su ética laboral. Lalo respetaba la excelencia de Gaby como gerente; ella le hizo ver las elusivas cualidades que hacen que un restaurante sobresalga, más allá de la comida. Empezaron a armar un restaurante imaginario cada vez con mayor detalle, y decidieron dejar los negocios de Olvera y pasar una temporada trabajando en el hotel de playa Verana para planearlo. A Lalo lo recibieron de vuelta, junto con Gaby que se volvió la *hostess* y única mesera del restaurante. En la temporada de nueve meses, vivieron en una casita de tabique de concreto y techo de palma. Al lado pasaba un arroyo de la montaña y había una arboleda de mangos. Después del trabajo, Lalo se iba a caminar a la selva con Otto, el labrador negro que tenían, y trataba de pescar, por lo general sin éxito. Luego prendía una fogata y le cocinaba a Gaby mientras veían a los delfines saltar sobre la línea del horizonte.

En Verana, muchos de los factores de estrés —y muchos de sus problemas— parecían haber desaparecido. Preparaban aguas frescas con maracuyás que cortaban de la planta, y ceviche con pescado del día. Gaby veía su tiempo en el hotel como un minientrenamiento, una prueba de cómo trabajarían juntos cuando abrieran su propio restaurante. El hotel tenía una clientela pequeña y leal —sobre todo extranjeros buscando la privacidad de las casitas individuales y una ubicación remota—. Entre ellos había algunas celebridades, un magnate de la impresión argentino, y un diseñador de interiores de San Francisco llamado Charles de Lisle.

* * *

La recesión estaba pegando duro cuando De Lisle vio que en su bandeja de entrada aparecía una oferta vacacional. Aunque económicamente no estaba para andar tomando vacaciones, pensó: tengo que salir de aquí.

De Lisle llegó a la escarpada ladera en barco. Cuando atracó, un botones amarró su maleta a una mula y juntos empezaron a subir. En la biblioteca del hotel reunió ávidamente un montón de libros sobre arquitectura mexicana, luego se sentó junto a la alberca, absorto en sus páginas.

De Lisle nunca se había considerado un *foodie* como sus amigos del norte de California, obsesionados con los chefs y las reseñas como otras personas siguen el *fantasy football*. Pero cuando le servían la comida, "era simple y elegante y asombrosa y perfecta. Pensé: 'Esto es increíble. ¿Qué onda con esto?'".

—Ah —le dijo Gaby—, el cocinero es mi novio. Se llama Lalo.

De Lisle se fijó en las instalaciones: una sola hornilla de gas, un bote de agua de veinte litros, una cubeta, un cuchillo. Después de varios días de comer la comida de Lalo, platicar con Gaby y apoltronarse junto a la alberca, De Lisle los acompañó a una excursión por las montañas en busca de comida local. No encontraron gran cosa aparte de una panadería antigua y un puesto de tacos decente, pero acabaron volviéndose amigos.

—Instintivamente me enamoré de los dos, de inmediato.

De Lisle se fijó en la manera de comer de Lalo. Adondequiera que fueran, ordenaba prácticamente todo lo que había en la carta, luego se ponía a investigar los componentes con las manos. Agarraba un taco, pero también apretaba la carne guisada entre los dedos, o metía el pulgar en un trozo de fruta.

—Entra en un estado. Puede estar hablando de lo que sea, pero está escarbando con las manos, pasando de un plato a otro como niño chiquito.

Lalo y Gaby notaron la manera en que De Lisle examinaba los detalles del diseño mexicano: haciendas decoradas con relieves en yeso de conchas marinas, iconografía religiosa que irradiaba una inusual calidez, una narrativa de lugar y familia prosperando en la presencia de un Dios benevolente. De Lisle podía vincular una estética con un sentimiento, un motivo, una referencia histórica, mediante su propio espíritu lúdico.

Unos meses después, Lalo y Gaby llamaron a De Lisle para decirle que se estaban preparando para abrir su propio restaurante y querían que él fuera el diseñador. ¿Por qué yo —se preguntó— de toda la gente?

Bueno, le dijeron, queremos que sea un lugar a la vez familiar y distintivo: tan cómodo como la casa de una familia en México, pero con la sutil sofisticación de un bistrot francés. Cuando veían los restaurantes de la Ciudad de México, parecían ser tradicionales o bien imitaciones de conceptos modernistas que se habían popularizado en otras ciudades latinoamericanas. Entonces recordaron a De Lisle, que había llegado a la playa y de inmediato se había sumido en un altero de libros sobre arquitectura mexicana. Quizá, al venir de fuera, podría reinterpretar las influencias familiares de una manera nueva.

De Lisle les dijo que haría el trabajo gratis si lo paseaban por la Ciudad de México. Durante el siguiente año, lo estuvieron trayendo y fueron a comer juntos a todos lados: loncherías, taquerías, restaurantes italianos caros y lo que les parecieron pésimos restaurantes franceses. De Lisle se hospedaba con ellos o en algún hotel barato. Lalo y Gaby seguían pagando sus boletos de avión pero no habían ni pagado la luz.

Antes de que De Lisle conociera a la pareja, la recesión lo había obligado a reducir el personal de su empresa de doce a sólo uno, de llevar veinticinco proyectos a sólo uno. Pero la crisis también había sido catalizadora de un momento de claridad: no tenía nada que perder. Ahora, había hecho nuevos amigos en otro país y estaba en el proceso de crear algo de lo que estaba realmente orgulloso. De Lisle observó las cantinas y las casonas coloniales, las taquerías y las salas de las casas, el uso del color en los diseños modernistas de arquitectos como Luis Barragán. El local que habían encontrado, en una esquina tranquila de la colonia Roma, era una tienda de sillas de ruedas y refacciones en la planta baja de un pequeño edificio residencial de tres pisos. De Lisle reimaginó el espacio como un bistrot íntimo compuesto de tres cuartos blancos conectados por arcos abiertos, con pisos de loseta verde brillante, cortinas verdes a cuadros tejidas por artesanas de Oaxaca, lámparas Lightolier negras de los años 1950 y mesas, sillas y bancas de madera oscura, talladas de una sola pieza de un enorme árbol de mezquite.

El efecto en su conjunto era de sencillez e intimidad; no llamaba la atención sobre sí mismo. Por todos lados podían encontrarse toques naturalistas: jarras de cerámica color canela rebosantes de flores frescas, un candelabro arriba del bar con pájaros volando entre hojas de metal, y el punto focal del restaurante: el árbol de la vida. Inspirado en parte por la iconografía religiosa que De Lisle había visto en haciendas del siglo XVIII en su viaje en carretera, esculpieron un relieve de yeso en la pared más cercana a la entrada. Gaby encontró un negocio familiar dedicado a reparar relieves en las iglesias, y el hijo del dueño aceptó realizar el proyecto. De Lisle, que se había titulado como ceramista antes de volverse diseñador, le hizo sus propias modificaciones a la escultura. Pintado de blanco, el árbol parecía perderse en el fondo, pero en las noches ponían velas en sus ramas y las encendían.

En esos primeros días, cuando aún no tenían dinero, parecía que todo mundo quería hacer algo por ayudar a la joven pareja con ojos llenos de ilusión. Un arquitecto que había trabajado con Olvera ofreció hacer los planos y que le pagaran después (lo llamaban afectuosamente el Arqui), y Lalo realizaba cualquier trabajo pesado que pudiera ahorrarles dinero, como cavar él mismo el hoyo para la cisterna. Pintar las paredes iba a costar miles, así que Lalo y Gaby contrataron a una compañía para que les enseñara la técnica y lo hicieron ellos mismos.

Cuando llegó el momento de decidir el nombre, el único que le gustaba a Lalo conmemoraba lo que había dejado atrás, lo que le hacía falta: su hijo, Max. El restaurante se llamaría Máximo Bistrot. Gaby entendía lo que significaba para él, pero le preocupaba que pudiera sonar arrogante declarar que su bistrot era lo máximo. A Gaby le incomodaba en un principio, pero ninguna de las otras opciones los convencía. De Lisle escribió el logotipo del restaurante, MÁXIMO BISTROT LOCAL, con su propia letra.

Elegir ese nombre representaba poner al hijo de Lalo, para entonces de ocho años, en su estandarte. Significaba decir el nombre de su hijo docenas de veces al día, aunque la otra persona en la conversación no tuviera idea de que el nombre tenía un doble significado. Lalo no había sido un modelo de padre —ni tampoco de pareja—. Aun así, cuando lo deportaron, pensó que iba a seguir presente en la vida de su hijo.

—Los primeros meses, hablábamos todos los días. Yo lo llamaba a diario, sin problemas. Luego, un día cambiaron el número. Pensé: "Está bien, no pasa nada". Luego cambiaron el mail. Y luego llamé a la mamá de ella y me contestó y me dijo: "Ya no viven aquí". Le dije: "¿Sabe qué pasó?". Me dijo: "No tengo idea". Volví a llamar, el número cambió. Todo cambió. A veces mi mamá iba a su casa a suplicarle, y la mamá de ella le decía: "Yo no sé nada. No sé qué pasó". Iba mi hermana, iba mi hermano. Siempre les decían: "No sé qué pasó, no es mi problema". Y así estuvo la cosa.

Una vez, María, la hermana de Lalo, vio a Max y a su mamá en un centro comercial. Los observó desde lejos y lentamente se fue acercando hasta que los saludó.

—¿Qué pasa? —preguntó—. ¿Dónde han estado?

Pero no obtuvo respuesta.

Natalia ya había sufrido pérdidas: la deportación de Lalo, la muerte prematura de Lupe, su propio diagnóstico erróneo. En cada caso, el tiempo lentamente había abierto camino a la aceptación. Pero la repentina e inexplicable pérdida de su relación con su nieto la carcomía y era algo que no parecía amainar. Había fotos enmarcadas de él por todo su cuarto: Max con corte de casco, sonriendo, sentado en su camión de bomberos, Max de sombrero vaquero con un telón de fondo del desierto al atardecer, Max sonriendo en traje de Santa Claus. En álbumes de fotos se veía a Max acurrucado en el sillón junto al demacrado Lupe, para entonces cerca del final de su batalla contra el cáncer.

El rostro de Lupe es adusto, pero se nota que está tratando de sonreír.

Lalo imaginaba que quizás, algún día, el niño llegaría a buscarlo. Más adelante, Lalo hablaría con abogados y se enteraría de que el proceso para pelear el acceso legal a su hijo podía demorarse años en una corte internacional, tanto que Max probablemente sería adulto antes de que se llegara a un acuerdo. Aunque esa no fue la razón consciente para poner el nombre *Máximo* en la marquesina, podía servir como una bengala en la oscuridad para guiar a Max de regreso, o por lo menos para que viera de lo que se había perdido.

* * *

El día de la inauguración, 30 de noviembre de 2011, Máximo Bistrot tenía seis empleados: Lalo y Gaby, dos cocineros y dos personas encargadas del servicio que habían conocido cuando trabajaban en el Pujol. Los hermanos Óscar y Rubén Luna Rivera hacían de meseros, recepcionistas y barmans; eran originarios del remoto pueblo de Acatepec, Puebla (de 411 habitantes), cerca de Oaxaca, y habían venido a la Ciudad de México a buscar trabajo. Empezaron en un restaurante en la Zona Rosa y después se pasaron a Pujol en Polanco. Óscar estaba enamorado del aprendizaje diario que experimentaba en Pujol y de la posibilidad de quedarse en México ganando un sueldo que podía competir con el de los meseros en Estados Unidos. Más adelante, los hermanos traerían a más familiares de Acatepec a la Ciudad de México a trabajar con Lalo. Óscar les decía: "No se tienen que ir a otro país para cambiar su historia".

Gabriel (a quien Lalo llamaba Pedrito por su supuesto parecido con el famoso cantante de rancheras Pedro

Fernández), el *sous-chef*, tenía diecinueve años y era delgado, listo, buena gente. Conoció a Lalo en Pujol. En ese entonces, apenas estaba terminando un diplomado en gastronomía, y rápidamente fue ascendiendo de puesto desde su primer trabajo como lavaplatos. Mario, de veinticuatro años, era originario de Veracruz, y dividía su tiempo entre cocinar y volver a su tierra a hacer trabajos más pesados pero mejor pagados en los campos petroleros. Los cocineros se turnaban para lavar los platos.

A fines de noviembre, Gaby recibió la llamada: por fin estaban autorizados a abrir sus puertas después de meses en un limbo regulatorio, esperando a que salieran sus permisos. Esa semana, su vecina Mónica quería hacer una fiesta para celebrar su título universitario y el evento le pareció a Gaby una buena manera de zambullirse. El grupo de veinte fue su primera reservación. Los invitados se sentaron en una mesa en forma de L y comieron pulpos a la parrilla y una tira de costilla estofada en vino tinto, servidos en platos que no hacían juego, que Gaby había comprado en el tianguis de la Lagunilla. Máximo Bistrot ingresó 40 000 pesos en su primer día. Nada mal.

El día siguiente fue una llamada de atención. Hubo unas dos mesas —4 000 pesos— de ventas. Gaby sintió como si le vaciaran agua helada en la cabeza.

Rubén y Óscar se iban a parar a esquinas de la Roma a repartir copias del menú, que ofrecía una comida corrida: entrada, plato fuerte y postre por 130 pesos. El restaurante seguía desierto. Apenas llevaban un par de semanas, pero Lalo empezó a entrar en pánico. Le dijo a Gaby que debían cambiar de rumbo: convertirlo en una taquería, por lo menos para recuperar la inversión que les había prestado la familia. Luego hubo un terremoto menor, pero con fuerza suficiente para hacer que el suelo se tambaleara. Parados en la calle, Lalo rezó por que se cayera el edificio para no tener que enfrentar su fracaso.

La semana siguiente, la hermana menor de Gaby organizó una fiesta navideña anticipada para sus compañeros de trabajo. Lalo y Gaby llenaron el comedor de velas y plantas, y colocaron las mesas junto a las ventanas que estaban iluminadas románticamente, creando la imagen del restaurante que querían ser. De alguna manera, esta visión se empezó a manifestar. Noche tras noche, las mesas oscuras de mezquite, antes desiertas, se fueron llenando de clientes, comida, risa, celebración. A las pocas semanas ya había gente que se quedaba sin entrar al atiborrado restaurante, que empezó a aceptar reservaciones con semanas de anticipación.

Muy al principio, Lalo preparaba comida francesa e italiana rústica, con pocos rasgos de influencia mexicana. El menú se escribía en papel blanco, en bloques de texto, luego se recortaba y se pegaba a una foto del árbol de la vida de De Lisle. Cuando sacaban fotocopias, parecía un volante casero para un concierto de punk. Servían el repertorio típico de un bistrot: filete con papas fritas, lasaña de verduras, ensalada de arúgula, mejillones al vapor. Con el tiempo, los platillos de esos primeros menús serían retocados, los sabores cobrarían mayor dimensión y el estilo de emplatado se volvería más distintivo. En lo que empezaba siendo un platillo estándar llegaba a sentirse la firma de la mano de Lalo. Por ejemplo, la ensalada de betabeles rostizados. La sirvió por primera vez en el Bistro VG, en uno de sus intentos por imitar el menú de un chef más establecido. En los primeros meses de Máximo, preparaba los betabeles rostizados con queso feta de cabra con algunas semillas de granada encima. Delicioso, sencillo, bonito. Más adelante, cambiaría el feta por una salsa de yogur y agregaría unas motitas negras de vaina de vainilla. El platillo empezó a parecer una composición de Alexander Calder: formas geométricas imperfectas traslapadas, cada una enfatizando el color y la forma de la siguiente. Aún más adelante, la ensalada llegaría a incluir peras rostizadas, y el dulzor astringente de las semillas de granada sería reinterpretado en una vinagreta de granada, un toque de acidez que armonizaba con las peras y los betabeles y el queso salado.

Los hongos eran una de las fijaciones de Lalo, como lo evidencia una antigua receta de *gnocchi*. Para enriquecer su cualidad terrosa usaba toda clase de grasas: los salteaba en mantequilla o aceite de oliva, los salpicaba de *demi-glace* de ternera, los rellenaba de mollejas o de queso. Los hongos silvestres de origen local, gracias a la prolongada temporada de lluvias de México, se convirtieron en un pilar del menú. A través de su reinterpretación era posible observar la maduración del punto de vista culinario de Lalo. Era poseedor de una curiosidad implacable de ver hasta dónde podía llevar sus ingredientes favoritos, pero esta experimentación sucedía en armonía con la tradición. Los sabores que obtenía eran intensos, su emplatado era espontáneo pero disciplinado. La sopa de hongos porcini se hacía puré hasta alcanzar su máxima sedosidad, luego se dejaba en paz para que brillara por su sencillez. En otras ocasiones jugaba un poco: rellenaba las colmenillas de hígado de pollo, porcini y queso parmesano, coronadas de caviar. A veces, unos hongos sellados acompañaban un muslo de pollo o un ribeye madurado, combinando descaradamente umami sobre umami. La técnica detrás de estos platillos es lo que hacía a los comensales detenerse a medio bocado. Murmuraban y gemían y se daban a probar unos a otros al otro lado de la mesa. Era casi inapropiado. El nivel de destreza de Lalo era evidente en su *demi-glace*, que preparaba en una olla enorme que ocupaba buena parte de la pequeña planta alta de la cocina, junto a la cámara frigorífica. Se hallaba en el vibrante y profundo sabor de la res, que el propio Lalo maduraba, y la cuidadosa selección de trufas italianas que iban ralladas sobre un *risotto* de hongos silvestres, liberando su perfume almizclado a cada mordida.

Y luego pasó otra cosa. Lalo empezó a poner a México en el menú. En Verana lo había hecho todo el tiempo: un chile, una salsa, una preparación que venía del país que él había pasado tantos años evocando en la mesa de Natalia, y que había redescubierto desde la mirada de un chef. Los comensales clamaban por más. El pulpo se fileteó delgadito y se sirvió en el revuelo de ácido y picor de un aguachile. Una tostada de maíz azul medianoche se embarraba de erizo de mar y luego se le ponía una capa de ruedas moradas de rábano sandía, puntos verdes de puré de aguacate, salsa roja tatemada y flores de cilantro. El huachinango se sellaba en aceite de oliva y se bañaba en mole verde, con su sabor a hierbas y nueces, hecho a base de semillas de calabaza, semillas de girasol, comino, pimienta entera, clavo, perejil, epazote, chile serrano, tomate verde, poro, ajo, cebolla y semilla de cilantro.

Olvera visitó el nuevo restaurante. Después de trabajar con Lalo más de tres años, pensó que quizá vería algo de Pujol reflejado en los platillos de Lalo. Había algunos puntos en común, pero la comida era distinta de la suya, un reflejo de las obsesiones de Lalo.

Lo otro que Olvera notó fue a Gaby. Había sido Gaby quien identificó a De Lisle como el diseñador indicado, Gaby quien ponía el tono acogedor, quien escogía las flores y las velas y el aroma del jabón del baño. De hecho, costaba trabajo imaginarse cómo hubiera sido el restaurante de Lalo sin ella, así de central era en todas las decisiones fuera de la cocina.

—Una parte fundamental del éxito del Máximo es Gaby. Es lo opuesto de Lalo, y ella es la que hace que todo funcione —dijo Olvera.

Gaby era la coprotagonista, una cuidadosa curadora de la experiencia del restaurante, aunque Lalo, el chef estrella, se volviera el nombre reconocido en los medios.

Todos los días antes del servicio, Lalo llamaba a los meseros al pase y les servía las novedades del menú. Se repartían una docena de tenedores mientras Lalo hablaba del platillo y de cómo describirlo a los clientes. A veces mencionaba alguna técnica francesa o la razón por la que cierta variedad de caviar era tan apreciada. Pero a menudo, los sabores más cautivantes del menú provenían del México rural, principalmente del estado de Oaxaca. Tan sólo en Oaxaca se habla más de una docena de lenguas y dialectos indígenas, y cada una de sus ocho regiones posee una identidad cultural y culinaria distinta. Como Olvera, que llegó a considerar Oaxaca su segundo hogar, Lalo empezó a tomar inspiración de la tierra del mezcal, el mole negro, el cacao y el maíz.

La primera vez que Olvera probó las chicatanas fue cuando visitaba al chef oaxaqueño Alejandro Ruiz Olmedo. Muchas de las técnicas que se volverían enigmáticas de la alta cocina en México fueron placeres diarios en la niñez de Ruiz.

—Era normal tener tortillas recién hechas, era normal cortar chiles de la mata y asarlos y hacer una salsa de molcajete —recuerda Ruiz—. También era normal ir a un limón o un naranjo y cortar fruta para hacer limonada o naranjada fresca —en Oaxaca, la comida es más que sustento: es algo político—. Usamos la comida para hablar de nuestras tradiciones, de nuestra cultura. Adondequiera que vamos, llevamos nuestros ingredientes.

Mantener esa cultura es un acto de resistencia, que ha sobrevivido con éxito a siglos de intentos de dominación y menosprecio.

La intensidad de los ingredientes locales, los métodos tradicionales y el don para innovar convirtieron a Oaxaca en lugar de visita obligado para Lalo, que estaba tratando de conocer su país con ojos de chef. Cuando aún trabajaban para Olvera, Lalo y Gaby abordaban un autobús a media noche y llegaban a la ciudad de Oaxaca a la hora del desayuno de su día libre. Comían, bebían, comían, bebían, caminaban por los mercados estudiando los ingredientes y hablando con los vendedores, luego abordaban el último autobús a casa, con su botín. Despertaban al final del trayecto y se dirigían al trabajo.

Cuando abrieron Máximo Bistrot no había tiempo para esos viajes. Tampoco dinero, ni siquiera para los boletos de autobús. No tenían para gas y en casa estaban sin agua caliente, así que cuando el restaurante cerraba a la 1 a.m., Lalo se daba un regaderazo improvisado con la manguera del fregadero de platos, luego se dormía en el coche o en el piso del baño en lo que esperaba a que Gaby terminara la contabilidad. No había tiempo de sacar a pasear a su amado perro Otto, que tenía vueltos locos a todos los vecinos del edificio con sus aullidos. Un día, un vecino llamó a Gaby para reclamarle por el ruido y amenazó con reportarla. Gaby se soltó a llorar.

—¡No podemos vivir así! —le dijo a Lalo.

Cada noche, cuando acababa el servicio y Gaby había despegado a Lalo del piso del baño, regresaban a casa, caían rendidos a la cama, y Lalo se levantaba a las 4 a.m. para ir a la Central de Abasto. El colosal mercado madre de la ciudad —con sus propias casetas de peaje, fuerza policiaca y código postal— está abierto los trescientos sesenta y cinco días del año y surte a todo mundo, desde los restaurantes hasta los puestos callejeros de fruta. Cuando Lalo descubrió la Ciudad de México de adulto, el mercado se volvió uno de sus lugares favoritos. Podía ser apabullante: sería difícil para un novato navegar por todas las secciones requeridas por una lista de abarrotes sin un guía familiarizado con ese mercado de más de 3 kilómetros cuadrados de extensión. Pero con algunas indicaciones, podías deambular entre los montones de alcachofas, alteros de hojas de laurel y ramilletes de flor de calabaza, y contemplarlos como obras de arte.

Lalo se compraba un café de olla, endulzado con piloncillo y canela, luego recorría velozmente los pasillos, agarrando los mejores aguacates (los que tienen la cáscara engañosamente opaca), cajas de violetas comestibles y bolsas de colmenillas silvestres para el servicio del día. Los viajes eran en parte una fuente de inspiración, pero más que nada se ocupaba de hacerlo él mismo porque era más barato que pagarle a un intermediario.

Como Olvera, Lalo vio que los comensales gravitaban hacia sus sabores mexicanos. Para finales de año, el punto de vista culinario de Lalo estaba perfectamente definido: tira de costilla en mole, pulpo en emulsión de chile guajillo, aguachile de callo de hacha y almeja chocolata. Comida centrada en los ingredientes que unía confiadamente conceptos mexicanos y franceses.

Lalo seguía considerando a Michele Sedgwick su principal influencia, y en entrevistas se daba a la tarea de explicar la importancia de tener en su menú ingredientes locales y de calidad. Pero, de otras maneras, aún parecía estarse ubicando como representante de un floreciente movimiento culinario, sin tener muy claro qué tanto quería revelar de su vida a los medios que llegaban a buscarlo. A veces, les decía cosas que no eran ciertas —sólo porque facilitaban contarle su odisea a un extraño—. Les decía a los reporteros que había trabajado en el internacionalmente aclamado Le Bernardin, considerado por muchos el mejor restaurante de Estados Unidos, e incluso del mundo. Nunca trabajó en Le Bernardin. Era cierto que había trabajado para el chef principal del restaurante, Eric Ripert, pero había sido en la Brasserie Le Coze. La Brasserie había cerrado sus puertas en 2006 y nunca fue muy conocida. Cuando Lalo era adolescente la oferta había estado en la mesa: Ripert lo invitó a viajar a Nueva York y trabajar en Le Bernardin. El hipotético viaje se volvió en la mente de Lalo una fantasía sumamente detallada, una telenovela protagonizada por un muchacho flacucho del campo que viaja a la gran ciudad a trabajar en uno de los restaurantes más aclamados del mundo. No sucedió, pero Lalo lo integró muy a la ligera en su currículum. Una vez que había presumido el nombre de Le Bernardin varias veces y había visto encenderse una chispa de reconocimiento en los ojos de sus escuchas, fue imposible retractarse de esa invención: Le Bernardin sería incluido en la biografía de Lalo en todo, desde blogs hasta reportajes. A veces, Lalo daba las fechas y su edad en los eventos importantes de su niñez, no muy seguro de cuáles eran correctos. A veces comprimía eventos que habían ocurrido en más tiempo, y luego sentía como si hubiera perdido los años intermedios, extensiones de tiempo inútil en medio de los hitos más dramáticos.

En esas primeras entrevistas después de que abrió Máximo, a menudo le preguntaban a Lalo cómo concebía los platillos del menú. Bueno, muy sencillo: tomaba su entrenamiento de comida francesa y su cocina natal, luego veía lo que había en la Central de Abasto y se ponía a cocinar. *Voilà*. Lalo tenía muchas historias que contar sobre esos platillos y sus orígenes, pero lo fastidiaba la expectativa de una anécdota facilona. Cuando le pedían que cocinara una de sus recetas favoritas para una entrevista en televisión o que nombrara un platillo del que estaba orgulloso, recurría a un *ribeye* o espárragos en salsa holandesa —platillos que simplemente le encantaban, pero que no revelaban gran cosa sobre sus puntos de vista.

* * *

Las narrativas sobre la comida suelen estar implícitas: un banquete para conmemorar un matrimonio; una historia fundacional genocida reformulada con pavo, salsa de arándanos y pay de calabaza; tradiciones religiosas que nos animan a celebrar con fideos, huevo, granada, vino y dátiles. La comida nos ayuda a descubrir narrativas de clase, creencias y política, a ver el ingenio de los ancestros que convirtieron la escasez en deliciosa invención. Pero el papel del chef como narrador principal, consciente de sí mismo, el papel que el público quería cada vez más que Lalo interpretara, es una invención más reciente, creada en gran medida por la televisión, ansiosa por presentar cocineros carismáticos, valorados tanto por su capacidad de cautivar al espectador como por su habilidad culinaria.

—Es un problema para la gente que no es naturalmente encantadora —dijo Ruth Reichl, crítica gastronómica y autora—. Mucha gente que entra a la cocina lo hace porque no se siente cómoda en frente del público.

Cuando Lalo abrió Máximo Bistrot, además de tomar las decisiones sobre el menú y el presupuesto, manejar al personal y enseñarles a los cocineros con menos experiencia a dominar nuevas habilidades, le tocó ser el narrador principal (también conocido como mercadólogo). Tenía que hacer que a la gente le importara la experiencia de comer su comida, y eso significaba describir de dónde venían los ingredientes, qué era lo distintivo de su estilo de cocina y cómo recordaba su pasado. Había sido testigo del poder que el proyecto de Olvera había derivado de su disposición y destreza como narrador; la narrativa del lugar que ocupa el restaurante en la cultura fue parte integral del proceso de materializar su visión.

Antes de que Patiño, Olvera o Lalo aparecieran en escena, Chepina Peralta y Yuri de Gortari eran las figuras a las que recurrían los medios cuando se trataba de comida mexicana. Peralta fue la primera mujer en América Latina en tener un programa de televisión de cocina, que inició en 1967. "Entendí que había muchas mujeres como yo, que les cocinaban a sus familias porque eso tenían que hacer, pero no les daba el menor placer", le dijo a *Animal Gourmet*. Peralta enfatizaba las recetas accesibles para cocinar en casa, como pozole, flan y ceviche. Al poco tiempo, empezó a incorporar lecciones sobre nutrición, y un número telefónico en pantalla para que las televidentes llamaran. Le empezaron a pedir consejos de todo, desde cómo hacer que comiera un niño remilgoso hasta problemas conyugales relacionados con la cocina.

—Ay, señora, pobrecito de su marido —le respondió a una mujer—. Su marido sufre de una enfermedad que desafortunadamente sufren muchos hombres mexicanos, que se llama confusión. Él no sabe qué es una esposa, él no sabe qué es un matrimonio. Él lo que necesita es comer bien. Ayúdelo, señora. Dígale que se consiga una muy buena cocinera para que lo trate como él se merece. Que le pague muy bien para que se quede mucho tiempo. Y a usted que le deje, señora, porque la confusión es contagiosa. Ya usted no sabe si se casó para ser esposa o sirvienta sin sueldo.

Cuando Peralta cocinaba, era evidente que se estaba divirtiendo. Bailaba, platicaba con el público de manera experta sobre cuidado prenatal y nutrición infantil, y se quitaba el delantal lentamente con música de saxofón en un jocoso *striptease*. Falleció en 2021, a los noventa años.

Yuri de Gortari Krauss, que encabezó un movimiento de valoración de la herencia culinaria del país, tenía citas igualmente memorables.

—Yo siempre les digo que tomen en cuenta: la que es verdaderamente creativa en la cocina es la ama de casa —declaró— que muchas veces cocina con las sugerencias del refri, ¿cierto? Entonces inventa. ¿Por qué? Porque tiene que dar comida buena, nutritiva y atractiva a sus hijos. Lo demás son ganas de buscar el reflector, no sé si me explico.

De Gortari, alto y delgado con un grueso bigote y una afición por las corbatas de bolo, abrió La Bombilla con su marido, Edmundo Escamilla, en 1990. La pareja fue revolucionaria de muchas maneras, desde trabajar y vivir abiertamente como una pareja gay hasta ser pioneros de un homenaje erudito a la cocina mexicana con siglos de antigüedad. De Gortari fue quizá el académico mexicano moderno más visible de la historia gastronómica del país, y en última instancia aprovechó esa base de conocimientos cuando fundó la única escuela en México dedicada exclusivamente a las técnicas culinarias propias del país, la Escuela de Gastronomía Mexicana.

—Lo que comen todos los días no lo consideran tan importante como lo que hago especial para un evento —dijo—. Es vergonzoso que estamos en México, con la historia tan diversa de comida que tenemos, con la cultura tan grande de comida que tenemos en México, y que solamente haya una escuela especializada en comida mexicana. Es lamentable. Ahí podemos observar qué es lo que está pasando con la vergüenza étnica. Vea cualquier escuela de gastronomía, cualquiera en México, y verá que primero les enseñan a hacer la salsa bechamel antes que una salsa de jitomate.

Las técnicas prehispánicas que se enseñan en su escuela incluyen el uso del metate y el molcajete, el comal y el horno de barro, y cómo usar las hojas de maíz para envolver los tamales. Incluso técnicas que parecen hipermodernas pueden rastrearse a la cocina prehispánica: cuando De Gortari visitaba los restaurantes modernos enamorados de las espumas de sabores, volteaba a ver a la chef zapoteca Abigail Mendoza Ruiz, que prepara el atole de chocolate girando rápidamente el molinillo entre sus palmas para batir el aire en el líquido hasta transformarlo en profusión de espuma bebible. De Gortari compartió muchas de sus lecciones en populares videos de YouTube, antes de su muerte en 2020 de cáncer de páncreas.

* * *

Lalo regresó a México sin estar muy consciente de las influencias que lo precedían. A medida que su perfil se empezó a elevar, no estaba seguro de dónde encajaba su historia en la narrativa más amplia que los medios estaban construyendo en torno a la alta cocina en México, y no sabía cuáles detalles ampliar.

Cuando Máximo se acercaba a su primer aniversario, Alonso Ruvalcaba escribió una reseña en *Letras Libres*, una revista literaria mensual. Cuestionaba los términos que dominaban la discusión sobre la comida del restaurante que, por su énfasis en productos locales y de temporada, a menudo se describía como "sencilla" y "sin pretensiones". Ruvalcaba quería que el público se fijara mejor. Los ingredientes locales y de temporada es lo que se espera de la alta cocina de hoy, escribió, y no, esos ingredientes no determinan la calidad de la comida: eso depende del chef que los prepara. Y si bien la comida del Máximo puede dar la impresión de sencillez, cuando un platillo se compara con otro, se revela un artista poseedor de un rango amplísimo. Tomemos de ejemplo, sugiere, la alegre paleta de colores del aguachile de langosta, comparada con la sobria paleta otoñal del pollo rostizado con chantarelas. "Esta cocina no es sencilla: tiene lujo —escribió Ruvalcaba—. Ya en su mero proceso de selección de ingredientes es lujosa pero también en su preparación. La grasa, la untuosidad, el poder que llena la boca con una redondez, *eso* es lujo. (No es lujosa por que traigan por avión un atún de Tokio o por que los cubiertos sean de oro, ¿pero de veras alguien sigue pensando que eso es lujo?). En la Ciudad de México, el día de hoy, hay pocos platos tan lujosos como el huevo frito con mollejas de Máximo. Casi da culpa comer algo así en estos malos tiempos para todos".

Esas primeras reseñas se enfocaban en la comida de temporada y la sencillez porque esa era la principal historia que Lalo contaba, y la contaba con convicción. Para él, la ética de la comida del campo a la mesa estaba arraigada en toda una vida de experiencias. Fue en México donde probó por primera vez una manzana criolla (lo que en Estados Unidos llamarían *heirloom*) —"las manzanitas chiquitas y feas" que habían resistido generaciones de industrialización abocada a la producción en masa de variedades bonitas y robustas, capaces de viajar grandes distancias sin estropearse para poderse exhibir en los pasillos de un lejano supermercado.

Durante sus años en los campos, a Lalo y su familia les daban algo de lo que recolectaban para que lo llevaran a casa al final del día. Para los García, esto podía sumar ocho pintas de moras, cuatro kilos de manzanas, una caja de pepinos. Aun de niño, Lalo detectaba las diferencias en la calidad. Algunos pepinos eran muy grandes, pero sabían a agua. Otros eran pequeños, de pulpa crujiente y dulce. La caja de su Ford F-150 "siempre estaba llena de cubetas de manzanas, cubetas de cualquier cosa que pudiéramos cortar". A veces se encontraban con otras familias y hacían intercambio: pepinos por tomates, frambuesas por zarzamoras.

Cuando Lalo empezó a trabajar en Pujol, puso mucha atención a dónde conseguían sus ingredientes. Este era el mejor restaurante de México, entonces ¿dónde conseguían el mejor chocolate, maíz, frijol, ostión, cerdo? Las respuestas no eran evidentes, ni siquiera en Pujol. Un vendedor decía traer al restaurante productos orgánicos, cultivados a la manera tradicional en chinampas —los ancestrales islotes artificiales de cultivo— en Xochimilco. En la era prehispánica, Xochimilco era famoso por tener el agua más limpia y abundante cerca de la capital azteca de Tenochtitlan, y la zona era un centro agrícola donde las cosechas prosperaban en esa tierra negra y rica en nutrientes. Lucio Usobiaga era estudiante universitario cuando empezó a trabajar con el vendedor, emocionado de ser parte de un negocio que conectaba las chinampas con los restaurantes. Pero Usobiaga pronto descubrió que el vendedor estaba mintiendo sobre el origen. En realidad, compraba casi todo en la Central de Abasto, y era muy fácil detectar el fraude: las piñas, por ejemplo, no se daban en chinampa. Los chefs de la época no se involucraban tanto en la manera en que se cultivaban sus ingredientes, y le creían.

Usobiaga vio una oportunidad para involucrarse. El futuro de las chinampas era incierto: los desarrollos inmobiliarios amenazaban con apoderarse de la tierra, y cuando eso ocurriera era muy improbable que algún día pudiera volver a su uso tradicional. Este era un paraíso ecológico, lleno de vida silvestre, y un lugar para cultivar comida local que de algún modo había sobrevivido a la mancha urbana de la ciudad más poblada del continente. Sabía desde un principio que estaba haciendo algo trascendental, aunque la vida de agricultor aún le era desconocida, al ser hijo de un ingeniero industrial y una maestra de inglés de la Ciudad de México. No había muchos chinamperos que quisieran sembrar orgánicamente —si la nueva técnica no funcionaba, se quedarían sin cosecha que vender— y batalló para convencerlos.

—¿Por qué iban a hacerle caso a un güerito de la ciudad que venía a decirles qué sembrar?

Los chinamperos sabían que en la ciudad había restaurantes y chefs de alto perfil que querían encontrar fuentes confiables de productos orgánicos especializados, pero necesitaban más que la oportunidad de hacer contactos. Su ritmo de trabajo no les dejaba tiempo para solicitar una reunión, mucho menos para replantear sus operaciones con base en la estrategia más ambiciosa de surtir el menú que un chef está planeando hacer dentro de dos o tres meses. Necesitaban un vendedor que se encargara de la tardada labor de convencer a los restauranteros, y más adelante a los suscriptores a una caja de verduras semanal, de que valoraran su producto y lo pagaran más caro. Usobiaga ocupó ese papel.

Cuando abrió Máximo, Lalo se convirtió en uno de los mejores clientes de Usobiaga, y empezó a visitar las chinampas regularmente. Abordaba una trajinera, la lancha de madera de fondo plano, a las 6 a. m., justo cuando el sol empezaba su ascenso y la división entre agua y cielo se perdía en una bruma teñida de anaranjado. Él cosechaba personalmente lo que quería llevarse al restaurante y se fijaba en lo que iba a estar listo dentro de una semana o un mes, para pensar cómo podría usarlo en su menú.

Para los chefs mexicanos, incluir productos de las chinampas va más allá de la filosofía de comer local y orgánico. Es una manera de contar la historia de México, de insinuarla, por medio de un ingrediente, un término geográfico, un antiguo método de cultivo, en la medida en que esa historia está insertada en ese delicioso bocado. Máximo Bistrot fue uno de un pequeño racimo de restaurantes aclamados por la crítica que abrieron en la misma época, comprometidos con esos principios, con Pujol a la vanguardia, seguido por Rosetta (circa 2010) y Quintonil (circa 2012). Quintonil, encabezado por el chef Jorge Vallejo, a menudo sirve verduras nativas como la planta silvestre de la que toma su nombre, que los meseros se toman el tiempo de explicar a cada mesa. En Rosetta, la chef Elena Reygadas es experta en destacar algunos de los ingredientes nacionales cuyo lujo es menos evidente e incluirlos en elegantes montajes. Tomemos el postre de nanches en almíbar, flores de yuca encurtidas, helado de limón y sorbete de nanche, con crema agria y *panna cotta* de limón, elementos que se sirven juntos, en capas, en una paleta cromática de amarillo, durazno y blanco. En su libro de cocina ella explica que "los ingredientes más demandantes y menos complacientes son los que me resultan más gratificantes cuando logramos hacerlos brillar", un desafío que trae por recompensa el reconocimiento de algún producto olvidado y el descubrimiento de una nueva manera de usarlo. Aquí, el espesor de la crema y el aroma del limón "actúan como puente entre la dulzura del nanche en almíbar y la acidez de las flores de yuca".

Para Olvera, existe otra razón, más básica, para usar productos locales: saben mejor. En Francia, puedes encontrar los *escargots* y el estragón de la mejor calidad; en México, los escamoles —las larvas de cierto tipo de hormiga— son de primera. Olvera nunca se propuso hacer un elogio del pápalo; más bien le llamó la atención cuando era un joven cocinero recorriendo los mercados locales en busca de los mejores ingredientes frescos. Usobiaga inauguró un evento anual a beneficio —la Cena por las Chinampas— en 2017. Olvera, Vallejo, Reygadas y Lalo, junto con Gabriela Cámara de Contramar, hicieron equipo para cocinar en un exconvento en el centro de la Ciudad de México, y cada año las ganancias se destinan a apoyar la restauración de los métodos de cultivo tradicionales.

Si bien este pujante movimiento ha tenido éxito al crear un aprecio renovado por las tortillas hechas de maíz criollo, las posibilidades del tamal (del que existen miles de variedades) y la exquisitez de ciertos insectos, también llegó en un momento en que los campesinos del país habían tenido que dejar de nutrir esos cultivos, lo que llevó a una pérdida de la biodiversidad y las prácticas culinarias tradicionales. En su libro *Comer con el* TLC*: Comercio, políticas alimentarias y la destrucción de México*, la antropóloga Alyshia Gálvez detalla las maneras en que la política económica, junto con la industrialización y la privatización de la tierra, han conspirado vertiginosamente para volver las dietas ancestrales algo difícil de mantener. Para alguien que vive en una parte rural de Puebla puede ser difícil encontrar productos frescos a la venta, pero una Coca y unas papas fritas, con su larga vida de anaquel y agresiva promoción corporativa en las comunidades del país, son ubicuas. Paradójicamente, escribe Gálvez, este alejamiento de las prácticas culinarias autóctonas en el México rural es lo que permite que chefs de alta gama "eleven" los alimentos en peligro de extinción, en ambientes exclusivos. A medida que los frijoles de las variedades autóctonas y las hormigas chicatanas escasean cada vez más, se vuelve más fácil convencer a un público relativamente acaudalado de pagarlos a un precio elevado, distorsionando aún más el precio de estos alimentos para las comunidades locales. No es que los chefs sean malintencionados; al contrario, Reygadas y Vallejo, Lalo y Olvera apoyan a los pequeños agricultores, en el discurso y en la práctica. Han impulsado la toma de conciencia en el discurso público sobre los métodos tradicionales y la calidad de los productos, y compran sus ingredientes con productores locales, adoptando los productos agrícolas "feos", además de cocinar sin cobrar en eventos a beneficio.

Aun así, podría parecer que hay imanes subterráneos jalando estos logros en la dirección contraria: los centros vacacionales ecológicos que se abren en áreas que antes eran prístinas contaminan el medio ambiente, inundando los cenotes de Yucatán de turistas —y de las aguas negras que su presencia genera—. Un programa de reforestación, Sembrando Vida, creado por el gobierno del presidente Andrés Manuel López Obrador, provocó perversamente la deforestación de una zona del tamaño de la ciudad de Nueva York; al darles dinero a los campesinos para plantar ciertos tipos de árboles, el programa creó un incentivo económico para cortar otras variedades de árboles maduros y plantar los retoños de las especies aprobadas.

La biodiversidad del maíz, el ingrediente clave de la cocina mexicana, ha sido una de las pérdidas de mayor consecuencia como resultado del TLCAN. Según la lógica que guio el acuerdo, las cosechas debían producirse donde fueran más productivas, según los parámetros convencionales. Después de la ratificación del acuerdo, Estados Unidos, donde los agricultores estaban protegidos por subsidios, cuadruplicó sus exportaciones de maíz a México. En México, donde el maíz criollo se fue adaptando al paso de miles de años a microclimas específicos, en un arcoíris de variedades de colores y sabores, se incentivó a los agricultores a cambiar a otras cosechas o abandonar por completo el sistema de milpas. Millones de personas del campo se mudaron a ciudades fronterizas como Reynosa, Matamoros y Tijuana para trabajar en las maquiladoras, o migraron a Estados Unidos a trabajar en granjas o rastros industrializados, o al Estado de México en busca de trabajo en construcciones, fábricas y restaurantes. Cuando el etanol se convirtió en una importante fuerza de mercado, los precios globales del maíz subieron, desatando protestas sobre el costo de las tortillas en México. Hoy, el mercado de la masa de maíz está dominado por Gruma, dueño de Maseca y tortillas Mission. Al mismo tiempo, la comida procesada, barata y compulsivamente disponible se ha vuelto parte de la dieta mexicana. A medida que las bebidas nutritivas como el atole se vuelven menos comunes, hoy México ocupa el primer lugar mundial en el consumo de refresco per cápita.

Esta no es la primera vez en la historia poscolonial de México que la tortilla se ha visto amenazada. Ya desde el siglo XVI, cuando España importó su explotador sistema de encomiendas (en el que los colonizadores, a cargo de enormes extensiones de tierra en Nueva España, podían exigir tributo a los habitantes indígenas, a menudo en la forma de trabajo forzado, que según la lógica del sistema se "intercambiaba" por protección y adoctrinamiento católico), los europeos intentaron traer el trigo a Nueva España, pues veían el maíz con desconfianza. En 1899, el autor y político Francisco Bulnes publicó un manifiesto que dividía a la humanidad en tres categorías, según su consumo predominante de trigo, arroz o maíz. El maíz, según Bulnes, era inferior nutricionalmente. La categorización de la gente con base en los granos era otra manifestación del discurso más amplio de eugenesia que iba ganando fuerza hacia fines de siglo. En última instancia, los científicos concluirían que el valor nutricional del maíz se había subestimado. La supuesta deficiencia nutrimental de la tortilla sólo buscaba distraer, como explica el historiador Jeffrey Pilcher, de los siglos de despojo sufridos por la población indígena del país, separada de sus tierras a la fuerza. Para 1910, en los albores de la Revolución mexicana, la enorme mayoría de la tierra rural de México estaba en manos de una fracción de la población, y para muchos se había vuelto difícil cuando no imposible cultivar y cosechar los componentes necesarios para mantener la dieta saludable que históricamente los había mantenido. La clase gobernante entendía que el maíz era "la raíz de una vida comunal autosustentable", escribe Pilcher; cortar esa raíz obligaría a los campesinos a modernizarse.

En Pujol, Olvera ha promovido el maíz criollo, demostrando a sus clientes (sobre todo turistas extranjeros y mexicanos acaudalados) la diferencia en el sabor y la calidad de la tortilla. Sus pupilos han adoptado este enfoque. Hoy, sería raro encontrar tortillas hechas con masa de producción masiva en cualquier restaurante de alta gama en la Ciudad de México. En las palabras de la élite, la tortilla nixtamalizada de maíz local se volvió gourmet, autóctona y artesanal.

—¿La gentrificación es inherentemente mala? —se pregunta en voz alta Gálvez—. Pienso que hay una manera en que la elevación genera valor para cosas que, por lo demás, han sido ignoradas o devaluadas.

Quizá esto podría provocar una benéfica reacción en cadena, "para que gente con menor acceso a esa estratósfera de élite pueda cultivar maíz con la expectativa de venderlo y tener chinampas con la expectativa de que haya un mercado. Hay un efecto dominó que produce algo mil veces mejor que la economía del TLCAN de alimentos procesados que cruzan la frontera de un lado a otro". Aun así, dijo Gálvez, ese impacto sólo tendría valor si esas instituciones honraran a las comunidades de las que provienen esos productos, garantizando que recibieran una parte.

En su deseo de promover el mezcal en el comedor del Naos, la chef Mónica Patiño sin querer ayudó a echar a andar un proceso que incrementaría drásticamente el precio del maguey, de 30 centavos el kilo de espadín en 2005 a unos 14 pesos al momento en que escribo. Quizá en un inicio eso fuera bueno para los campesinos que cultivan maguey, pero la producción para exportación ya pasó a manos de un grupo de grandes compañías —José Cuervo, Patrón, Bacardí— que extraen las ganancias. Mientras tanto, el mezcal se está encareciendo a una velocidad vertiginosa como para que la mayoría de los oaxaqueños lo siga consumiendo como antes.

—La gente de Oaxaca fue la primera que dejó de tomar mezcal —dijo una maestra mezcalera, que prefirió no publicar su nombre por seguridad; criticar la gallina de los huevos de oro de la región puede ser peligroso—. Más allá del cambio en el precio, la búsqueda de dinero y fama está destrozando a nuestras comunidades —enfrentando a miembros de las mismas familias a medida que escalan los conflictos por el uso de la tierra, la sustentabilidad y la inversión extranjera. La fiebre del mezcal también plantea cuestiones sobre cómo puede ser sustentable producir destilados de variedades de maguey silvestre que requieren décadas para madurar, o cultivar maguey en enormes cantidades en regiones que sufren escasez de agua. Gálvez cuenta que recuerda una vez que visitó Oaxaca y los mezcaleros a duras penas lograban regalar la bebida: se esforzaban por convencer a los turistas de por lo menos probar la bebida en un mercado al aire libre.

—Es algo muy particular, las personas que pueden ser esos "pioneros" —dijo Gálvez: los que hablan el lenguaje de la élite y al mismo tiempo tienen un entendimiento profundo del valor de los productos en sí mismos. Los chefs son perfectos para ese papel: se mueven entre el comedor, la cocina y los ambientes de sus proveedores. Cada vez más, se les pide entonces que expliquen las conexiones entre la comida de un país, su gente, su historia y su medio ambiente.

Olvera dice que quiere que México valore debidamente sus riquezas, que debería haber espacio suficiente para una variedad de experiencias y precios: el taco que te comes en la calle y el que comes en su restaurante, con langosta de la misma calidad que la que sirven en Le Bernardin de Ripert. Pero cuando el maíz criollo se valora en términos del libre mercado, que hoy es un mercado global enamorado repentinamente de lo que antes eran recursos de bajo costo, hay un riesgo inherente de que entonces se aleje de sus comunidades originarias, como sucede con la materia prima para hacer mezcal. La tortilla, como escribe Gálvez, no necesita darse ínfulas ni ser celebrada en el extranjero para tener valor.

—Es y ha sido suficiente por sí misma.

* * *

En 2018, Lucio Usobiaga empezó una serie de comidas en las que cocineros visitan la Chinampa del Sol en Xochimilco y preparan un festín de varios tiempos, usando los ingredientes que se encuentran en sitio. Cocinan en una estufa de leña y hay mucho vino mexicano, cerveza y mezcal para celebrar. El verdadero propósito de las comidas no es la celebración sino la publicidad: quiere que la gente se suscriba a la caja semanal de productos agrícolas. El discurso de venta se apoya en la exhibición de la calidad de los productos ofrecidos y la simultánea inteligencia y precariedad del método de chinampas. La demanda de cajas de su grupo, ahora llamado Arca Tierra, está creciendo, pero las chinampas que se usan para cultivo en Xochimilco son relativamente pocas y hay potencial para crecer. Él no es el único niño de ciudad buscando la manera de apoyar la agricultura local. Francisco Musi, cofundador de Tamoa, trabaja con pequeños agricultores por todo el país para llevar a los consumidores su maíz, frijol y chile autóctono, a cuatro o cinco veces lo que podrían ganar en el mercado abierto. Musi bromea que si le dijeras a alguien con una maestría en administración de empresas que planeas surtirte de cantidades mínimas en cientos de ranchos familiares en ocho estados, pensaría que estás loco, pero eso es precisamente lo que hace Tamoa. La biodiversidad es idiosincrática, por lo tanto también lo es su modelo de negocios.

La pasión de Lalo por buscar estos productos hizo que Máximo destacara desde el primer día. Tomó tiempo, pero encontró al mejor proveedor del país de pollo orgánico de granja, y a un buzo que trae sus mariscos, atún y sardinas de la costa oaxaqueña. Encontró fuentes sustentables de queso, huevo, vino, papa y cacao, que provienen desde la árida península de Baja California hasta las junglas de Chiapas. Algunos proveedores se reunían con Lalo después de esperar horas en la banqueta hasta que acabara el servicio, sentados en una hielera llena de espinosas langostas. Otros lo contactaban por Instagram. Siempre que era posible, él visitaba en persona el rancho o el viñedo o el cerro donde cultivaban su café, enterraban sus papas, cosechaban sus uvas. Lalo llegó a ver esto como la principal diferencia entre Máximo y otros restaurantes: la integridad de los ingredientes, cada uno verificado por la persona a cargo de la cocina, una persona con un conocimiento íntimo no sólo de cómo preparar la comida, sino de cómo se cultiva. Durante años, Michele Sedgwick había compartido su pasión por los ingredientes de calidad, y al mismo tiempo, su preocupación sobre los riesgos de los pesticidas, los alimentos transgénicos y la agricultura homogénea. Estaba creciendo una oposición al sistema alimentario convencional, desde el Chez Panisse de Alice Waters hasta el movimiento *slow food* en Italia. Después de pasar la niñez en la milpa de sus abuelos y los campos industrializados de Estados Unidos, Lalo entendía estos principios a cabalidad. Se volvió más selectivo con lo que se metía al cuerpo y, al seleccionar la comida para sus clientes, se comprometió a sólo servir cosas que él mismo se comería.

En las chinampas, Lalo volvió a un hogar que nunca conoció de niño. Navegar despacio por los canales en una trajinera despejaba su mente y lo preparaba para el día por venir. Era lo más que podía acercarse a explicar su proceso creativo, una reconexión con la tierra y la milpa que volvía a encender su imaginación y le daba reservas de energía. Cuando se sentía deprimido, enojado, exhausto, recurría a las chinampas para renovarse de la misma manera en que alguien puede reconectar con la iglesia o iniciar una dieta baja en carbohidratos.

—Debería empezar a ir todas las mañanas —le decía a Gaby. En realidad, uno o dos viajes al mes eran lo más que lograba. Ir a las chinampas de Arca Tierra requería una hora de trayecto para ir y otra para regresar, en auto y en lancha. Sólo entonces podía pasarse una preciada hora cosechando berza, hinojo y lechuga, mientras la luz del sol tocaba la espiguilla dorada de un tallo de maíz tierno, avanzaba sigilosa por la tierra negra y electrificaba la neblina.

—La gente que no tiene esa relación con el campo dice: "Qué bonito" —contó Usobiaga—. Para Lalo, visitar las chinampas despierta recuerdos, despierta sueños.

La delicadeza e importancia de la comida local era el tema principal de Máximo Bistrot, y con toda razón. Y quizá así hubiera seguido siempre, si no hubiera llegado alguien más a secuestrar la narrativa. La llamaron Lady Profeco.

Capítulo ocho

Lady Profeco

Había pasado año y medio desde la inauguración de Máximo y el negocio iba estupendamente cuando una señorita de la alta sociedad entró por la puerta, entró por la puerta y pidió una mesa. Todas estaban reservadas, le explicó Gaby, pero agregó su nombre a la lista de espera. En ese entonces, aún no había un área para sentarse a esperar y la clienta deambuló en la banqueta con una amiga, aunque no tuvieran ninguna bebida ni entremés para ayudar a pasar el rato.

Como Gaby recordaría años después, la clienta empezó a cuestionar cada una de las decisiones que ella tomaba, desde su lugar en la acera. ¿Por qué había una mujer sentada sola, rodeada de cinco sillas vacías? ¿Por qué no le daban esa mesa a ella?

—Lo siento —le dijo Gaby—, esa mujer es muy buena cliente y tiene una reservación. No hay nada que hacer.

Había pasado más de una hora cuando la señorita vio que los meseros despejaban una mesa para dos afuera. Su nombre era el siguiente y le preguntó a Gaby si podían dirigirse a la mesa.

—No, lo siento —dijo Gaby, aunque ya en un tono cortante. Se la iba a dar a un cliente leal que había pedido cambiarse a una mesa exterior para poder fumar. A ella le daría la mesa de adentro. Pero la clienta protestó, insistiendo que esa mesa debía ser suya.

Después de una década de trabajar para otros, Gaby manejaba su restaurante con orgullo. En el corto plazo, parecía que podía darse el lujo de encarar a los clientes mandones: la libreta de reservaciones estaba llena y la gente se formaba en la banqueta con la esperanza de que alguien no llegara. Cuando esta clienta insistente empezó a opinar de todo como si estuviera en gayola, Gaby se impacientó.

—Por poco le digo: "Cuando abras tu restaurante puedes hacer lo que te dé la gana". Porque hay muchos clientes que dicen: "¿Por qué no pones esto aquí y puedes poner estas dos mesas allá?". Y siempre pienso, este es *mi* restaurante, ¡puedo hacer lo que yo decida!

Cuando Gaby la llevaba a la mesa de adentro, oyó a la clienta hablando en su celular sobre lo mal que la habían tratado y exigiendo que mandaran inspectores al restaurante.

Gaby sabía que los "inspectores" serían de la Profeco, la Procuraduría Federal del Consumidor. Máximo seguía en el largo proceso de tener toda su documentación en regla, y Gaby llegó a la cocina en estado de pánico.

—Hay una mujer superbrusca —le dijo a Lalo—. ¡Dice que nos va a mandar inspectores!

Lalo llamó a Óscar, el gerente, y le pidió que llevara un mensaje:

—Óscar, por favor dile a esa señora que hoy no la vamos a poder atender. Oímos que nos quiere mandar una inspección y para mí lo más importante son los sentimientos y las emociones, y ya no tengo ganas de cocinarle nada.

Óscar caminó unos metros hasta la mesa, que al fin se había instalado en la mesa largamente esperada. Le dio una versión del mensaje de Lalo. La mecha estaba encendida.

Ella se marchó, furiosa, prometiendo que la cosa no iba a acabar ahí: ¡su padre era el titular de la Profeco!

Luego, la señorita disparó un tuit:

"Pésimo servicio, no tienen educación... No volvería nunca". Poco después, posteó su ubicación en Foursquare: las oficinas de la Profeco.

Gaby sintió que había cometido un error de soberbia.

Desde luego, esta clienta no era la primera en molestarse en ese año inaugural. Cuando se corrió la voz de las codiciadas mesas de Máximo, los residentes más acaudalados de la ciudad —de colonias como Polanco, Santa Fe y las Lomas— vinieron a una esquina de la Roma, que sus familias no visitaban desde que el terremoto de 1985 dejó en ruinas bellos hogares y comercios. De su lado de la ciudad, estaban acostumbrados a tratar a los meseros como empleados temporales o sirvientes. En Máximo, Gaby llegó a escuchar sus insultos incluso antes de llevarlos a la mesa:

—¿Qué es esta pinche fonda? —comentaban al asomarse por la puerta—. Ni siquiera tienen manteles, ¿qué estamos haciendo aquí?

La familia de Gaby había hecho un gran esfuerzo para mandarla a una escuela privada con niñas privilegiadas. En aquel entonces, ella estaba desesperada por dar la impresión de que tenía más dinero del que tenían en realidad. Se inventó un chofer y una casa de campo. Tiempo después, se apenaba de esas mentirillas. Seguramente sus compañeras de clase ni siquiera se las creyeron: el chofer nunca se materializó cuando necesitaba que pasaran por ella. Más que nada, a Gaby le dio vergüenza. Se había enfocado tanto en encajar que se olvidó de mostrar agradecimiento por las bendiciones que sus sacrificados padres laboriosamente le otorgaron.

De adulta, Gaby se vio atrapada en medio de las fuerzas gemelas que rigen las carreras en la industria de la hospitalidad: el deseo de crear una experiencia que sea genuinamente hermosa y satisfactoria para desconocidos, y el dinero que en última instancia apuntala todo el sistema. En sus viajes, Gaby había llegado a valorar el concepto de un bistrot estilo europeo. Lo que quería replicar no eran sólo sus menús pequeños y espacios íntimos, sino lo que para ella era su corazón: la relación entre el propietario y el cliente, personificada por el dueño parado en la puerta para recibir cálidamente a sus clientes, sobre todo a los habituales, a este segundo hogar. El dueño se aseguraba de que todos los detalles —desde la temperatura del vino hasta el volumen de la música— cumplieran sus estándares. Para Gaby, el restaurante era una extensión de su hogar con Lalo. Esperaba un mínimo de etiqueta por parte de sus invitados. Cuando clientes muy pagados de sí mismos llegaban a su puerta con insultos, ella se lo tomaba personal.

—Y nosotros, onda: "Si no quieren quedarse, ¡no es a fuerza!" —esto no era un pensamiento silencioso en la mente de Gaby; era literalmente lo que les decía. Con el tiempo, algunos comensales dejaron de ir. Fueron reemplazados por turistas, junto con los habituales que venían sobre todo de las colonias vecinas. Los gerentes de piso seguían ansiosos por echar a los clientes groseros. Gaby les dijo que los clientes habían cambiado, y que ellos también tenían que hacerlo. No les estamos haciendo un favor a ellos, les dijo. Ellos nos hacen un favor al venir.

De modo que, en esa fatídica tarde, la clienta exigente fue la última en una larga lista de atacantes; se topó con Gaby al límite de su paciencia. El intercambio se desenvolvió con tensión, sin un momento de plática estratégica entre Gaby y Lalo. Más adelante, Gaby manejaría a los clientes difíciles con la perspectiva obtenida tras ese duro aprendizaje: es mejor matarlos con amabilidad. Quizá si se hubiera mostrado más apenada, menos arrogante, todo el incidente podría haberse evitado.

—Tenía que haberle dicho: "Lo siento mucho, señorita, le pido mil disculpas, pero vamos a atenderla como usted se merece. Haremos nuestro mejor esfuerzo, permítame ofrecerles un coctel".

En efecto, los inspectores de la Profeco llegaron con sus enormes sellos rojiblancos a buscar alguna infracción. Inspeccionaron la cocina, revisaron el menú con detenimiento. La Profeco alegó irregularidades en el sistema de reservaciones del restaurante y la venta no autorizada de ciertos tipos de mezcal —una bebida cuidadosamente controlada en México, que requiere de sellos oficiales para obtener la certificación de "mezcal"—. Uno de los comensales que presenció el espectáculo era abogado y le preguntó a Gaby si quería ayuda. En poco tiempo, su equipo llegó al restaurante para hacerle frente a los inspectores.

Los clientes grabaron videos. Sin darse cuenta, con sus tuits la clienta dio sustento a los alegatos de corrupción que vendrían después. #LadyProfeco se volvió tendencia, exhibiendo a esta persona como la encarnación de las élites corruptas que usan su estatus para saltarse las filas que los demás mexicanos tienen que hacer. Cuando la confrontación subió de tono, los vecinos salieron a la calle. Luego, cuando empezó el servicio para la cena, una nueva camada de comensales le preguntó a Gaby por qué tanto alboroto. Uno de ellos ofreció llamar a la prensa. En el calor del momento ella aceptó, y en poco tiempo estaba dando una entrevista para el diario *Reforma*. Para el domingo, la saga salpicaba las primeras planas de los diarios de circulación nacional. Incluso tuvo cobertura en *El País* y la BBC.

"Para muchos de sus fans, el restaurante es el Chez Panisse de la Ciudad de México, un paraíso gastronómico de ingredientes frescos presentados con innovación a un precio (relativamente) accesible, en un comedor sencillo donde a menudo se ven estrellas, desde actores mexicanos hasta luminarias visitantes como Patti Smith", escribió Damien Cave en el *New York Times*. Max St. Romain, un cineasta, le dijo a Cave que el incidente tenía que ver con "la corrupción que ha imperado en México desde hacía décadas: el hecho de que la hija de alguien en el poder pueda usarlo por capricho, por berrinche".

Pero al acaparar los reflectores, Gaby y Lalo lamentaron todo el asunto. Gaby les pidió a sus abogados que lo hicieran desaparecer, mientras el teléfono no paraba de sonar para pedir entrevistas. Al otro día, abrieron como de costumbre, pero la cobertura de prensa seguía en aumento y decidieron cerrar temporalmente en un intento por dejar que se calmaran las cosas. Cuando Máximo reabrió sus puertas, reporteros de TV se pusieron a transmitir desde la esquina de Zacatecas y Tonalá, informando al público sobre la codiciada lista de reservaciones y la lucha de esa joven y encantadora pareja contra la corrupción institucional. De la noche a la mañana, mientras #LadyProfeco se volvía meme, caracterizada como una villana malcriada de las clases altas, Lalo y Gaby se volvieron mártires involuntarios: los pequeños propietarios luchando por hacer las cosas bien en un sistema amañado.

El incidente tocó un punto sensible, revelando la ansiedad nacional en torno a la clase social y el privilegio. Lalo y Gaby no tenían ningunas ganas de atribuirse el papel de activistas; en México, tener tu éxito bajo los reflectores o hablar contra el gobierno son cosas que te pueden ganar puntos, pero también pueden volverse en tu contra. Sí, trataban de pagarles bien a sus empleados, de comprar productos locales, de dedicar su tiempo a buenas causas. Pero a fin de cuentas querían tener un negocio exitoso y redituable, y ese éxito dependía de la clase alta, la gente con dinero para pagar caviar y trufas y botellas de vino caro.

El gobierno federal inició una investigación. El papá de #LadyProfeco perdió su trabajo, junto con otros cuatro funcionarios de la Procuraduría Federal del Consumidor. Gaby y Lalo pensaron que el incidente había quedado atrás, y que de algún modo habían escapado de la ira prometida de la Profeco. Pero en los siguientes meses y años, recibirían más atención de lo normal de la procuraduría, que pegaba, una y otra vez, sus vergonzosos sellos en las ventanas y paredes del restaurante, por infracciones como servirle a un cliente una taza de sopa cuando en el menú escrito sólo aparecía el precio del tazón.

Al año siguiente, Anthony Bourdain visitó Máximo Bistrot en su programa *Lo desconocido* (*Parts Unknown*) de CNN, para un segmento enfocado en jóvenes restauranteros de México luchando contra la corrupción. Aunque en privado Lalo y Gaby se sentían incómodos con la imagen de activistas que les había sido impuesta, en público la aceptaban.

—Eduardo García se ha abierto camino desde abajo hasta convertirse en el chef y dueño del restaurante más *hot* de la ciudad —dice Bourdain, vestido con un saco de lino beige y parado ante el mostrador de mármol, donde Lalo le sirve un taco de lechón confitado con salsa tatemada: básicamente, la interpretación de Lalo de las carnitas. Bourdain toma un cuchillo y tenedor; titubea. Éntrale, le dice Lalo. Bourdain toma el taco con la mano derecha, evalúa el factor de escurrimiento con una rápida sacudida, se inclina hacia delante y le da una mordida.

—Guau —dice Bourdain—. Cuesta trabajo imaginarse algo más rico. Vas a tener que seguir preparando este platillo toda la vida. Como Mick Jagger que sigue cantando *Satisfaction* cincuenta años después. Ni cómo negarlo, hombre, ¡está buenísimo! Es un clásico.

Para Lalo, que idolatraba a Bourdain, fue el mejor cumplido de su vida.

Lalo le cuenta a Bourdain sobre la corrupción que impera en México:

—Tienes que defender tus convicciones; si no, la gente te va a pasar por encima. No vas a durar ni un minuto. Yo no permito que la gente me mangonee —las amenazas, la condescendencia de clase, eran un hecho cotidiano de la vida, pero no iba a permitir que alguien como Lady Profeco determinara su destino—. Prefiero cerrar mi restaurante que vivir así —quizá se vería obligado a mudarse a la esquina de en frente, quizá tendría que irse a otro país. No iba a claudicar.

Lady Profeco le confirmó a Lalo el lado oscuro del país que sus padres habían dejado atrás. Cuando se vio obligado a empezar de nuevo, había tenido una racha de buena suerte: un gran trabajo, amor, un año en la playa y luego un restaurante nuevo todo suyo que se volvió un gran éxito a meses de su inauguración. Pero aquí estaba el sistema amañado en acción, encarnado por la riqueza, el privilegio y la franca corrupción de Lady Profeco, que para ser posibles requieren de masas de trabajadores mal pagados y explotados.

Lalo prestaba mucha atención a las noticias. Con su cartera de clientes influyentes, a menudo era el primero en recibir un mensaje cuando se estrellaba un avión o un político metía la pata. Estaba atento cuando las deportaciones de mexicanos de Estados Unidos se empezaron a acelerar durante la administración de Barack Obama, y de la cobertura de padres y niños temerosos de regresar a un país que ya no conocían. Luego, un hombre que se pasó la vida construyendo una fachada de éxito mientras se jugaba el dinero de su padre lanzó su candidatura presidencial con un discurso sobre un muro que abarcaría toda la frontera sur para proteger a Estados Unidos del coco.

—Cuando México manda a su gente —dijo Donald Trump ante una multitud cuando anunciaba su candidatura presidencial, un discurso célebre por su infamia— no mandan a la mejor. No mandan alguien como tú. No mandan alguien como tú. Mandan a gente que tiene muchos problemas, y nos traen esos problemas a nosotros. Traen drogas. Traen crimen. Son violadores. Y algunos, supongo, son buenas personas.

Unos días después de que Trump ganó, Lalo estaba parado en la cocina de Máximo viendo un video en Instagram sobre "el nuevo deporte mexicano": cuatro atletas corren a toda velocidad por una pista hacia un muro, cada uno cargando una escalera; la echan al muro y suben los tres pisos de altura hasta la cima. El ganador escala el muro en poco más de doce segundos. Lalo se rio y meneó la cabeza. Después de todo, ¿acaso no era él mismo un ejemplo perfecto de lo que Trump definía como *bad hombre*? Un criminal sentenciado por un delito grave, que había estado viviendo en el país sin permiso, y que había entrado de manera ilegal en múltiples ocasiones sin mayor problema. Lalo era justo el tipo de persona que el muro fronterizo extendido buscaba dejar fuera. Todo el personal de Máximo conocía su historia. En la cocina de un restaurante en México, no era demasiado singular. Él compartía sus recuerdos y luego escuchaba a sus empleados contar de sus propios cruces fronterizos, su tiempo trabajando junto a chefs famosos en cocinas por todo Estados Unidos, su regreso a México.

En esos primeros días después de las elecciones, Lalo descartaba a Trump como otro embaucador más, no muy distinto del entonces presidente de México, Enrique Peña Nieto. Para cuando Trump fue electo, Peña Nieto tenía una tasa de aprobación del 17 por ciento. Lalo a menudo soñaba con ser presidente de México. Pero sus métodos, decía, serían extremos. Para combatir la corrupción, tendría que erradicar a las diez o quince familias que controlan México, y para hacerlo se necesitaría el apoyo de un ejército sumamente avanzado. Construiría cárceles en vez de carreteras, "prisiones donde te olvides de la gente".

En enero de 2017 una pareja británica llegó al restaurante y se quejó con el mesero por la falta de opciones económicas en la carta de vinos. Cuando se iban, Gaby se detuvo a preguntarle a la mujer qué tal había estado la comida. La mujer se quejó de que las porciones eran demasiado pequeñas y que el vino no estaba bueno. En un principio Gaby pidió disculpas: ¡nos hubieran dicho! Les hubiéramos servido más comida o cambiado el vino. Pero la mujer ya estaba molesta.

—Me dijo: "Creo que vamos a hacer lo que dice Donald Trump y cerrarle las puertas a México y nunca vamos a regresar". Y yo me quedé así de, ¿cómo puede decir eso? Y le dije: "Creo que una persona que piense como usted no debería venir a México, así que me alegra que no piense volver".

Este episodio sacudió a Gaby. Más que el enojo y la vergüenza que había sentido con lo de Lady Profeco, ahora sentía tristeza. Gaby había crecido con gente de las élites de México y sabía que podían ser muy esnobs. Pero esto era una nueva variación sobre una tendencia establecida: el fenómeno de los extranjeros que llegan a México esperando que todo sea barato, nuevamente envalentonados por un racismo populista, envalentonados por un presidente que ganaba puntos políticos cada vez que rebajaba a México en su discurso.

Lalo se sumió en la tristeza cuando un hombre más o menos de su misma edad, Guadalupe Olivas Valencia, se suicidó saltando desde el puente internacional que conecta San Diego y Tijuana, menos de una hora después de que le negaran el ingreso a los Estados Unidos, donde había trabajado de jardinero muchos años. Unos días después, una entrevista con Lalo apareció en el *New York Times*, compuesta sobre todo de citas directas: la historia de un *bad hombre* —escribió el reportero— de un célebre chef que no podía entrar a Estados Unidos. Lalo le dijo al diario que quería "animar a los mexicanos que se encuentran en la misma situación a que sepan que siempre serán bienvenidos si deciden regresar y estar en su propio país".

Lalo no sabía mucho sobre Olivas Valencia, pero lo que sabía le resultaba inquietante: era una persona de clase trabajadora, como él, que había decidido poner fin a su vida antes que regresar a México. De pronto le quedó claro que esta historia —su historia— quizá podía ayudar a algún otro deportado a sentirse menos solo. Se preguntaba si compartir su historia también podría salvar a alguien.

Capítulo nueve

El chef

Durante toda la mañana, mientras hacían la producción, llegó gente a la puerta a preguntar por Lalo: un *foodie* de Japón famoso en Insta, un proveedor de chocolate en busca de un nuevo cliente, un cocinero escocés preguntando si podía hacer una práctica en su cocina por unos meses. Lalo le cortó el exterior mohoso a un *ribeye* madurado, luego se dio la vuelta e inició una sesión de quejas sobre política con los meseros. Cantaba fragmentos de canciones de Paul Simon y Consuelo Velázquez y bailaba en su apretado espacio de cuarenta por cuarenta en la angosta cocina.

Durante el servicio, siempre está en el pase, el puente entre las tareas más monótonas de la cocina y el hedonismo del comedor. Emplata todos los platillos personalmente. Lalo posee un talento natural para convertir una serie de ingredientes en una composición congruente y hermosa. Salsas de tonos café claro, olvidables manchones de lodo cuando alguien más las aplica con la cuchara, se convierten en tonos terrosos que realzan el intenso anaranjado de una zanahoria asada, el rubor en la piel crujiente de un huachinango. Sobre un platón de barro negro, los tentáculos del pulpo tatemado resplandecen junto a círculos de mole negro y frijoles. Termina los platos con una espolvoreada de puntas de cilantro en flor, como una interpretación renacentista del encaje.

La mañana empezaba con la actividad silenciosa de unos cuantos cocineros emprendiendo los primeros pasos de las preparaciones más complicadas del día. Para mediodía, el espacio estaba lleno. Cada cocinero, en su puesto frente a la estufa o los mostradores de acero inoxidable, apenas tenía espacio para girar en tres direcciones. Se encendían los fuegos, subía la temperatura. Los cocineros estaban alertas, escuchando las instrucciones de Lalo y sus correcciones de técnica. Mientras trabajaban, la amenaza de su temperamento cambiante flotaba en el aire. Cuando se cometían errores y luego más errores, todos clavaban la mirada en sus respectivas tareas, encorvados, como pinos que se apartan de las nubes de tormenta que se avecinan.

Desde fuera de la refriega, el torbellino de actividades simultáneas era un espectáculo deslumbrante. Lalo, a pesar de ser ancho, normalmente se las ingeniaba para desplazarse entre la melé sin tirar al piso una sola gota de salsa holandesa. Sumergía y sacaba cucharas de contenedores de plástico al armar los platos, usaba un rallador largo para espolvorear nueces de macadamia sobre un *risotto*, con gesto seguro molía pimienta sobre una torre de ensalada, acomodaba perfectamente unos cuantos granos de sal gruesa sobre las rebanadas de *ribeye*. A Lalo le encantaba mandar platillos de cortesía: para empezar un ceviche con tostadas, para terminar un pan francés con compota de moras azules y helado de vainilla. No discriminaba. Clientes habituales, turistas que venían por primera vez, una mesa de estudiantes de cocina de algún barrio remoto que había hecho esfuerzos para ahorrar y venir a celebrar su graduación; a todos los tomaba por sorpresa ver que se acercaba el mesero con un platillo que no esperaban. Antes de irse, se acercaban a presentar sus respetos al chef, que los recibía con un choque de codos y una sonrisa a medias. Lalo apenas reconocía haber mandado esas cortesías. De todas maneras, estaba demasiado inmerso en la cocina para ponerse a platicar. A menos que fuera un niño con curiosidad sobre algún ingrediente. O un vendedor de fruta en un día caluroso.

—Dile que le compramos todo su carrito —le indicaba a un mesero—. Vamos a hacer agua de mango.

Luego le invitaba al vendedor una bebida fresca y un pan dulce.

Los empleados compartían con gusto sus anécdotas de Lalo. Cómo, en un día lento, se los llevaba a comer al restaurante nuevo de algún amigo. Cómo él y Gaby mandaban ropa y juguetes de regalo cuando un empleado recibía a un nuevo bebé. Cómo pagaban los funerales cuando algún miembro del personal necesitaba ayuda para enterrar a un ser amado con dignidad.

Se organizó una excursión para el personal al pueblo de Acatepec, de donde eran muchos de los meseros; alquilaron un autobús para el viaje redondo de diez horas. Ahí, el grupo visitó una antigua mina de sal y un jardín de cactus, y terminaron el día rostizando un cerdo al atardecer en el rancho que Óscar, una de las primeras personas que contrataron, había ido construyendo al paso de los años. Cuando lluvias extremas destruyeron los barcos de los que dependía la subsistencia de la familia del barman Federico Ríos, igualaron los donativos para que pudieran comprar otros. Hubo recaudaciones de fondos para gente que ni siquiera conocían: los artesanos de Chiapas, los estudiantes de bajos ingresos de Gastromotiva que cursaban la carrera de cocina. Para las víctimas de un terremoto en Morelos, Lalo no se conformó con mandar un cheque; él y su equipo prepararon un cargamento de comida y mandaron la camioneta de la empresa a repartir comidas en parques e iglesias a gente que había perdido su casa.

Cada año, Lalo y Gaby hacían una fiesta de Navidad. Había comida y pastel y montones de alcohol, y cada miembro del equipo recibía un regalo de la rifa, con una botella para llevarse a casa y seguir la celebración con su familia. Gaby se puso de pie frente al grupo y dijo unas palabras:

—Para nosotros, tener un equipo como ustedes y poderle dar trabajo a tanta gente se me hace lo máximo. Y bueno, hacer estas cosas me encanta y ojalá que ustedes disfruten tanto como yo, porque los quiero mucho a todos. Y ya, nada. Feliz Navidad, ojalá que tengan unas fiestas increíbles, qué padre que muchos vamos a poder compartirlos con nuestras familias, y que el próximo año sea mejor para todos.

Cuando llegaron los premios finales de la rifa —una TV de pantalla plana y un iPad— se organizó un etílico juego de las sillas en la calle Zacatecas para determinar al ganador. Risas y gritos resonaban por toda la calle. Gaby bailaba en medio de la celebración, riendo con los ojos húmedos y las mejillas rojas. Algunos empleados se dirigieron al departamento del *sous-chef* a seguir la fiesta. Lalo regresó a la cocina de Máximo a terminar su trabajo por esa noche.

* * *

Si bien algunos miembros del equipo estaban con él desde hacía años, Lalo se preocupaba constantemente por divisiones entre sus filas, y buscaba señales de debilidad o rebelión. Estas sospechas iban dirigidas contra casi todo mundo: los otros restauranteros a los que contaba como pares o descartaba como impostores, la gente que trabajaba para él en la cocina y en el comedor, el reportero que venía a entrevistarlo, incluso algunos clientes. La mayoría de las veces, salir a comer con él no era nada divertido:

aparte de un puñado de chefs y de protegidos que admiraba, las únicas cocineras que recibían su admiración eran las que cocinaban en su vida familiar: Gaby y, cuando venía de visita, Natalia, junto con su vendedora favorita de quesadillas. Después de abrir Máximo, Lalo y Gaby habían lanzado otros dos restaurantes: Havre 77, de cocina clásica francesa con barra de mariscos frescos, y Lalo!, un sitio popular para ir a almorzar, con un menú que también habría funcionado perfecto en Brooklyn o San Francisco: pan tostado con aguacate, jugo verde, un tazón de *açaí* con fruta de temporada, especiales de pizza y pasta. Juntos, los tres establecimientos eran dirigidos por un puñado de empleados de mucho tiempo.

Juan Escalona Meléndez, un joven científico del Estado de México, dejó sus estudios de química en la Universidad de Leeds para cocinar. Trabajó en Máximo seis meses. Escalona había trabajado con chefs obsesionados ya fuera con el crecimiento y las ganancias o con el concepto de su restaurante y su papel en un panorama cultural siempre cambiante. Pero a Lalo sólo parecía importarle el acto de preparar bien la comida. Siempre estaba presente.

—Si acaso se iba cuando estaba muy desgastado, increíblemente agotado o molesto; entonces se iba.

En cuanto Lalo llegaba percibía todo: el trabajo que se desarrollaba velozmente y el más diminuto error. En un principio, Escalona trató de ocultar sus pequeños errores en aras de terminar el resto de su trabajo a tiempo, pero pronto descubrió que era imposible.

—Una vez estaba trabajando con él en el pase y me puse a rallar parmesano sobre tres o cuatro *risotto*. Y en cierto punto me distraje por un instante y rallé un poquito de la corteza sobre un plato, y luego lo cubrí con más queso. Él me vio y dijo: “No sabes lo que estás haciendo con ese parmesano". Y agregó que así como Escalona a veces actuaba de manera brillante, en ocasiones parecía que hacía exactamente lo contrario.

Algunas personas oían esos comentarios y sólo resoplaban por dentro. Otras querían demostrarle a Lalo que se equivocaba. ¿Para Escalona? Lo hacían quererse ir. El interés de Escalona por la comida era profundo y variado. Era feliz realizando experimentos de meses fermentando zanahorias y maíz, y estudiaba la filosofía de la estética en relación con la comida; admiraba *Fisiología del gusto* de Jean Anthelme Brillat-Savarin ("dime qué comes y te diré qué eres"). Escalona quería examinar la comida con el rigor aplicado a las formas artísticas de la pintura y la música, con cuidadosa atención a sus aplicaciones históricas, filosóficas y científicas. Su pequeño departamento era una especie de laboratorio, escasamente amueblado aparte de sus herramientas culinarias, que incluían un exrefrigerador adaptado con control de humedad y temperatura donde cultivaba koji —una clase de moho que se usa para la fermentación— y un destartalado carrito de Mexicana de Aviación retacado de especias (su padre alguna vez trabajó en la aerolínea). Escalona se había pasado un año cocinando bajo las órdenes de René Redzepi en Noma en Copenhague, para muchos el mejor restaurante de la Tierra, famoso por su implacable experimentación y el compromiso de Redzepi de buscar alimentos poco utilizados, como la margarita cimarrona y las hojas de grosella negra. Al personal de Noma, que había llegado a Dinamarca de todo el mundo, también se le pedía que compartiera su propia creatividad durante el ritual semanal de los "Proyectos de sábado por la noche". A pesar de estar hasta abajo en el escalafón del Noma, Escalona sentía que su perspectiva era valorada. De igual manera, cuando estudiaba en Leeds, había llamado sin conocerlos a ganadores del Premio Nobel, que habían respondido sus preguntas con gusto. No necesitó mucho tiempo para darse cuenta de que el sello de aprobación de Lalo era mucho más difícil de obtener.

Escalona dedicó la misma obsesión de *geek* a Máximo que cuando había estudiado biología genómica. Observó la técnica de Lalo con profunda admiración y vino a trabajar dispuesto a aprender. El repertorio de Máximo había evolucionado al paso de los años, pero esto no resultaba tan evidente a simple vista. Sólo un fanático como Escalona podía apreciar los cambios sutiles que ocurrían en la obra impecable y esmerada de Lalo, construida sobre una base de umami y mantequilla. En la mente de Escalona, el menú de Máximo estaba compuesto por una serie de elementos con una prudencia matemática: una proteína cocinada a la perfección, purés y vegetales que complementan y complican. La técnica era donde ocurría la evolución. Lalo constantemente buscaba mejores productos y métodos, y hacía las adaptaciones necesarias.

Cuando Escalona llegó a Máximo, su temperamento apacible disimulaba una serie de ambiciosas esperanzas. Estaba desesperado por que Lalo lo viera como un digno entrenando y un valor para el restaurante, alguien que podía llegar a ser un socio que ampliara el canon del lugar. En su entrevista de trabajo, Escalona expresó interés en la fermentación y las compostas, y Lalo le dio ánimos: le dijo que emprenderían un nuevo proyecto, con Escalona a la cabeza. Pero por cualesquiera de media docena de razones —falta de tiempo, falta de interés, falta de espacio— eso nunca sucedió.

Escalona inició su propio proyecto, el Sexto Colectivo, en 2018, un grupo multidisciplinario interesado en explorar la comida desde todos los ángulos. Un miembro era un restaurantero en ciernes, otro trabajaba en mercadotecnia, otro era investigador farmacéutico. Se reunían periódicamente para investigar conceptos tanto concretos como abstractos: fermentación, pescado, forma. Luego, montaban comidas esporádicas que materializaban lo que habían aprendido juntos. Escalona nunca había estado tan feliz: había encontrado a un grupo de amigos igual de dispuestos que él a pasarse meses experimentando, leyendo y hablando de comida. No había ninguna proporción entre el tiempo invertido para montar esas comidas y el precio cobrado: se hacían literalmente por amor al arte, más que por buscar una ganancia. Según lo recuerda Escalona, al día siguiente de que subieron a Instagram fotos de una de sus comidas, Lalo empezó a criticar su técnica para quitar la grasa de un estofado, diciéndole a Escalona que antes de ponerse a jugar al chef, tenía que aprender el trabajo de la cocina.

—Si empezabas a cometer una serie de errores, él adoptaba una actitud de: "Parece que vas a tener que aprender por la mala". Puede ser muy infantil en su manera de manejar las cosas en la cocina y eso crea conflicto. Y una de dos: o lo admiras tanto que no quieres decepcionarlo, o resulta que no es lo que pensabas y mejor te vas. Me hubiera encantado quedarme un poco más de tiempo para seguir aprendiendo, pero era muy difícil. Yo no lo veía como un líder, sólo como un jefe. Y yo había venido en busca de un líder.

Durante semanas, Escalona dudó si renunciar. Cuando por fin le dijo a Lalo que se marchaba para trabajar en su propio proyecto, Lalo le dijo que tenía las puertas abiertas para volver cuando quisiera.

Tras su partida, Escalona desarrolló el Sexto Colectivo y encontró trabajo en un restaurante japonés, siguió obsesionado con lo que pasaba en Máximo y a menudo contactaba a sus antiguos colegas. Entre ellos, había empleados de mucho tiempo, que se habían ganado la admiración de Lalo al paso de los años. Gente como Mariana Alfarache, que había llegado a chef principal de Lalo!; Andrés Trujillo, que con el tiempo había sido ascendido a *chef de partie* en Máximo; Alejandro Gil, *sous-chef* de Máximo; Gerardo Ramos, *chef de cuisine* de Havre 77; y Óscar Luna Rivera, gerente de Máximo de mucho tiempo. Terminar su tiempo en Máximo fue doloroso para Escalona. Se quería quedar; se quería ir.

—Fue un golpe al ego: darme cuenta de que soy una de las personas que no pudo con él.

Hizo las paces con su decisión. Con el tiempo, su obsesión por las novedades de la cocina disminuyó a medida que sus propios proyectos cobraron impulso, pero siguió analizando la comida, como cliente.

* * *

Andrés Trujillo creció en Venezuela e inició su carrera gastronómica en Alto, el mejor restaurante de alta cocina de Caracas. A menudo tenían que bajar la cortina por las caóticas protestas y la inseguridad. Para un joven cocinero, se perdían lecciones fundamentales, mientras que se aprendían otras más crueles. Durante años, podías encontrar *foie gras* y aceite de oliva extra virgen en las boutiques de la ciudad, mientras que las bases de la dieta venezolana —harina PAN y aceite para hacer arepas— escaseaban. A veces, Trujillo y sus compañeros se pasaban todo el día preparando comida para el menú de degustación del Alto y luego estallaba una protesta. Tenían que cancelar las reservaciones mientras las calles se llenaban de gas lacrimógeno y barricadas en llamas. Guarecidos dentro, se comían la comida ellos mismos.

Cuando otro chef se fue de Máximo, Trujillo fue ascendido. En un principio, siempre se quedaba atrás, era incapaz de anticipar el siguiente paso y se volvió objeto de la constante frustración de Lalo. Él observaba las críticas de Lalo desde una distancia emocional. En el momento podía ser intenso, sin duda, pero cuando se obligaba a enfocarse en el contenido de lo que Lalo estaba diciendo en vez de engancharse con la emoción de estar siendo criticado, descubrió que por lo general era válido. Se detenía, respiraba, lo volvía a intentar. Cuando se frustraba, era con los otros cocineros que parecían estar menos comprometidos. ¿Qué no estaban aquí para ser los mejores?

Trujillo hacía una distinción entre cocinero y chef. En su opinión, valía la pena seguir a Lalo porque era ambas cosas. Al igual que Scott Adair, el cocinero de Atlanta que fue el primer fan de Lalo, Trujillo observaba sus manos. Cuando agregaban unas cuantas hojuelas de sal para terminar un platillo. Cuando acariciaban un embarque de trufas. Cuando apretaban una pieza de brioche para evaluar la velocidad con la que volvía a su forma.

—Por eso decimos: "cuando un chef tiene mano" —explicó—. Es literal.

Lalo podía tocar una fruta y determinar si ya había llegado a su punto de máxima madurez, podía percibir el desequilibrio de sabor en un emplatado por la gota de salsa demasiado pesada que servía su cuchara. Estas habilidades se traducían en más que eficiencia; un chef así podía evocar una imagen inspiradora, la letra de una canción, un sentimiento, y luego crear una manifestación comestible. Un ceviche de callo de hacha, colorido y ligeramente dulce, sabía al atardecer de tonos mandarinas sobre el Pacífico en Verana. Un recuerdo de infancia del Estado de México invitó al humilde frijol negro a la conversación con la almeja chocolata y los pétalos picantes del rábano fileteado. Muchos de sus platillos —pulpo con mole rojo, frijoles, manzana verde y cilantro— parecían absolutamente originales. Era sólo una ilusión; algún cocinero, en alguna parte, ya había combinado esos elementos antes, pero este montaje en particular era único de Lalo. La manzana verde estaba rebanada muy fina y se colocaba en el plato con moderación, una nota ácida que resaltaba el sabor de las hierbas en el mole. Su selección de pulpo de la mejor calidad, el ligero chamuscado en la parrilla, la porción precisa, todo esto es parte de lo que Trujillo llama la mano de Lalo: no sólo su destreza, no sólo su entendimiento del sabor, no sólo su talento para la presentación, no sólo sus experiencias personales y la manera en que inspiraron su cocina. Era todo esto trabajando en armonía. Cuando Trujillo mejoró, Lalo le pagó un viaje a Inglaterra para que hiciera prácticas en otros restaurantes. Fue ascendido a *chef de partie*, a cargo de todos los platillos calientes, incluyendo salsas, proteínas y guarniciones. Se hicieron amigos.

* * *

Gabriel Rodríguez, el primer *sous-chef* que Lalo contrató, estuvo en Máximo Bistrot casi cuatro años. Tenía talento y pasión, una ética laboral imposible de fingir. Era rápido y ágil, y los dos hombres parecieron encontrar en la pequeña cocina un ritmo rápido y con la gracia del ballet. Gabriel se sentía motivado más que intimidado por Lalo, como un compañero de equipo ferozmente competitivo.

Gabriel creció en Iztapalapa, una populosa alcaldía de la Ciudad de México —de 1.8 millones de habitantes— donde se evidencian algunos de los problemas endémicos de la capital: tiene de los índices más altos de violación y violencia doméstica, en un país que lucha contra el fenómeno del feminicidio (el asesinato de una mujer por motivo de género), y de contaminación, exacerbada por una red hidráulica insuficiente, con decenas de pipas con motor a diésel que todos los días suben a las colonias en los cerros para llenar las cisternas de los habitantes.

Gabriel tenía dieciocho años, estaba terminando un diplomado técnico en gastronomía mientras cursaba la preparatoria, cuando tuvo su primer trabajo, en Pujol en 2010. Hacía el recorrido de horas desde Iztapalapa hasta Polanco en una serie de colectivos.

—No sabía, no tenía idea lo que era Pujol. Una vez vi en una revista un anuncio de Pujol, y estaba volado: era un camino y el camino estaba roto. Y había una persona que estaba haciendo su propio camino —dijo, refiriéndose a Olvera.

Gabriel llevaba varios días audicionando para cocinero en el Pujol cuando le dio una severa indigestión; en pánico, le dijo a Lalo, que entonces era *chef de cuisine* del restaurante, que se tenía que ir temprano. Al día siguiente, el *sous-chef* estaba furioso: Gabriel le había informado a Lalo que se iba, pero no a su superior inmediato. El castigo por esa falla coincidió casualmente con la renuncia de dos lavaplatos, a quienes reemplazó Gabriel, solo. Él pensó que iba a pasar un día atrapado detrás del fregadero. Ese día se volvió semanas. Le ofrecieron un puesto fijo: como único lavaplatos. Aun así, su puesto en el fregadero le ofrecía una vista completa de la mejor cocina de México, y decidió quedarse.

—Fue un punto de partida.

La única manera de llamar la atención era hacer bien el trabajo. Gabriel entraba en un estado de trance, despachando velozmente los montones de platos como si estuviera subiendo de nivel en un juego de video. En cuanto acababa de tallar y rociar agua en el contenido carbonizado de un sartén, aparecía otro en su lugar. Su turno como lavaplatos duró tres meses antes de que lo invitaran otra vez a cocinar. Lo pusieron a trabajar en guarniciones y a hacer las tortillas del restaurante, un trabajo de mucha presión: muchos de los otros platillos ganarían o perderían lucimiento dependiendo de su habilidad. A un año de haber sido contratado lo ascendieron a *chef de partie*, a cargo de todos los primeros tiempos que salían de la cocina —incluyendo la sopa de tortilla, el huarache de *wagyu*, la flauta de camarón y el ceviche veracruzano—. Cuando otros dudaban de Gabriel, Lalo les decía que guardaran silencio.

—Me enamoré de él —dice Gabriel— porque dije: "¡Guau, cree en mí!".

La historia en pocas palabras de por qué Gabriel dejó el Pujol es porque tuvo una relación con un compañero de la cocina, que a su vez estaba en una relación con otro miembro del personal. Se fue con el corazón roto. Cuando renunció, no dio explicaciones, para evitarle el escándalo a su examante.

—¿Hasta cuándo vas a seguir aquí? —le preguntó su jefe.

—Hasta aquí llego —dijo Gabriel—. Ya renuncio.

Su partida fue traumática. Gabriel había decidido abandonar el mejor restaurante del país, donde su talento había sido reconocido y promovido a pesar de su edad; no sólo estaba dejando un trabajo mejor, probablemente, que cualquier otro que encontrara, sino que ni siquiera sabía si podría contar con una recomendación.

—Me quería picar los ojos, después. Me quería decir: "¡No! ¿Qué hiciste?". Me arrepentí muchísimo.

A pesar de sus remordimientos, nunca pensó en regresar. Pasó varios meses trabajando en restaurantes en Chiapas y Veracruz. Para entonces, Lalo y Gaby estaban listos para abrir Máximo Bistrot y lo contrataron.

Gabriel pertenecía a una nueva generación en las cocinas de México: se estaba volviendo un profesional de clase mundial en restaurantes creados por sus connacionales. No necesitaba hacer prácticas en el extranjero, mucho menos arriesgarse a cruzar la frontera. Podía crecer y florecer en casa.

Para Gabriel esto era posible por la naturaleza del trabajo.

—Es un trabajo que puedes aprender con las manos. Creo que cualquier otra persona podría desarrollar su talento, y enfocarlo y trabajar con eso, y crear muchísimas cosas más, ¿no? Incluso, si han estudiado o no.

Él hacía que el ascenso pareciera fácil, pero esa combinación mágica de talento y motivación no era fácil de encontrar. Algunos cocineros tenían muchísima ambición, pero sus propias aspiraciones les daban una perspectiva limitada y no lograban trabajar como miembros de un equipo. A otros les gustaba la colaboración pero no tenían la motivación que podía impulsarlos a destacar de las filas. Otros más tenían una fuerte ética laboral y mucho talento, pero vivían muy lejos y siempre llegaban tarde —un problema que simplemente reflejaba principios básicos de geografía y las fallas del sistema de transporte público de la ciudad, pero que en el trabajo era castigado—. Y aún otros eran trabajadores, ambiciosos, talentosos y estaban cerca, pero eran desorganizados, y contaminaban el trabajo de todos en su órbita. Terminaban una tarea a la perfección, pero dejaban atrás un trapo sucio y una mesa desordenada que de inmediato llevaba al caos en el apretado espacio de la cocina.

La relación de Gabriel con Lalo tuvo sus tragos amargos. En una ocasión, pocos años después de que empezó en Máximo, una serie de malentendidos a lo largo de un turno llevó a una de las peores crisis de Lalo de las que se tenga registro. Gabriel había estado haciendo trabajo de preparación en el cuartito arriba de la cocina cuando otro cocinero dejó una charola de ravioles descuidadamente en la orilla de un rack. Gabriel chocó con la charola y los ravioles salieron volando hasta el piso. Los recogió y los echó a la basura y se puso a hacer una nueva charola para reponerlos. Estaba teniendo un buen día, su trabajo avanzaba a buen ritmo, y la tarea extra no lo retrasó demasiado. Pero en el teléfono descompuesto que a veces ocurre en la cocina de un restaurante, a Lalo le llegó un mensaje distorsionado: que Gabriel había tirado los ravioles y los había recogido y puesto otra vez en la charola, para servirlos.

Lalo se puso furioso. Para hacer un escarmiento, se puso a aventar comida al piso, un pedazo tras otro, con los demás cocineros parados mirando como un público atónito.

—¿Le servirías *esto* a un cliente? —*¡plaf!*—. ¿Qué tal *esto*?

En el recuerdo de Gabriel, la invectiva duró quince minutos, una eternidad en la vida de la cocina, con cientos de ejemplares cubriendo el piso. Cuando acabó, Gabriel cruzó entre el tiradero y salió por la puerta de servicio. No sería la primera ni la última vez que Lalo dejaba a la cocina pasmada con una invectiva, un objeto arrojado o un improperio.

Cuando Lalo y Gabriel se reconciliaron un año después y Gabriel había vuelto a Máximo, Lalo lo propuso como competidor en la segunda temporada de *Top Chef México*, a pesar de que eso implicaría darle tres meses de licencia pagada. Gabriel ganó la competencia y el premio de 100 000 dólares. Cuando terminó la temporada de televisión, Lalo se espantó de lo que percibió como un marcado cambio en la actitud de Gabriel: su humilde aprendiz se había transformado en una celebridad menor que en realidad no necesitaba el trabajo —no sólo tenía dinero de sobra, sino montones de ofertas de empleo—. Un día, camino a una entrega de premios, Gabriel le dijo a Lalo que quería tomarse dos días fuera del trabajo en vez de uno: planeaba celebrar su victoria como era debido con la fiesta de su vida, que requeriría un día de recuperación. Para Lalo, esa fue la gota que derramó el vaso. Aunque después repararían su amistad, el tiempo de Gabriel en Máximo había terminado: Lalo despidió a Gabriel, que tampoco pensaba volver.

Aunque Lalo se formó en el negocio en una época en que lanzar comida a los cocineros y pasar a los golpes por una discusión se veían como parte normal de la vida del cocinero, ha lamentado su papel cuando le preguntan por los choques en su propia cocina. Al mismo tiempo, se mostraba un tanto escéptico de las críticas de gente que no hubiera hecho carrera en una cocina profesional. Esta era una industria construida sobre una base de jerarquías, en un ambiente de alta velocidad y alto nivel de estrés. Cada día traía nuevas frustraciones: los cocineros se hacían quedar mal unos a otros a propósito. Desafiaban sus instrucciones. Fingían ya haber terminado lo que ni siquiera habían empezado y mentían para ocultar sus errores en el trabajo que iban sacando. Cuando se iban y abrían sus propios restaurantes, servían copias de sus recetas.

* * *

Lalo era más cocinero que empresario. A menudo se le acercaban con propuestas para colaboraciones, pero él las veía tentativamente. Hubo algunas excepciones. En 2013, el restaurantero británico Tarun Mahrotri viajó a la Ciudad de México y vino a cenar a Máximo. Estaba a punto de abrir un restaurante de comida mexicana en Londres llamado Peyote, y había venido a la Ciudad de México en busca de un nuevo cocinero. Fue a Máximo una y otra vez, tratando de convencer a Lalo de unirse al proyecto. Casualmente, Lalo tenía en puerta unas vacaciones a Londres —pensaba proponerle matrimonio a Gaby—. Pero al final se pasó la mayor parte del viaje en la cocina de Peyote, trabajando para transformarla antes de que abrieran. Cuando Lalo regresó (y le propuso matrimonio a Gaby en su departamento), Peyote destellaba en un lejano segundo plano. Estar asociado con un elegante restaurante en Londres le daba un caché tremendo a su currículum y la posibilidad de darles a algunos de sus cocineros la oportunidad de trabajar en el extranjero al conectarlos con Mahrotri para obtener las difíciles visas de trabajo, pero Lalo no tenía mayor interés en el proyecto, ni personal ni económico.

En 2017, Mahrotri invitó a Lalo a visitar la que sería la nueva sucursal de Peyote, en Dubái. Esta vez, Lalo se tomó el viaje como una oportunidad de por fin descansar un poco. Entre sesiones con los cocineros, disfrutaba de largas comidas, veía películas y visitaba el bazar de especias. Una noche, invitó al recién llegado Francisco Omaña a conocer el *mall* de Dubái. Necesitaba un regalo para Gaby antes de volver a casa y le encantaba ver la expresión de la gente cuando vislumbraba por primera vez el centro comercial. Había un esqueleto de dinosaurio de tamaño natural, un acuario de tres pisos con tiburones y sucursales de restaurantes de todo el mundo. Omaña, también mexicano, había tenido que venirse a Dubái del Peyote de Londres al no haber podido renovar su visa británica.

Cada entrada del *mall* estaba equipada con mapas detallados de las distintas secciones del colosal edificio. Lalo ubicó una, llamada Fashion Avenue, y caminó hacia Gucci. Miró las chamarras, luego se dirigió hacia un par de mocasines plateados —Gaby les había echado el ojo a unos dorados, pero estaban agotados—. Lalo les tomó una foto y se la texteó a Gaby. Ella respondió: tres emojis sonrientes con ojitos de corazón.

La vendedora fue a traer los zapatos de la bodega sin mayor ceremonia. Omaña vio el precio de una chamarra y se empezó a alejar de los estantes de mercancía, viéndola como si pudiera romperse al tocarla. Acabó parado a media tienda, a buena distancia de todo con los brazos cruzados, mientras Lalo pagaba y recibía la bolsa con su compra. El ambiente dentro de la tienda era distante; la gente hacía compras y salía como si nada de vuelta a los corredores del comercio.

Para entonces, Lalo llevaba varias semanas en Dubái, en la casa donde se estaba hospedando Mahrotri. Estaba, para variar, bien descansado, pues había tenido nueve o diez horas de sueño casi todas las noches. Cuando despertaba, desayunaba lo que hubieran traído: jugo fresco de toronja, ligero y lleno de pulpa, o yogur orgánico entero importado de Inglaterra, espeso y con sabor a rayos de sol. En las tranquilas mañanas se sentaba en una silla de patio de cara a las apacibles aguas grises del golfo Pérsico. Revisaba distraído su iPhone, viendo las noticias e imágenes en Instagram que habían subido en México mientras él dormía. La casa era parte del complejo Palm Jumeirah, uno de los despliegues de riqueza más ostentosos del mundo: una península artificial en forma de palmera. El tronco principal sale de tierra firme en Dubái, atiborrado de torres de departamentos y centros comerciales de lujo. Del tronco se abren islotes en forma de espigadas hojas de palma, con filas ordenadas de casas; los dueños pueden disfrutar de un chapuzón en las mañanas, en una casa de playa que está a sólo treinta minutos de la oficina. Alrededor de la palmera hay una luna creciente de tierra cuyos hoteles y parque acuático atraen a los turistas. Visto vía satélite, se puede apreciar una segunda palmera casi idéntica, cuyo desarrollo se suspendió por la crisis económica de 2008. Son añadidos desconcertantes para adornar la geografía de la Tierra: la humanidad, inconforme con la majestuosidad del mundo natural, ha decidido hacer algunas "mejoras".

Desde el punto de observación de Lalo, con los pies subidos en una genérica mesa de patio color beige, rodeado del verdor eterno del pasto artificial y una hilera de antorchas de bambú corrientes, el paisaje no parecía especialmente dramático. El cielo estaba brumoso y no había destellos en el agua.

En los últimos cinco años, él y Gaby habían perfeccionado y expandido sus negocios y estaban disfrutando su éxito, pero seguían tratando de determinar hasta dónde crecer. Peyote se sentía como un primer paso de exploración de la escena internacional de restaurantes donde los contemporáneos de Lalo, como Olvera (que en 2014 abrió el aclamado Cosme en Nueva York) y Gabriela Cámara (del Contramar, y su primo Cala de San Francisco, circa 2015), recientemente habían encontrado un público. Lalo, que no podía entrar a Estados Unidos, tenía que buscar otras posibilidades. No podía ni siquiera visitar los restaurantes de los que había oído hablar en Nueva York, Portland o San Francisco. En cambio, viajaba dentro de México y, cuando el tiempo se lo permitía, a Tokio, Copenhague, París, Madrid, Palermo.

En términos reales, a Lalo no le estaban pagando demasiado por ayudar con el menú de Peyote, y no le habían dado ninguna participación ni sociedad formal en el negocio. No estaba seguro de quererla; después del cuidado con el que él y Gaby habían construido sus negocios en México, involucrados hasta en el último detalle, dudaba de profundizar relaciones fundadas sobre la visión de alguien más, demasiado lejos para poder verificar la calidad día con día. Con todo, el viaje le permitió un descanso de su severa rutina de la cocina. En su vida cotidiana en la Ciudad de México, nunca tenía tiempo de dormir una noche completa, mucho menos de sentarse a pensar. Por lo regular llegaba a Máximo antes de las 7 a. m., se tomaba un descanso entre 4 y 6 p. m. y luego trabajaba hasta media noche. Rara vez se tomaba un día completo de descanso. Las cinco o seis horas que trabajaba cada día en Dubái entrenando al personal para preparar su menú le parecían de lo más tranquilas, comparadas con sus días maratónicos de siempre, sudando hasta el último detalle. No aprendió tanto del proyecto de abrir el Peyote, dijo, sino "de no traer tanta mierda en la cabeza".

A Lalo, Dubái le pareció un lugar poco atractivo y sin alma, pero al venir de un país donde la corrupción socava la autoridad, le fascinó su enciclopedia de reglas idiosincráticas: es ilegal decir groserías en público; no puedes comprar alcohol en una licorería sin un permiso especial, pero puedes beber en un bar o un restaurante; cruzar la calle imprudentemente se multa con toda diligencia. El escepticismo de Lalo sobre Dubái, combinado con su intenso interés por sus normas, le dio a su estancia la cualidad de un viaje de estudio.

Sobre todo, observó la forma en que trataban a los migrantes.

—Es una locura. Una locura. En el momento que ya no los necesitan, todos se van. Cuando acaben la construcción de este lugar y ya no haya trabajos, todos se van. Les pagan muy poco. No les alcanza para venir a lugares como este —dijo Lalo, indicando con un gesto el comedor de La Petite Maison. Pero el potencial de movilidad social lo impresionaba—. La idea es ganarles a todos los que te rodean. Están pasando tantas cosas que en un año puedes llegar a ser gerente general… *si* te mueves, *si* trabajas.

A media mañana, el grupo internacional de jóvenes cocineros reclutados para trabajar en el Peyote llegó a la casa en una camioneta y se puso a ensayar recetas. El cerdo estaba prohibido, así que no iba a haber cochinita pibil, ni chicharrón, ni carnitas, ni frijoles charros, ni tacos al pastor. En cambio, se pusieron a trabajar en un ceviche de suave pescado blanco en leche de coco infusionada con vaina de vainilla y un aguachile de camarón adornado con rebanadas de chile serrano. Hicieron una ensalada de jícama, frijol pinto y cilantro, y probaron tandas de churros, cada vez calculando pequeños ajustes a la masa y al tiempo. Cuando los cocineros tenían todo montado, Lalo entró alegremente a la cocina, como un entrenador llegando al *dugout* de un equipo de Pequeñas Ligas. Aquí, no lo agobiaban los dramas cotidianos que definían su semblante cuando estaba en sus propios restaurantes. Su tarea era impartir los fundamentos básicos de la cocina mexicana a cocineros de India, Nepal y Filipinas, y animar a los pocos cocineros mexicanos a volverse líderes en la cocina cuando él se fuera, pero no tenía nada en juego.

Si bien Lalo nunca había visitado los países de donde provenían los cocineros de Peyote, entendía lo que es vivir fuera de tu propio país y trabajar preparando comida para clientes que en la calle no te voltearían ni a ver. Cuando tenía su edad, él también estaba cocinando platillos con perfiles de sabor que le eran totalmente ajenos. En el proceso, cultivó un paladar cosmopolita y aprendió a ver las conexiones entre cocinas aparentemente distantes. Un chef nepalí podía preparar un ceviche que le encantara a cualquier mexicano, e incluso hacer variaciones sobre el concepto central, una vez aprendidos los principios del platillo.

—Si vas a París, todos los cocineros de los antiguos bistrots son de Bangladesh, hasta de los más famosos... son como los cocineros mexicanos en Nueva York, que preparan la mejor pasta en el Lilia's.

Los cocineros se hospedaban en el alojamiento otorgado por sus visas, en la orilla del emirato. No podían caminar lejos; desde luego no hasta el Palm Jumeirah ni a la ubicación del Peyote, en el Centro Financiero Internacional de Dubái, junto al hotel Four Seasons. Una camioneta los llevaba a cumplir sus obligaciones y de regreso, de modo que cualquier actividad recreativa tenía que coordinarse cuidadosamente con el fin de un turno, de lo contrario tenían que hacer el largo recorrido a casa en transporte público o pagar una cantidad exorbitante por un taxi. Había días que el cielo se veía cargado y opaco, pero más que por contaminación —que podía untar la atmósfera de la Ciudad de México de un gris enfermizo— aquí el aire se enturbiaba por tormentas de arena. Después de todo, estaban en medio del desierto, en un parque de diversiones para ricos estilo Las Vegas que había surgido con una velocidad asombrosa después del descubrimiento de petróleo en los años sesenta. El horizonte estaba lleno de grúas de construcción y la expansión sólo parecía estarse acelerando.

Para los turistas internacionales ricos había bastantes cosas que hacer. Podían caminar bajo el agua con una escafandra, lanzarse en paracaídas sobre las palmeras, hacer *parasailing*, deslizarse por pendientes nevadas en un centro de esquí en interiores, luego pasear por las dunas rojizas en camello. Podían deleitarse en restaurantes como Peyote, que competían por sus euros y dólares y dírhams. Un puñado de empleados del Peyote podían costear estos lujosos pasatiempos, pero los demás habían aceptado el trabajo y viajado lejos de casa para poder mandar a sus familias hasta el último centavo extra. Algunos cocineros gastaban lo menos posible de su estipendio en renta y compartían casa con una docena de trabajadores. Como Lupe, lo que se ahorraban lo gastaban en construir casas allá en los países a los que algún día esperaban volver.

Después de probar las recetas, Lalo y los cocineros se subieron a la camioneta de la compañía y se dirigieron a la obra del nuevo restaurante. Por ahora, era una caja de concreto en una propiedad muy costosa, llena de actividad: un equipo de constructores provenientes sobre todo de la India y Filipinas estaba ocupado pintando paredes, instalando luces e interceptando mobiliario que llegaba de México. El piso estaba cubierto de polvo y aserrín. No había mesas ni sillas. Los cocineros se sentaron en el suelo y se recargaron en las paredes, charlando en inglés y español mientras checaban Facebook y WhatsApp. Recorrieron la cocina que es como una cripta debajo del restaurante, que antes había albergado a Wheeler's of St. James's, del célebre chef británico Marco Pierre White. Luego, debatieron qué comer y dónde. No podían pagar los ejemplares perfectos de sushi del Zuma ni la ensalada de cangrejo y langosta de La Petite Maison. Pero saliendo del patio que los rodeaba, podían encontrar chana masala, *panang* curry, kofta de cordero, crepas de *gruyère*, sopa de *dumplings*. Omaña descubrió cómo otras culturas tomaban un ingrediente conocido como el garbanzo y le infundían capas de especias que brotaban y sucumbían en el paladar, dejándote un recuerdo que persistía por días.

El personal del restaurante provenía de veintisiete países, incluyendo Filipinas, España, Polonia, Serbia, India,

Jamaica, Colombia, Portugal, Ucrania, Nepal y, por supuesto, México. Unos días antes de que Peyote abriera, Mahrotri trajo de la India a su gurú, Jagdish Prasad Sharma, a hacer una ceremonia para bendecir al personal y el espacio. El día del ritual, que Sharma realizó para llenar al personal de energía, prevenir accidentes y asegurar que la comida les supiera rica a los clientes, la atmósfera estaba electrizada. Mientras que una semana antes el Peyote había sido un desastre de clavos y pintura fresca, hoy estaba lleno de cómodos sillones tapizados en tela verde como la espuma del mar, mesas hechas a mano de madera y mármol, y mosaicos oaxaqueños. La pintura prácticamente ya había secado y la iluminación era suave y con tintes dorados. El personal se reunió en la cocina, y cada persona tenía un *tilak* rojo pintado en la frente, conteniendo la emoción mientras esperaban a que Sharma iniciara. Sharma, a su vez, esperaba a que Mahrotri colgara su celular, mientras que Mahrotri esperaba a hablar con un representante de servicio al cliente de su tarjeta de crédito. Después, se sentaron en círculo en el comedor mientras se llevaba a cabo el ritual.

Los cocineros habían sido traídos a este lugar por sus habilidades y su disposición a dejar a sus familias para dedicar su trabajo a algo que podía dejarles una ganancia modesta, mientras que los inversionistas esperaban que fuera enorme. Había una presión inmensa por dar resultados. Se habían gastado muchos millones de dólares en la renovación del restaurante desde antes de que abriera sus puertas —pero los cocineros apenas tuvieron tiempo de ensayar en la cocina profesional antes de recibir a sus primeros clientes reales.

Servir comida mexicana en uno de los locales comerciales más caros del mundo era una decisión de negocios atrevida. Sólo había un puñado de restaurantes mexicanos de alta cocina en el mundo fuera de México; cultivar una disposición en la clientela a pagar lo mismo que desembolsarían sin dudar por cocina japonesa o francesa requeriría un cambio de paradigmas. Es más, las ventas de alcohol serían modestas, pues muchos de los clientes serían musulmanes practicantes. Parte importante de las ganancias de la sucursal de Londres provenían de las margaritas y el mezcal, de modo que no era una cuestión menor.

Lalo sentó a los cocineros alrededor de una mesa de mármol en una esquina del comedor del restaurante. Habló en voz baja y todos se inclinaron hacia delante para poder escucharlo por encima del ruido.

—Si quieres algo, lo puedes tener… *si* trabajas para lograrlo —dijo—. La gente no te va a regalar nada. La gente no te va a cuidar. Tienes que trabajar para ganártelo. Hay una diferencia entre mi país y este país que aprendí cuando recién llegué, y la gente me lo ha repetido como cinco veces: "En Dubái, si trabajas duro puedes ascender muy rápido, porque se necesita fuerza de trabajo. Aquí todo el tema es la fuerza de trabajo". En mi país, a veces hay gente, cocineros o meseros, que llevan quince años y siguen de meseros. Quince años. Si no trabajas para lograrlo es porque no quieres. ¿No estás contento porque las cosas no son como quisieras? ¿Sí me entienden? Tienes que trabajar para lograrlo. Si quieres que la gente te trate con respeto, ¿qué haces? La tratas con…

—Respeto —completaron.

—Si quieres ser feliz —continuó Lalo— tienes que preguntarte qué te hace feliz y ponerte en esa situación. ¿Sí me entienden? Cuando viajo a otros países y me preguntan de dónde vengo y digo: "Soy de México", siempre dicen: "*Oh, burro!*". Piensan que México está tan atrasado, como si anduviéramos en burro. Siempre piensan en el sombrero y el bigote y, ya saben, piensan en un país violento y piensan en drogas. En realidad, es un país como todos los países del mundo. Podría ser una potencia mundial; es un país con gente muy inteligente. Es un país *con* drogas. Es un país *con* burros. Es un país *con* bigotones. Nunca piensan en nosotros más que en esos términos, de gente ignorante, una persona ignorante montada en su burro con su sombrero, ¿sí me entienden?

Lalo no tenía pensado dar ese discurso pero, ya fuera que estuviera platicando con los meseros sobre un nuevo platillo antes del servicio o con un cliente sobre el calentamiento global, los discursos brotaban con facilidad de sus labios. Quizá no significaría nada para este público o quizá, solos y llenos de incertidumbre sobre el futuro, sería justo la muestra de solidaridad que ansiaban recibir: saber que hasta este famoso chef que habían traído desde el otro lado del mundo para enseñarles entendía lo que significa ser desestimado e ignorado. Sentirse menospreciado.

Luego, como en respuesta a esas ideas limitadas sobre su país, Lalo se puso a explicar los matices regionales. Cómo en el norte de México crían ganado y comen gruesos cortes de filete, pero su dieta está limitada por la tierra que admite pocos cultivos. Cómo esta cocina, que no tiene la diversidad de ingredientes disponibles en el sur, es también una de las más conocidas al norte de la frontera con Estados Unidos. Pero incluso la comida del norte inspiró a Lalo: los chiles, guisados enteros, el uso de la salsa de soya, traída por los inmigrantes chinos. La transformación de un viejo disco de arado en una superficie para cocinar parecida a un wok: la discada. En Máximo, explicó, preparaba chiles toreados con una vinagreta, luego los metía en una rebanada de pechuga de pato sellada o los recortes de un filete miñón y se los mandaba a los clientes de cortesía.

* * *

En los siguientes meses, la cohorte de cocineros mexicanos batalló por adaptarse a Dubái. Los clientes, descubrieron, eran muy distintos a los de su país: ordenaban cantidades excesivas de comida, tomaban fotos de todo y a menudo dejaban los platillos intactos. Un amigo le contó a Omaña de una taza de café increíble que había tomado en el restaurante de un hotel. ¿Por qué era tan excepcional?, preguntó Omaña. Tenía ralladura de oro. Él empezó a sentir que el emirato estaba diseñado para la era de las redes sociales, cuando postear algo ostentoso era moneda de cambio, al margen de la calidad de la experiencia en la vida real. Era una ciudad intolerante, y Omaña no estaba contento con el trabajo ni con el calor. Vivía para sus días libres y se gastaba sus ahorros en viajes al sudeste asiático. En su último viaje desde Dubái voló a las Filipinas, luego tomó otro avión, luego un autobús, luego un Jeep, luego se adentró en la selva una hora caminando. Cortó un plátano de un racimo, peló la cáscara amarilla y le dio una mordida. Era dulce y almidonado. Pensó en los plátanos que había comido en Dubái pero no lograba evocar su sabor. Ese lugar va a devorar mi vida, pensó Omaña. El restaurante cerró sus puertas casi en cuanto él se fue.

Cuando acabó de enseñarles el menú a los cocineros, el trabajo de Lalo terminó. Tenía que regresar a sus propios restaurantes y empleados. Tenía que regresar con Gaby. El día antes de la inauguración de Peyote abordó un avión, descansado y listo para volver al trabajo. En su escala en Heathrow, en Londres, compró otro par de mocasines en Gucci, esta vez en dorado.

Capítulo diez

En casa

Natalia voló a México en una de sus visitas de rutina. Ansiaba ir a su casa del Estado de México, dormir en la cama que había compartido con Lupe hacía mucho, pero antes tenía otros lugares que visitar. Empezó por el departamento de Lalo y Gaby en la colonia Roma y preparó los platillos favoritos de Lalo para que pudieran comer juntos cuando él se escapaba del restaurante en las tardes. Luego, fue a San José de las Pilas, justo a tiempo para la fiesta del santo del pueblo. Aunque la mayoría de sus hermanos y hermanas ahora vivían en Atlanta, varios hicieron la peregrinación para llegar a la fiesta. La migración había dejado el pueblo silencioso y un poco fantasmal, lleno de casas vacías como las que sus hermanos habían construido con planes de retirarse ahí a la larga. Cada marzo, San José de las Pilas parecía cuadruplicar su población; los visitantes se notaban por su ropa y celulares nuevos.

Natalia y sus hermanos caminaron por las calles empedradas, siguiendo la procesión de San José, con sombrillas para protegerse del sol intenso mientras sorteaban montones de estiércol. Devotos iban cargando un altar con la estatua del santo, decorado con cientos de flores frescas. En cada casa, la procesión se detenía y las mujeres le echaban a san José confeti en la cabeza, que caía por sus mejillas barbadas y su túnica amarilla para yacer a sus pies. Un estallido de cohetones detonó a poca distancia, y los niños se taparon las orejas y se alejaron corriendo media cuadra, donde les pareció más seguro continuar.

En casa de Juana, la hermana de Natalia, prepararon tacos de arrachera. Ella era la que tenía más hectáreas, y contemplaron las montañas mientras doraban la carne en un comal hecho con un viejo disco de arado, el método que Lalo les había platicado a los cocineros en Dubái. Su hermano Pedro, que aún vivía en el pueblo, había criado la vaca de donde sacaron la carne, había cultivado los tomates, cebollas, ajos y chiles para la salsa, los cuales chamuscaron antes de echarlos a la licuadora con sal: salsa tatemada. Se sentaron a comer mientras los niños corrían por un descampado que enmarcaba las montañas y un lago a la distancia.

Lupe nunca estaba lejos de los pensamientos de Natalia, y mientras seguía la procesión por las calurosas calles, los recuerdos la inundaron. Él había sido un católico comprometido, y se había hecho cargo de la considerable tarea de recaudar fondos para la fiesta. Había sido aquí, en la sencilla iglesia en el centro del pueblo, donde amigos y desconocidos la habían acompañado para llorar su muerte, y luego se habían reunido en las casas vecinas donde sirvieron mole con pollo y arroz. En la cima de un cerrito que domina la plaza principal, Natalia se asomó al pozo de agua, de piedra y poco profundo, donde había pasado todos los días de su niñez cargando cubetas de agua para bañarse, limpiar y cocinar. El agua era cristalina y turquesa, y podía ver renacuajos retorciéndose en el fondo. Aquí había trabajado, bajo un gran árbol de mezquite con sus hermanas, lavando la ropa y los trapos de su familia en el consuelo de su sombra, mientras los vecinos traían sus caballos a los abrevaderos de piedra que estaban a pocos metros.

Cuando Natalia se fue del pueblo ya tenía cuatro hijos y los estaba criando prácticamente sola. Tenía veintitrés años. Décadas después, cuando pensaba en San José de las Pilas, recordaba las penurias, las reglas en casa de su padre. Pero ahora, disfrutando en el patio de Juana, rodeada de su familia, bebiendo una cerveza fría bajo el sol, comiendo, riendo de una anécdota de sus hermanos o sentada en silencio en compañía de ellos, no lograba decidir si anhelaba su juventud.

Temprano ese día había recorrido su casa de infancia con su hermano Martín, admirando todo el trabajo que le habían metido para arreglar la planta alta de lo que ahora era una construcción de ladrillo y cemento. Cuando era niña, las paredes eran de adobe y el piso de barro. En el patio, señaló el gastado metate en el que se había pasado horas encorvada, moliendo maíz para hacer masa y las semillas que se usaban en los distintos moles.

En la mirada de Martín, los recuerdos se refractaron en otra dirección.

—Yo creo que era muy bonito porque nosotros nos criamos como libres, ¿sí? —dijo Martín—. Nosotros andábamos en la calle corriendo. Cuando llegábamos de trabajar por las tardes, salíamos a reunirnos con los demás niños a jugar en las calles. Entonces, había pobreza pero éramos muy felices.

En las mañanas, iban a traer huevos de sus gallinas y los estrellaban sobre el comal caliente, mientras su mamá machacaba salsa en el molcajete. Natalia acabó por darle la razón a su hermano.

—Éramos bien felices —dijo, sonriendo para sí misma. La comida era nutritiva, no tenía químicos. Comían verduras criollas, los cultivos originarios de esa tierra, incluyendo tomate, frijol y maíz de todos los tonos de rojo, morado y oro.

Este era el lugar de donde provenía Lalo. Era el lugar al que siempre estaba tratando de volver. Cuando servía frijoles en Máximo —un ingrediente que él celebraba como la esencia de la comida campesina— era un gesto hacia sus orígenes. Pero ¿cómo volver? Él enmarcaba su identidad en torno a esta serie de casas y campos en las montañas.

—¿Quieren ver mi ranchito? —les preguntaba a los meseros. Decían que sí. Googleaba fotos de su pueblo y les pasaba su teléfono. Cuando lo abrumaba el estrés, a veces él y Gaby tomaban un vuelo a Francia o Italia. A veces se llevaban a Natalia. Allá visitaban los restaurantes de vanguardia y los bistrots tradicionales, y Lalo buscaba inspiración y una manera de despejarse la mente. Pero después de un par de semanas, lo que había empezado como un respiro asombroso, increíble, envidiable se volvía estridente y vacío. Lalo empezaba a sentir los kilos de más en su parte media y regresaba a casa a hacer una dieta de papaya y pepino. Siempre podía volver al pueblo, y a menudo lo hacía mentalmente. Lo aterrizaba. Pero cuando lograba volver en persona, a dejar flores en la tumba de Lupe o ver la casa de sus abuelos, se sentía inquieto, fuera de lugar. La gente conocía a su familia, pero él no vivía ahí desde que tenía dos años. Le preocupaba cómo lo percibían, en su coche nuevo, deteniéndose ¿a hablar con quién y a ver qué, exactamente? ¿El cascarón de la casa en la que había vivido de bebé?

Natalia sabía cómo volver. La pregunta era ¿cómo recordar? Sus recuerdos cambiaban de maneras desconcertantes y empezó a cuestionar su dominio de ellos. Este era su pueblo, pero ya no tenía un hogar aquí. Si Lupe hubiera estado vivo la última década, quizá la hubiera pasado construyendo un lugar aquí para que regresaran algún día, como los hermanos de Natalia. Pero la realidad era que el único hogar que le quedaba a Natalia en su país de origen era el que habían hecho en el Estado de México.

Después de comer, la familia se fue caminando al terreno donde se había instalado el rodeo. Una banda completa, de quince elementos, subió al escenario, todos uniformados de saco rojo. Se balanceaban hacia delante y hacia atrás al ritmo del tambor, mientras abajo en el ruedo un vaquero flaco —un jinete— se secaba el sudor de las palmas con la tierra polvorienta y se disponía a montar un toro viejo que habían metido al corral con una cuerda amarrada a los testículos. Los locutores trataban de despertar la emoción del público.

—¡Listo! ¡Listo! ¡Listo! ¡Listo! ¡Listo! ¡Listo! ¡Listo! ¡Liiiisto! ¡Échale, Soñador de Morelia! Lo hemos decidido: ¡el jinete se dispone a jugarse la vida!

El toro tenía un solo cuerno, y aunque corcovaba cuando le jalaban la cuerda estaba demasiado agotado para desmontar al Soñador de Morelia. Vendedores ofrecían vasos de plástico con jugo de sandía rosa, garbanzos en sus vainas de un verde brillante y los cacahuates hervidos que muchos se habían acostumbrado a comer de botana en Georgia y Texas. Todo se servía con salsa picante Valentina, chamoy y rebanadas de limón. Al igual que sus vecinos, Natalia se había ido a refrescar antes del rodeo y se había puesto elegante. Los hombres vestían relucientes botas vaqueras y tejana blanca. Varios dormían la siesta en el hombro de su mujer después de un largo día de celebración. El sol empezó su descenso hasta que todo resplandecía.

Era el final de la temporada de secas, y en los pastizales alrededor del pueblo el calor había secado la clorofila, dejándolos del color del trigo. Natalia caminó con su familia a la plaza en frente de la iglesia para bailar y ver los fuegos artificiales, un espectáculo épico que amenazaba con reducir el pueblo a cenizas. En la mañana, abordó el autobús a la Ciudad de México. Ansiaba llegar a su casa, el lugar que ella y Lupe y los niños habían construido con sus propias manos, el lugar que siempre le daba paz.

Al otro día, Lalo y Gaby la llevaron al Estado de México. Natalia se bajó del coche en el estrecho callejón y abrió el portón negro de metal. En su última visita, había entrado por el mismo portón y había visto la casa bajita color verde musgo construida con las remesas de Lupe, las nochebuenas en el círculo de tierra en medio del patio de concreto, las varillas apuntando al cielo. Hoy, vio una moderna construcción blanca de líneas bien trazadas, con acentos en madera y piedra, amplios ventanales y una fila de cactus en macetones de barro en la azotea. Lalo había remodelado sobre los huesos de la casa original que ella hizo con Lupe, conservando sólo los muros de los primeros cuartos y demoliendo las demás estructuras. Había equipado la casa con un baño de mármol y pisos nuevos, una terraza cerrada con vidrio en la azotea, una cocina moderna. Fácilmente hubiera podido estar en un barrio residencial de Los Ángeles o Miami. La fachada no se veía desde la calle, oculta de las miradas curiosas.

Durante menos de cinco minutos, Natalia se quedó parada a la entrada, asimilándola. Si hubo un momento de enojo en ella, pronto dio paso a una prolongada tristeza. Se volvió a subir al coche. Cuando sus hijas le preguntaron cómo era la casa nueva, no podía recordar ningún detalle. Lo único que sabía es que esa no era su casa.

Lalo estaba decepcionado por la reacción de su mamá, pero Gaby le dijo que tuviera paciencia. Que le diera tiempo a Natalia de acostumbrarse.

—¿Qué fue lo que no te gustó? —le preguntó Lalo a su mamá.

—No sé, ¡no me acuerdo de la casa! —le respondió ella.

Unos meses después, Natalia regresó a México, ansiosa por volver a ver la casa. Se sentó en el asiento de atrás y Lalo puso un programa de opinión en el radio mientras avanzaban por la ruta congestionada, en un recorrido de menos de 30 kilómetros que en un lunes en la mañana les llevó más de una hora. El locutor hablaba de la creciente inseguridad en la capital del país. En la última década, mientras estallaba la fallida guerra del gobierno contra los cárteles del narco, la Ciudad de México había sido un lugar relativamente seguro. Pero a fines de 2018, cuando Andrés Manuel López Obrador asumió la presidencia, la ciudad se acercaba al que sería el año más violento del que se tenga registro. Si el crimen en la capital iba a la alza, en el Estado de México estaba mucho peor. Ahí, el horripilante asesinato de mujeres, sus restos arrojados a fétidos canales de desagüe, se había vuelto común. En 2019, ocho mil trescientas cuarenta y cinco personas desaparecieron en México.

Gaby, Lalo y Natalia llegaron a la casa. Esta vez, Natalia recorrió lentamente la propiedad, deteniéndose a admirar la remodelación desde distintos ángulos. Observó el pasto y los árboles de cítricos que se habían plantado desde su última visita, y notó los lugares donde había que reparar la loseta nueva. Sus muebles de aglomerado de los años 1980 estaban rebarnizados. No estaba regresando a su casa, pero había llegado a una casa muy bonita, decidió. Quizá cuando sacara sus cosas de las cajas y pusiera fotos en las paredes se empezaría a sentir como su hogar. Cuando una renovada sensación de paz se empezó a asentar, Lalo salió disparado al patio, hecho un nudo de ansiedad.

—Aquí no puedes salir. No te puedes ir. No puedes andar en la calle —le dijo Lalo a Natalia.

—¿Por qué?

—¿No oíste todo lo que venían diciendo en el camino para acá?

—Sí oí, pero ¿aquí también?

—Aquí está peor —dijo Lalo.

Cuando él y Gaby se fueron, Natalia se puso a revisar las cajas y maletas almacenadas en la nueva regadera. Antes de la remodelación, Lalo había tirado todo lo que estaba roto sin remedio, pero había guardado lo demás para que ella lo revisara. Natalia fue poniendo las cosas en su cama y en el piso: unos pants con un parche en la rodilla; hojas impresas con las recetas que Lalo había hecho cuando trabajaba en el Van Gogh's; un ejemplar maltratado de *Confesiones de un chef* de Anthony Bourdain; un trabajo de María de la primaria, que mostraba las glándulas en la anatomía masculina y femenina con pastillitas de menta, que Lalo había despegado y se había comido; una botella verde oscuro con tapa dorada de Polo by Ralph Lauren: la colonia favorita de Lupe.

Natalia le sacudió el polvo a un viejo marco con la imagen de un lago de cisnes, con un reloj en la esquina que llevaba quién sabe cuántos años detenido a las 3:35. Se acordó que ese reloj lo había ido pagando en abonos. Le había costado 25 pesos. Un momento, pensó, eso no puede ser. A lo mejor había costado 200 pesos.

Un contratista se quedó para ayudar a Natalia. Los constructores de la casa original, como todas las de alrededor, eran autodidactas, le dijo. Habían usado buenos materiales pero no sabían bien lo que estaban haciendo.

—¡Sólo queríamos tener un techo! —le dijo Natalia. Habían comido arroz, frijoles y nopales para ahorrar todo el dinero que podían para comprar material y seguir la construcción—. Fue mucho esfuerzo. Y en un abrir y cerrar de ojos... es otra casa.

Pero Natalia estaba ansiosa por hacer de esta casa un hogar. Pidió que el contratista le dejara el agua funcionando y le conectara el gas para poder regresar a pasar la noche.

—No hay que recordar las cosas del pasado. Hay que vivir en el ahora —dijo Natalia—. Pues dicen que hay que retirar un poquito las memorias, ¿no? ¿Pero qué se queda en nuestro corazón?

Capítulo once

A sembrar rábanos

Lalo y Gaby llevaban varios años debatiendo: ¿debían concesionar sus negocios, mudarse al campo y echar a andar un rancho orgánico que les diera los ingredientes para un pequeño restaurante y hotel? ¿O debían expandir Máximo, crear más trabajos y, en el proceso, someterse a más presiones?

En octubre de 2019, Gaby y Lalo se encontraban recorriendo un local cavernoso que parecía una bodega, sorteando charcos de agua estancada mientras inspeccionaban el progreso de lo que pronto sería su nuevo restaurante. Por ahora, era sólo un salón enorme, iluminado por unos cuantos focos pelones. El piso era un mosaico de superficies a medio terminar. Al frente, tablones de madera contra las ventanas evitaban la posibilidad de mirones, y el letrero de afuera no daba el menor indicio de lo que estaba por venir. Parecía un gimnasio a medio terminar, con un techo de lámina corrugada sujetado por delgadas vigas. Las paredes de concreto estaban cubiertas de pintura descascarada que aludían a las anteriores encarnaciones del espacio, entre otras un taller mecánico y un billar. Al fondo había un cuadrado marcado en el piso que se tenía que llenar de tierra: el futuro hogar de un árbol que crecería en interiores, espléndido bajo un tragaluz.

Ese día, el árbol y el tragaluz sólo eran dibujos en una serie de planos. Gaby se veía, como de costumbre, serena. Pero sus ojos estaban tensos y contenidos. Parecía no darse cuenta de los martillazos, del polvo flotando en el ambiente, ni la versión de "El niño del tambor" que sonaba a todo volumen en unas bocinas corrientes. Creer que este hoyo oscuro y lodoso un día llegaría a ser el restaurante de sus sueños requería una suspensión de la incredulidad.

Cuando Gaby y Lalo consideraron este espacio por primera vez, les cotizaron una cuota que parecía exorbitante sólo por tener el privilegio de volverse inquilinos. Pero después de consultar con otros chefs, descubrieron que era lo normal. ¿Debían hacerlo?

—Si ustedes no lo hacen, alguien más lo va a hacer —le dijo a Gaby uno de sus colegas restauranteros.

Eran buenos clientes, comparados con otras opciones que pudiera tener el casero: inversionistas en busca de un espacio en una zona cada vez más conocida por su vida nocturna. Un antro o un bar podían ser ruidosos y atraer crimen y drogas. Lalo y Gaby eran exitosos, después de todo, y, con el favor de Dios, estarían ahí muchos años.

De Lisle seguía siendo el tercer miembro del equipo. Se vieron en París y fueron a comer a todos lados, en busca de inspiración. El espacio que Lalo y Gaby habían encontrado en la Roma era esencialmente un lienzo en blanco: un café y billar que podían destripar y convertir en cualquier cosa que imaginaran. Pese a los años de haber ido a comer por todo el mundo, contó De Lisle, ninguno estaba seguro de qué dirección tomar.

Consideraron tres influencias. Primera, los restaurantes al aire libre como el Deckman's, donde habían pasado horas comiendo carne asada y ostiones y bebiendo vino en el Valle de Guadalupe —la región vinícola de México, en la península de Baja California—. Las sencillas construcciones se veían elevadas por la comida, el diseño paisajístico y la vista; a De Lisle, la pátina en el cemento viejo le parecía atractiva. Segunda, pensaron en los restaurantes que habían visitado en el norte de Europa, como el Noma de René Redzepi: la casona de una granja danesa decorada con sencillez industrial. En el Noma destacan un muro de piedra, un comedor abierto lleno de madera en tonos claros y plantas colgando de las vigas. Para ser un restaurante y destino gastronómico tan caro, el diseño es sorprendentemente simple. Por último, el Pujol de Olvera: un espacio aislado que te envuelve en cuanto entras, creando un mundo propio.

Se decidieron por un diseño inspirado por el pensamiento mágico del propio Lalo, un día parado junto a su estufa, imaginando su pueblo: una casa del campo dentro de una bodega, en una de las ciudades más grandes del mundo.

La cocina de Máximo original había dejado de ser funcional: siete u ocho cocineros luchaban por espacio en un área donde cabían cómodamente cuatro. El menú del restaurante había evolucionado para incluir una combinación aún más exótica de técnicas y perfiles de sabor de todo México y Francia, además de Japón, Italia, España y el sur de Estados Unidos, y necesitaban más espacio para la producción y mejores instalaciones.

Cuando recién empezaban, algunos de sus clientes ricos les sugirieron subir los precios para volver el restaurante más exclusivo. Lalo y Gaby se negaron. Jamás haríamos eso, protestaron. Pero a medida que el menú de Lalo fue evolucionando, de la mano del costo de los ingredientes, los precios de la carta lentamente fueron escalando. Ahora, tenían que tomar una decisión.

—Vamos a nadar con la corriente o contra la corriente —dijo Lalo— y lo que tenemos que hacer en este momento es actuar como restauranteros.

—Es que estamos muy emocionados de tener un restaurante como debe ser, gente que alimentar —dijo Gaby—. Les digo a los gerentes, todo el tiempo la gente nos dice: "Son el mejor restaurante de la ciudad". Pero como que no nos *sentimos* el mejor restaurante de la ciudad, porque sabemos cuánto tenemos que batallar para hacer las cosas que hacemos. Entonces, quiero que se sientan empoderados, que digan: "¡Sí! Trabajo en el mejor restaurante de la ciudad. Tenemos el equipo, tenemos todas las herramientas para trabajar y lo estamos haciendo como debe ser". Creo que eso es lo que queremos. Queremos subir al siguiente nivel.

En la última década Gaby había observado la facilidad con la que Lalo parecía transitar por los cambios; quizá no en medio de la rutina diaria, pero grandes cambios que hubieran abrumado a otros apenas parecían afectarlo. Cuando surgían oportunidades o se frustraba por contratiempos, era como si flotara sobre las olas, sostenido por una especie de ligereza interna. A veces flotaba más alto y a veces más bajo, pero siempre estaba a salvo, sobre la superficie.

Pero al contemplar el enorme y sucio espacio, los ojos de Gaby la delataban: a diferencia de Lalo, ella no podía mantener un aire de indiferencia. No podía apagar el miedo cuando enfrentaba un posible fracaso. Tener a Lalo a su lado por lo menos le daba la tranquilidad de que un fracaso, incluso un fracaso espectacular, no los hundiría definitivamente. La ligereza de él los sacaría a flote en tiempos de caos, y en los momentos de calma cada uno respiraría profundo, mutuamente se darían consuelo y seguirían adelante.

Ahora, Gaby intuía que venía un cambio: no sólo en sus vidas, sino en la ciudad donde tenían su hogar. La película *Roma* acababa de ganar tres premios Óscar y un flujo continuo de prensa positiva había disparado el turismo. La amenazante caricatura de México adoptada por Trump, ahora como presidente, parecía haber animado a un grupo progresista de viajeros a explorar México, en rechazo a su narrativa tremendista. Al ver estos cambios, Gaby se dio cuenta de que había llegado el momento.

Gaby recorrió Morelos por carretera en busca del árbol maduro que sería el punto focal del nuevo comedor. Pronto, sería trasplantado. La cocina, que ya estaba diseñada, sería instalada y por sí sola ocuparía un espacio equivalente al de todo el Máximo original. El comedor sería más grande, pero sólo por veinte lugares. La renta iba a ser más cara e iban a tener aire acondicionado e instalaciones de vanguardia... y eso significaba que las finanzas del restaurante tendrían que cambiar. La comida tendría que ser aún más cara, y una reservación en línea requeriría un depósito obligatorio con tarjeta de crédito para garantizar que tener todas las reservaciones ocupadas se reflejara en arcas llenas. Era una práctica que ya usaban algunos de los otros restaurantes top de la ciudad. Este era el restaurante que se habían imaginado los comensales ricos de Lalo. Un restaurante diseñado para catapultarse al nivel más alto del país, entre los mejores del mundo. Y era un restaurante que la mayoría de la gente de la ciudad nunca iba a poder experimentar.

Mientras tanto, un espolón en el pie de Lalo empezaba a lastimarlo y, aunque no se notaba en el espacio de un metro cuadrado que dominaba tras el mostrador de Máximo, cuando caminaba en la calle cojeaba. Sustituyó sus tenis de siempre con unos ortopédicos con suela de 4 centímetros.

* * *

El espolón era sólo el más reciente de una serie de problemas de salud que había empezado a surgir después del 19 de septiembre de 2017, cuando la alarma sísmica sonó en la ciudad: "Wa-wa-wa... alerta sísmica, alerta sísmica... wa-wa-wa". En general, la alarma daba algunos minutos de ventaja, pero esta vez el epicentro estaba muy cerca y la tierra empezó a temblar cuando su sonido aún resonaba por las calles. Cuando el terremoto de 7.1 alcanzó la tierra lodosa bajo las colonias Roma y Condesa, el pavimento parecía saltar, empujando a los peatones hacia arriba y luego colapsando hacia dentro. Miles resultaron heridos y hubo más de doscientos muertos, perturbadoramente, el mismo día que el devastador terremoto de 1985. En las semanas y meses que siguieron, los residentes descubrirían que los dueños de varios edificios que se cayeron habían sobornado a inspectores o pasado por alto los reglamentos de construcción implementados para prevenir semejantes tragedias.

Después del temblor, el estado emocional de Lalo se empezó a crispar. Se convenció de que tenía un tumor cerebral y viajó a consultar especialistas buscando la confirmación de su propio diagnóstico mientras se preparaba, en consecuencia, para enfrentar su muerte. Pronto le dieron la respuesta: la ansiedad se había exacerbado, y los episodios que había estado experimentando —náusea y mareos repentinos cargados de terror existencial— eran ataques de pánico. Él no estaba muy convencido y siguió viendo a otros doctores, seguro de que tenía un tumor cerebral o cáncer. Se le iban las palabras, pedía una cuchara en vez de un sartén para saltear, y le costaba trabajo pronunciar otras. Cuando fue a ver a un neurólogo a su consultorio en el décimo piso, Lalo, que padece acrofobia, pidió que la consulta fuera en el pasillo, lejos de las ventanas. No hacía falta ni decirlo: esta búsqueda de una explicación física sucinta de un mundo que se desmoronaba era una repetición de las visitas de Natalia a los hospitales de Florida, cuando los doctores le ponían dos Tylenol en la mano y la mandaban de regreso a la jungla de su vida.

Cuando más doctores coincidieron en que no tenía ningún tumor ni cáncer, Lalo culpó del episodio al estrés que ya traía, combinado con los dos cafés y el licuado de jengibre que bebió la mañana del terremoto. Pero después de eso no se volvió a sentir en equilibrio. Hacía poco tiempo, Lalo había encontrado la foto de su hijo en Facebook. Max ya era adolescente y se parecía a él. Sus facciones eran más simétricas, pero se reconocía a Lalo en los pómulos anchos del muchacho y la intensidad de su mirada. Cuando hablaba de su hijo, Lalo no se ponía sentimental. Hundirse en la pérdida era demasiado arriesgado. ¿Qué tal si no lograba salir de las profundidades? Le dijo a Gaby que no lo dejara ver más fotos.

Roma y Condesa resultaron muy afectadas. Lalo había pasado temblores más leves y cuando el piso se empezó a mover bajo sus pies, pensó que el impacto sería más o menos el mismo: un día sin electricidad, un par de heridos. Pero cuando él y Gaby caminaron por la ciudad y vieron los escombros, a la gente que corría a sus casas con lágrimas en las mejillas, los cables de electricidad que colgaban amenazantes en las calles, pronto se dieron cuenta de que esto era diferente. La gente en pánico corría la voz de fugas de gas, edificios a punto de colapsar e incendios, y era imposible distinguir los rumores de la realidad.

Lalo se unió a las docenas de chilangos que se dieron a la tarea de alimentar a los demás. Había gente repartiendo tortas caseras y botellas de agua. Había cazuelas de frijoles negros y chicharrón en salsa verde, montones de pan dulce. Los restaurantes con recursos en las zonas más impactadas se unieron al esfuerzo, como el Contramar de la Roma que sirvió miles de tacos de pescado y vasos de agua de jamaica gratis. Lalo se levantaba a media noche a preparar sándwiches de huevo con jamón y queso para los voluntarios, y se iba caminando con Gaby a las 4 a.m. a los edificios colapsados, con café caliente para los rescatistas. Las colonias se verían transformadas en las siguientes semanas; un vecino podía perderse al caminar por los parques de la Roma y la Condesa, cubiertos con carpas y transformados en centros de acopio, con su propia cocina, dormitorio, terapeutas y, a veces, masajistas que trataban de dar un momento de alivio a las familias que esperaban a ver si sus seres queridos salían con vida de los escombros. Pequeños gestos de solidaridad se veían por todas partes, desde la comida gratis anunciada en los cafés hasta las barras de contactos eléctricos que los vecinos ponían afuera de sus ventanas para que cualquiera pudiera cargar su celular.

Al ver este derroche de cuidados, Lalo sacó un balance entre la esperanza y el cinismo en una entrevista para *Grub Street*: "Los mexicanos siempre han sido gente de veras buena, pero en los últimos veinte a treinta años, la globalización nos ha cambiado. No somos tan cálidos como antes. Creo que se nos ha olvidado cómo ser mexicanos".

* * *

Mientras Gaby andaba en Morelos buscando el árbol, un rostro conocido llegó a la puerta de Máximo, como suele suceder: Julio Meléndez, antiguo cocinero del restaurante, entró con paso vacilante. Julio trabajaba como *sous-chef* ejecutivo del Hard Rock Hotel de la Riviera maya cuando sufrió una apoplejía y pasó treinta y dos días en coma. Cuando despertó, había perdido la movilidad de un lado del cuerpo pero conservaba la capacidad de hablar y la memoria. Julio aún no cumplía los treinta; había planeado dedicar su vida a una carrera que requería de intensa actividad física.

Lalo le dio la bienvenida a Julio y los dos se sentaron en una mesa de afuera. Julio acomodó su cuerpo con cuidado —el lado derecho moviendo al izquierdo— en la silla frente a Lalo.

—Me estoy recuperando —dijo Julio, decidido a volver a su carrera—. A ver cómo le hago, pero lo voy a hacer.

—Tienes que pensar en tu futuro —dijo Lalo— porque, obviamente, lo vas a hacer. Vas a lograr lo que te propongas. Pero por supuesto que tienes que pensar en ti. No puedes volver así nada más y dejar que esto te vuelva a pasar.

Lalo le recomendó a Julio que mientras tanto leyera algunos libros, sugerencias que originalmente venían de Gaby: *Setting the Table* (*Poner la mesa*) del enormemente exitoso dueño de Shake Shack y Gramercy Tavern, Danny Meyer; *The Art of the Restaurateur* (*El arte del restaurantero*) de Nicholas Lander; y *Confesiones de un chef* de Anthony Bourdain.

Bourdain se había suicidado en 2018, un año antes de que Lalo se sentara con Julio. Era el héroe de Lalo y Gaby. El día que se enteraron de su muerte fue de los peores en la vida de Lalo. La muerte de Bourdain lo agobiaba, era un espectro de lo que podía pasar en esa industria que se veía tan atractiva desde el comedor, o en televisión.

—Si no lo has leído, tienes que empezar por ese libro. Fue el primero que escribió y no sólo lo volvió famoso: lo volvió un fenómeno. Hasta que lo llevó a su suicidio. Fue demasiado para él: no podía salir a la calle ni ir a ningún restaurante, a ningún hotel del mundo. Cuando vino a comer aquí, le dije: "Te lo agradezco mucho". Él llegó, estacionó su coche, filmó el segmento y me dijo: "Mi equipo me dice que esta es la mejor comida que han probado en todo el tiempo que he estado con ellos, ¡y esos cabrones comen bien!". Las dos veces que vinieron, les di de comer.

—Pero en el fondo no era feliz —dijo Julio.

Así es, dijo Lalo. En la superficie, parecía tenerlo todo: amor, dinero, admiración.

—Pero no podía decir: "Suficiente". No pudo decir: "Ya, suficiente".

Nadie puede saber exactamente qué le pasó a Bourdain, dijo Lalo. Pero hizo planes para un futuro que ya no vivió.

Era un trabajo que podía matarte, de una u otra forma. A lo mejor se te reventaba un vaso sanguíneo en el cerebro. A lo mejor ibas perdiendo las ganas a medida que tu cuerpo se empezaba a deteriorar. A lo mejor el mercado se enfriaba y veías cambiar los gustos de la clientela, aburrida de lo que antes había celebrado.

Antes de morir, Bourdain dio un discurso a los alumnos que se graduaban del Culinary Institute of America, en el que animaba a los chefs a cambiar. *Confesiones de un chef* retrata la cultura de las cocinas de restaurantes en la década de 1990, cargada de drogas y adrenalina; su prosa electrizante y humor negro le dieron *sex appeal* a ese estilo de vida, pero diecisiete años después, él estaba arrepentido.

—¿En qué clase de lugar queremos trabajar? ¿Qué clase de comportamiento vamos a aceptar en nuestra presencia? —Bourdain les preguntó a los graduados—. Por eso hay tanta gente en nuestra industria que está tan jodida de la cabeza.

Cuando Lalo volteó al otro lado de la mesa a ver a Julio, vio su determinación, pero también una fragilidad que lo asustó.

—¡Vete a sembrar rábanos, si es lo que te gusta! —dijo Lalo.

Pero Julio se mantuvo firme. Estaba haciendo ejercicio cuatro o cinco horas diarias.

—La gente me mira como si estuviera loco. Pero es para *mí*. Es porque quiero estar bien. *Voy* a estar bien.

—Escucha, todo lo que hagas de ahora en adelante, y esto va a sonar muy egoísta pero no lo es, hazlo por ti —dijo Lalo—. No lo hagas por tu esposa. No lo hagas por tu mamá. No lo hagas absolutamente por nadie más. A fin de cuentas, si no te ayudas a ti mismo, la demás gente sólo te va a apoyar hasta cierto punto, y luego ya no va a estar. Tu esposa tiene que vivir su vida, tiene que trabajar. Entonces, hagas lo que hagas, hazlo por ti. Y luego, cuando estés al cien por ciento y quieras ayudar a alguien más, ¡lo ayudas! ¿Sí me entiendes?

Julio prometió volver a visitarlo otra vez. Lalo regresó a la cocina. Se acercaba la hora de la comida ese miércoles y la lista de reservaciones sólo estaba a medias. Lalo estaba preocupado. Parecía que el restaurante ya no estaba tan lleno como antes. Pero Gaby se ocupaba de los números y, según ella, las cosas iban bien.

—No lo veo —dijo Lalo.

Algunos integrantes del equipo se mantenían fijos, desde luego, pero parecía que cada seis meses había que reemplazar a varios cocineros. A veces eran despedidos. Más a menudo, se iban porque se cansaban de un jefe difícil y de ese ritmo de trabajo, o porque encontraban mejores oportunidades.

En años anteriores, a la hora del servicio Lalo se ponía a cantar fragmentos de las canciones que sonaban en las bocinas del comedor. "Fly Me to the Moon", "Ya me voy para siempre", "Get Ur Freak On", "Band on the Run".

¿Seguía cantando como antes?

—No —dijo—. Porque no estoy en un ambiente que me inspire.

A veces, Lalo sentía un cosquilleo en la cabeza. Tenía los nervios de punta y estaba a nada de estallar. Trataba de bajarle una rayita. Respiraba y le decía a uno de los meseros que le trajera un *gin and tonic*. Cuando se lo traía, con una fina rebanada de toronja flotando alegremente sobre el hielo, podía vislumbrar por una fracción de segundo lo que sentían los clientes, disfrutando de un coctel a media tarde. Le daba un traguito y pensaba en la gente que dependía de él.

Viajaba siempre que podía justificarlo. Pero a diferencia de sus colegas, no podía tomar un avión a Austin para ver lo último en restaurantes de *barbecue*. Una hermana de Gaby se había mudado al valle del Loira en Francia, y a menudo viajaban por el continente, haciendo una escala para visitarla.

—Ahorita esto en Francia lo sirven en todos lados —dijo Lalo mientras servía un plato de sopa de res y verduras en Havre 77, su lugar de comida francesa clásica.

—Y en Chicanburris —replicó uno de los meseros. Era un modismo que habían traído los meseros del Pujol para designar un pueblo en medio de la nada.

El nuevo Máximo iba a requerir de más contrataciones y mientras Lalo daba la bienvenida a gente nueva a su equipo les contaba de la nueva cocina, que iba a ser más grande y de todas las instalaciones de primera, elementos que esperaba les levantaran la moral. Él y Gaby también habían dado otro paso atrevido en los últimos años: habían vuelto socios a algunos de sus empleados. Lo habían hecho sin pedir nada a cambio, esperando que la inversión, a la larga, les redituara al crear un cambio en la dinámica habitual de los restaurantes que los había afectado desde el principio: la constante rotación de personal. Los miembros más talentosos del equipo tarde o temprano se marchaban a aprender más, a viajar más, o a abrir sus propios restaurantes. Si los que habían demostrado su compromiso eran recompensados con una participación en el restaurante, podía cambiar la manera en que entendían su papel en el negocio. Serían dueños del fracaso del restaurante así como de su éxito. El sentido de responsabilidad se extendería hacia los demás por su manera de manejar al personal. Impulsarían al equipo hacia delante incluso cuando Lalo y Gaby estuvieran ausentes físicamente. Y quizá algún día, la pareja podría hacerse a un lado, antes de que el cuerpo de Lalo se quebrara.

Ese año, Lalo y Gaby decidieron sacar una edición privada de un libro de cocina con Vivian Bibliowicz, colombiana radicada en México que es fotógrafa y escritora de gastronomía. Era una manera de conmemorar el viejo Máximo Bistrot antes de que cerrara, y tendría fotos del personal del restaurante, así como de la comida. Trabajando con Bibliowicz, Lalo escribió un breve ensayo sobre su cocina. "Aunque no me veo a mí mismo como un innovador, cocino y construyo mi propio lenguaje. Pruebo cosas en mi mente y elijo los ingredientes que inician un diálogo con la clase de comida que me gusta —escribió—. La técnica se puede aprender. Pero el sabor lo tienes que vivir".

El libro incluía breves semblanzas de los proveedores mexicanos de los ingredientes del restaurante, con imponentes fotografías de la materia prima en la cocina y los resultados finales. Pero fue notable por otra razón. Aunque en el día a día Lalo no solía hablar de Max, le dedicó el libro. En las páginas introductorias explicó la conexión entre su hijo y el restaurante, diciendo que todo el trabajo de su vida había sido y seguía siendo para Max.

—Para mí es importante que él sepa que nunca lo he olvidado, que nunca lo voy a olvidar y que, aun si él decide no tener nada que ver conmigo ni contar con mi apoyo, yo siempre estaré ahí.

Si quería ponerse en contacto, Lalo lo estaría esperando "con los brazos abiertos".

A Lalo le había encantado el aspecto físico de cocinar, de filetear un pescado y convertirlo en una cosa exquisita al dorarlo en mantequilla en un sartén. Le encantaba batir huevos con un chorro continuo de aceite hasta que emulsionaban y se volvían mayonesa. Le encantaba atravesar la cocina enérgicamente, con una olla de veinte kilos de caldo de ternera, gritando: "¡Caliente!". Estas acciones cotidianas antes lo habían fortalecido. Ahora el impulso se había invertido: se le astillaban los huesos, se le iba la memoria, se le amarillaba el hígado. En el ruido de la cocina, acallaba los dolores y las quejas de su cuerpo e invocaba su comida, que hablaba lúcidamente con su propia voz.

Epílogo

Notas sobre una plaga

En febrero, Charles de Lisle les dijo que se prepararan. El virus, este "bichito", no iba a ser cosa de un mes malo ni un trimestre difícil. Podía ser el fin de sus negocios. Los márgenes de ganancia ya eran magros —de entre 3 y 5 por ciento— y por mucho dinero que tuvieras, el costo de operar un restaurante vacío lo devoraría, y luego a esperar el segundo tiempo: deuda.

En la fecha planeada originalmente para la inauguración del nuevo Máximo —22 de marzo de 2020— las escuelas en México ya habían suspendido clases y las reuniones grandes estaban prohibidas. Había trescientos dieciséis casos confirmados del nuevo coronavirus en el país. En el mundo se habían contabilizado casi quince mil muertes. Lalo y Gaby estaban sentados a una mesa en el comedor vacío con mascarillas N95 que habían conseguido con un contacto, sopesando distintos escenarios. Gaby aconsejaba ser pacientes y cautos. Había mucho que aún no sabían, y eso significaba que era demasiado pronto para actuar decisivamente.

Cuando por fin abrieron sus puertas a principios de julio, el imperativo "Quédate en casa" había despejado el tráfico de las calles y el aire de la ciudad se sentía limpio, como si hubiera dejado de fumar. Para entonces, en México se habían confirmado veintiocho mil muertes. Lalo estaba cocinando, ajustando, caminando en círculos por la amplia cocina. Las repisas de la alacena estaban bien surtidas con botes de vidrio llenos de correoso chile guajillo, anís estrella y vainilla chamuscada. Había manojos de manzanilla y ramas de eucalipto colgadas en las columnas de las paredes del comedor. La visión de elegancia informal de De Lisle había prevalecido; el nuevo restaurante hacía un guiño a la cultura local y al mundo natural. Algunos detalles recordaban el árbol de la vida que tenía un lugar prominente en la decoración del Máximo original: esculturas de pájaros de yeso y alcatraces en relieve adornaban las paredes, y en el centro del comedor había un árbol vivo, elevándose hacia el sol. La fachada del local era discreta: un muro de concreto gris, con recia roca volcánica asomando. Recordaba las casas de los ranchos del pueblo donde nació Lalo, estructuras de piedra reforzada con cemento, moldeadas por el tiempo y el uso. A la entrada, seis letras doradas informaban a los clientes que estaban en el lugar correcto: MÁXIMO.

Esta, desde luego, no era la inauguración que Gaby y Lalo se habían imaginado cuando estaban parados en ese exbillar lodoso imaginando lo que podían crear. El nuevo restaurante supuestamente iba a ser el telón de fondo de cenas relajadas que se alargarían hasta la madrugada, un lugar donde la gente se olvidara de la hora y del precio del vino y pidiera otra copa. Los meseros se veían elegantes con sus nuevos uniformes caqui, pero cuando todos se acercaban a recibir las últimas indicaciones, hablaban con mascarillas negras y se miraban unos a otros con lentes de seguridad. En la puerta, un termómetro de pistola revisaba la temperatura al llegar. La cocina era visible tras un enorme ventanal cuando los invitados pasaban hacia el comedor, lo que ponía a los cocineros en exhibición. Volvieron a trapear el piso con agua jabonosa y limpiaron los mostradores una vez más.

En la Ciudad de México, un "semáforo" rojo, naranja, amarillo y verde se usó para indicar la severidad de las restricciones aplicadas, con base en la ocupación de camas de hospital. El día de la inauguración, la capital estaba en semáforo naranja. Los restaurantes podían abrir pero con cupo reducido, y los nuevos protocolos de Máximo reflejaban los reglamentos de la ciudad. Se habían publicado investigaciones que confirmaban que el virus se transmitía por aire e indicaban que el contagio era más probable en lugares cerrados; entrar a este lugar refinado se volvió algo trepidante.

Todos esperaban pistas desde lo alto sobre préstamos o condonación de rentas atrasadas. En sus conferencias de prensa diarias, el presidente López Obrador se mostraba despreocupado. Durante meses, llegaba a los eventos sin cubrebocas, viajando y saludando a sus admiradores con gusto. "Hay que abrazarse, no pasa nada", dijo. "No mentir, no robar, no traicionar, eso ayuda mucho para que no dé el coronavirus". Mostró sus amuletos: un trébol de cuatro hojas y un billete de 2 dólares. El gobierno lanzaba un torrente diario de actualizaciones pero oficialmente puso en duda la importancia de hacerse pruebas, lo que volvió sospechosa la confiabilidad de su información.

Por toda la ciudad los restaurantes se atrasaron en el pago de la renta. Más de trece mil cerraron sus puertas. Los que se mantuvieron, veían esfumarse sus ahorros. Los fundadores de Masala y Maíz, un innovador restaurante que unía conceptos mexicanos e hindúes, les siguieron pagando a sus empleados y se endeudaron. La chef Norma Listman-Sánchez entró en pánico cuando el gobierno congeló su cuenta bancaria, en castigo por deber decenas de miles de pesos de impuestos.

—En México te castigan por hacer lo correcto —le dijo a un reportero—. La gente que despidió a todos sus empleados al principio no debe todos los impuestos que debo yo.

En los primeros días de la pandemia en México, Máximo no podía servir comidas en el lugar: sólo podía vender comida para llevar. Los clientes con recursos se llevaban a casa suculentas comidas de cordero, alcachofas y *tarte* Tatin. En Lalo!, su lugar informal, vendían una canasta de abarrotes gourmet. Con todo, estaban ganando entre 5 y 8 por ciento de lo que ganaban antes. Para el personal indispensable que se reportaba al restaurante, el trabajo tenía un dejo de miedo de exponerse al virus, pero también era una distracción, una manera de no entregarse a la ansiedad. El *chef de partie* Andrés Trujillo y la chef a cargo de panadería Vanessa Franco, venezolanos que se volvieron pareja durante sus años cocinando en Máximo, fueron los primeros en acercarse a Lalo para pedirle seguir trabajando. Juntos, aprendieron a preparar comida que sobreviviera el trayecto y tuviera buena presentación en la mesa del domicilio. Llegaban al restaurante al amanecer y se iban a casa después de que anochecía; su tono de piel adquirió una palidez vampírica. Junto con Lalo y otros dos cocineros, se turnaban para hacer el trabajo monótono de lavar los platos y preparar el *mise en place*. Nadie sabía exactamente qué estaban arriesgando para alimentar a unas cuantas personas y tratar de evitar que sus negocios quebraran.

La Central de Abasto, el mercado de 3 kilómetros cuadrados donde los restaurantes y mercados más pequeños de la ciudad van a surtirse todos los días, se volvió un foco infeccioso de coronavirus. Más de un año después, no se había tomado ningún censo de cuántos trabajadores del mercado habían muerto ni del número de casos.

—No hubo ningún monitoreo, pero fueron miles de casos, eso es seguro —dijo Agustín Rodríguez, secretario de la unión de trabajadores de la Central. Los comerciantes no querían reportar a sus empleados enfermos; si hacían un reporte, tenían que cerrar su local. Pero para Rodríguez y sus compañeros vendedores era obvio que la Central era un enorme centro de contagios. Se puso feo, muy feo.

Al terminar la pandemia, Lalo suponía, los trabajadores que ahora llamaban "esenciales" serían olvidados.

Mientras miles de negocios cerraban, mientras las súplicas desesperadas por tanques de oxígeno se extendían a familiares y luego a amigos y desconocidos, mientras ciento treinta mil niños mexicanos despertaban a una niñez definida por la pérdida de uno de sus padres, López Obrador se aferró a su máxima de austeridad. Alrededor del 40 por ciento de los mexicanos ya vivía en pobreza antes de la pandemia, y él se negó a endeudar al país en aras de dar apoyos por covid, y a abandonar los programas en los que había basado su campaña. Hubo algunas concesiones: dinero para funerales, microcréditos a pequeños negocios. En la alcaldía Cuauhtémoc, donde se ubica Máximo, los restaurantes recibieron del gobierno local suficiente para pagarles dos semanas de trabajo a sus empleados. La principal prioridad del gobierno federal era conseguir vacunas de Rusia, Estados Unidos, China y Reino Unido para inmunizar a la población. Como la mayoría de los mexicanos, Gaby siguió apoyando al presidente durante la crisis. Los ricos podían odiarlo, pero México no era un país rico. Era hora de ser menos codiciosos, sentía ella, y poner los intereses de los demás por encima de los propios.

Por toda la ciudad, trabajadores de restaurantes se quedaban sin trabajo, con mínimos apoyos públicos por desempleo: 2 742 pesos, al mes durante cuatro meses. El trámite era tan engorroso que la mayoría de la gente no se tomó la molestia de inscribirse. Había algunos programas de apoyo de un solo pago en algunas partes del país —México se acercaba a un año de elecciones y los políticos ya estaban compitiendo por los votos— pero la ayuda se dio a cuentagotas. En teoría, las leyes mexicanas garantizaban a los trabajadores una liquidación al perder un empleo de largo tiempo, pero hacer cumplir la ley era otra historia. Las condiciones eran idóneas para el abuso laboral, con un sistema de desempleo quebrado, salarios bajos y acceso limitado a la justicia. Una demanda fácilmente podía languidecer cinco años antes de que una trabajadora viera su caso llegar a juicio.

Lalo y Gaby les siguieron pagando a sus empleados, si bien un salario reducido. Muchos de los meseros se fueron a Acatepec, su pueblo en el sur del estado de Puebla, y pasaron varios meses con sus familias en las casas que habían ido construyendo al paso de los años. Uno de ellos abrió una carnicería y, feliz de poder pasar toda la semana con su familia después de años de sólo verlos cada diez días, decidió dejar de meserear.

Máximo tenía más probabilidades de sobrevivir que la mayoría de los restaurantes. Era un negocio altamente exitoso, y Lalo y Gaby tenían ahorros, además de abogados y asesores financieros para ayudarlos a tomar decisiones inteligentes. Aun así, no pudo caerles en peor momento: junto con sus socios, le habían metido una fuerte suma de dinero al nuevo restaurante. En 2019, Gaby había puesto los ojos en blanco y sonreído cuando Lalo insistía en gastar varios miles de dólares en campanas de primera para la cocina, mientras que De Lisle insistía en invertir otros tantos para mandar hacer las lámparas cenitales a la medida con un diseñador italiano. Ahora, su supervivencia a futuro parecía depender de que les extendieran la misma hospitalidad y cortesía que ellos habían cultivado en sus negocios. ¿El casero tendría la bondad de aceptar la renta con retraso? ¿Los empleados podrían tolerar recortes de sueldo? ¿Los clientes comprarían tarjetas de regalo para una comida futura que tal vez no llegaría nunca? Pero no se trataba de simples actos de bondad: en cada caso había sus propios cálculos. Si los caseros corrían a sus inquilinos, ¿quién iba a rentar los locales vacíos en una economía deprimida? Si el personal se negaba a aceptar un recorte salarial, ¿seguiría habiendo un restaurante al cual regresar a trabajar cuando se levantaran las restricciones?

Lalo dividía su tiempo en segmentos para poder atravesar el día, como en la cárcel. Gaby encontró solaz en el yoga y la meditación. Los dos bebían todas las noches. Antes de la pandemia, Lalo fantaseaba con un cambio drástico en el mundo, que pudiera darle una excusa para escapar a una vida más simple. Pero cuando llegó ese futuro trastornado, pegó diferente. De pronto las salidas estaban bloqueadas: no se podía volar a un centro vacacional europeo, no había garantía de salud o seguridad en ninguna parte de la Tierra. Lo único que él necesitaba era a Gaby, y saber que su familia estaba a salvo. Pero aunque se pudieran ir, tenían a cien personas que dependían de ellos para llegar a la otra orilla. Cien personas, cada una con su propia familia, petrificadas de pensar en el mañana e imaginar de quién tendrían que despedirse por la bocinita de un celular, o si ellos mismos serían el paciente intubado al otro extremo de esa llamada.

Cuando veía teorías de conspiración posteadas en redes sociales, Lalo no podía evitar pensar que este caos debía tener un propósito. El mundo estaba padeciendo la carga de demasiada gente adicta a los combustibles fósiles. El éxito dependía del sacrificio; era momento de recalibrar los valores.

Natalia vino de visita justo antes de que empezara la pandemia, y ya no pudo salir. Se aisló en la casa del Estado de México, donde plantó un ambicioso huerto de vegetales y se pasó los días interminables limpiando y cuidando sus plantas. En Estados Unidos, María, Isela y sus familias se contagiaron de covid. El caso de María fue el más severo, y batalló para recuperar su vitalidad de antes. Después se lesionó en un accidente de auto, lo que le impidió volver a su trabajo de mesera durante casi un año. Los ingresos de Lalo hacían más falta que nunca.

Las unidades de terapia intensiva seguían llenas, pero hubo un cambio en la voluntad política: el semáforo pasó de rojo a naranja y luego a amarillo. Máximo vio regresar a su público. ¿De qué servían los colores del semáforo? ¿Qué le hacía el covid al cuerpo? ¿Cuándo terminaría la pandemia? Nadie sabía las respuestas. México se volvió un escape para extranjeros cansados de políticas más restrictivas en sus países. Pese a la recomendación oficial en la ciudad de usar cubrebocas, estos turistas caminaban por las calles sin ser molestados, llenando las mesas de afuera, que invadieron el carril para estacionarse. Máximo pasó de tener gente a tener todas las reservaciones llenas.

Lalo se estuvo haciendo pruebas de covid todo el 2020. Algo no andaba bien. Se sentía lánguido y mal del estómago. Las pruebas siempre salían negativas y los doctores le diagnosticaban varias causas probables. Hasta que una tarde de diciembre, fue Gaby quien se sintió mal. Pensó que sería una cruda. Así que bebió otro poco, su nueva costumbre para bloquear el estrés. Para la noche, le dolía cada centímetro del cuerpo y sus sábanas estaban empapadas de sudor. Lalo la envolvió en un abrazo.

—No tienes covid —le aseguró por centésima vez, en un año de sustos y de haberla visto cerca; para cuando Natalia empezó a sentir los síntomas dos días después, Gaby tenía en la mano su prueba positiva. Cerraron el restaurante, que tenía un pequeño grupo de casos, y pasaron la cuarentena en casa. Uno de los meseros de mucho tiempo, Rubén Luna Rivera, enfermó gravemente. Su primer síntoma, y el principal, era dolor: le empezó en las rodillas, luego se extendió a las piernas y por toda la espalda. Aun así, se convenció de que era un resfriado y terminó su turno. Luego, perdió por completo el sentido del olfato, un síntoma inequívoco de covid. En una clínica de salud pública le dieron paracetamol, otro paquete de pastillas y una inyección: "¿De qué? No lo sé". Miró su departamento vacío. ¿Cómo se iba a alimentar? ¿Cómo iba a sobrevivir? Decidió arriesgarse y hacer el recorrido para estar con su esposa, a cinco horas de carretera, en Acatepec. Paraba en las casetas de peaje y las gasolineras para estirarse y dormir, mientras batallaba por respirar y combatir la fiebre, demasiado agotado para tener miedo. Su esposa le preparó un cuarto para que pudiera estar aislado y le hizo un té infusionado con eucalipto y romero, para aliviarle la garganta y abrir sus pulmones; cuando se fue reponiendo, le empezó a dar jugos frescos y atole de avena. Rubén se recuperó y volvió al trabajo tres semanas después.

Gaby y Natalia se recuperaron pronto. El caso de Lalo parecía leve, y él estaba especialmente agradecido de nunca haber perdido el sentido del olfato ni del gusto, pero al paso del tiempo se seguía sintiendo aletargado. En un principio los doctores le sugirieron covid largo, pero él se había sentido así desde meses antes de dar positivo. Vinieron pruebas de sangre, un escáner, una biopsia y luego un diagnóstico: esteatohepatitis no alcohólica, hígado graso. O, como dijo Lalo: "*foie gras*". Eliminó de su dieta el alcohol, la carne, los dulces y empezó un régimen de ejercicio. En un par de meses bajó dieciocho kilos, se rapó lo último que le quedaba de cabello, y empezó a parecer un chef atleta. Seguía pasando los días rodeado de mantequilla, paté y champaña, pero todo estaba prohibido. No parecía importarle:

—Prefiero vivir.

Ninguno de los doctores que lo atendió mencionó que las últimas investigaciones sugieren un vínculo entre la exposición al insecticida glifosato, el principal ingrediente del herbicida Roundup de Monsanto —que se usaba extensamente cuando Lalo y su familia trabajaban en los campos— y la enfermedad de hígado graso.

Para el verano de 2021, la crisis pandémica parecía más cerca del final que del principio. Ahora que ellos y sus familias y empleados estaban vacunados, ahora que el nuevo Máximo tenía tanta demanda que decidieron abrir todos los días de la semana, ese impulso de salir corriendo le regresó a Lalo, pero intensificado. Claro que no podían irse. Había inversionistas a quienes pagar, trabajadores que apoyar, una visión que tenía que acabar de implementarse. Como en Estados Unidos, se estaba volviendo difícil encontrar personal de cocina, pero no todas las razones eran las mismas: los cocineros que se habían quedado con ellos durante la pandemia se estaban yendo por el aluvión de nuevas oportunidades de trabajar en restaurantes en México, Estados Unidos, Europa. O estaban empezando algo propio. Máximo, al igual que Alinea, Le Bernardin o Eleven Madison Park, empezó a postear en Instagram en busca de talento.

Todo este tiempo, Lalo estaba en la plenitud de sus habilidades. Antes de su diagnóstico, la pandemia lo había motivado a preparar *comfort food* o comida reconfortante. Cuando reabrieron, puso en el menú pollo frito bañado en salsa de *barbecue* y una sincronizada de birria de lechón. Y luego estaban los nuevos platillos que se iban al otro extremo: delicias innovadoras y desconocidas. Una sopa de maíz criollo y hongos porcini con un crocante de cangrejo de concha suave al lado para sopearlo. Pan de plátano macho con macadamias, servido caliente y fragante, directo del horno, coronado de *crème fraiche*, cebolla morada y una abundancia de caviar. La receta se inspiró en un pequeño platillo que René Redzepi creó para uno de los aniversarios de Pujol: una rebanada delgada de plátano crudo, embarrado de vainilla en vaina y aceite de vainilla, cubierto con un confeti de macadamias ralladas y encima un montón de caviar. Ese bocado contenía todo lo que Lalo amaba: una mezcla armónica y equilibrada de sabores, que se sentía redonda en el paladar, al incluir plátano, su fruta favorita, el estallido fresco y salobre del caviar, el sutil perfume de la vainilla y por último la macadamia que es como mantequilla, uno de los ingredientes de producción local que había sumado a su repertorio cuando abrió Máximo. La versión de Lalo no se parecía nada a la de Redzepi: era esencialmente un panqué horneado en casa combinado con una embriagadora zambullida al océano. Totalmente inesperado y totalmente delicioso.

Andrés Trujillo y Vanessa Franco se fueron de Máximo en mayo de 2021, cuando les ofrecieron la oportunidad de abrir un nuevo restaurante en un hotel boutique en Baja California, donde podrían diseñar el menú con libertad creativa. Trujillo había trabajado en Máximo casi seis años. Cuando empezó, era el cocinero de producción que se tropezaba con sus propios pies al tratar de seguir las instrucciones de Lalo en la intensidad de la hora pico. Con el tiempo, se había graduado a competente y en última instancia, a maestro, mediante miles de horas de trabajo dedicado. Franco, que ya era una genia de los postres desde antes de haber cruzado la puerta de Máximo por primera vez, era igual de perfeccionista y enfocada, dedicada a su oficio con una intensidad voraz. Lalo podía ejecutar bien una tarta o un helado, sin duda, pero se asombraba del talento de Franco. Con su llegada, los postres del restaurante manifestaron la belleza, originalidad y técnica excepcional que se veían en el menú principal.

—Ella entiende la simplicidad de los sabores —dijo Lalo. Parecía un cumplido menor, pero para Lalo esa aptitud indicaba una conexión entre la mente y el paladar, el factor que distingue a un cocinero de un chef. Le decía a cualquiera que le interesara escuchar que Franco era la chef más talentosa de todos los que han trabajado con él.

Cuando la pareja se enteró de esa oportunidad para seguir su camino, le dijeron primero a Lalo. En el pasado habían visto a empleados partir en términos difíciles; aunque Lalo no aprobara la oportunidad o quisiera que se quedaran, sabían que si eran honestos con él, los apoyaría. Aun así, cuando Lalo se paró frente al comedor en su último día y declaró que ellos dos eran las personas más importantes que habían trabajado en el restaurante, se quedaron impactados. Trujillo nunca lo había visto tener un gesto así. Lo atribuyó a una maduración: en él mismo, como un joven cocinero que se tomó su trabajo en serio, y en Lalo. Lejos de Venezuela, Máximo había sido para ellos un nuevo hogar.

—Lo cuidamos lo mejor que pudimos.

Trujillo y Franco compartían la pasión de Lalo por ser el mejor, no de acuerdo con lo que dictara ningún comité de premiación, sino a sus propios estándares. Mientras que otros veían el sistema jerárquico del entrenamiento culinario como una polvorienta reliquia, para Trujillo tenía mérito. Para que una técnica se vuelva instintiva, para obtener la sensibilidad que permite lograr con un gesto lo que a un chef novato puede resultarle laborioso, tienes que repetir las habilidades básicas *ad nauseam*, en un orden definido.

—Digamos que hoy aprendes a tocar el piano y te aprendes una canción. Entonces la practicas, la repites y la repites hasta que llegas al punto en que puedes decir: "Guau, qué bien toqué esa canción". Ahora imagínate que te enseño esa canción cuando llevas veinte años tocando el piano. ¿Qué tan rápido crees que la aprenderías? ¿En un segundo? Así es como te explicas a un artesano como él.

En la primavera de 2021, mientras los restaurantes de Estados Unidos batallaban por lograr que los trabajadores volvieran a esos puestos agotadores física y psicológicamente, los empleados de restaurantes en México empezaron a protestar en redes sociales por sus condiciones laborales. Cientos de restaurantes en todo el país fueron denunciados por pagar menos del salario mínimo, acoso sexual, poner en riesgo a los empleados al saltarse los protocolos y obligar a los empleados a firmar una hoja en blanco, que podía usarse para falsificar su renuncia —con lo que perdían su derecho a una liquidación—. Máximo Bistrot recibió denuncias anónimas de dos empleados y el Pujol se volvió un foco de acusaciones, lo que llevó a Enrique Olvera a comprometerse a examinar las condiciones de sus empleados.

Algunos cocineros jóvenes reconocieron que se estaba abriendo una oportunidad de crear algo nuevo, de rechazar los viejos sistemas y hablar con su propia voz directamente al consumidor. No habían invertido una década de trabajo concienzudo como Trujillo, pero tenían otras habilidades. Dominaban el lenguaje de la viralidad, sabían cómo conjurar recetas listas para la cámara, y tomar imágenes de calidad profesional con sus teléfonos, que la gente compartiría salivando, con una hilera de signos de exclamación y emojis.

Quizá no habían estudiado gastronomía, pero habían leído y degustado extensamente. Su comida se conectaba de manera explícita con su postura política, su herencia, su activismo ambiental. Les hacían llegar sus productos a los consumidores por cualquier medio que fuera necesario. Un chef entregaba en bicicleta sus kits de cocina con distintos tipos de curry molido a mano. Una pareja empezó un negocio de repostería con un horno tostador de 750 pesos. Un colectivo sin menú preparaba tacos, sopes y tlacoyos experimentales, hechos de maíz criollo. Tenían una fila de clientes sin un solo anuncio pagado. Estos jóvenes cocineros además se estaban adaptando a las condiciones de la pandemia: la comida podía pedirse para llevar, las mesas eran sobre todo en exteriores, los menús se leían con un código QR. No hacía falta invertir en elaborados comedores ni entrenar meseros. Trabajaban menos días, en horarios más cortos, con costos de operación bajos. Estaban sentando las bases de lo que podría ser un negocio más sustentable. Eran un grupo pequeño, pero sus voces se hacían escuchar.

Podía pensarse que era una moda, ¿pero era nueva? Decenas de miles de ingeniosos vendedores alimentaban a la ciudad todos los días con delicias de toda la república en sus carritos, puestos y fondas, desde los ambulantes que anuncian "tamales zacahuiiiiiil" envueltos en hoja de plátano, hasta los barriles de tepache de cáscara de piña fermentada con su piloncillo y su canela. En las esquinas, los vendedores de botanas abrían bolsas de Doritos para servirlos con chicharrones enchilados, cacahuates, chamoy y jícama. Y luego estaban los placeres más simples, los clásicos de siempre: un taco sudado de canasta; un mango esculpido como una rosa en flor; un camote asado al carbón que era un postre calientito para las noches de lluvia. El puesto favorito de Lalo era de quesadillas con chorizo.

Le recordaban las que preparaba su abuelo cuando era niño y pasaba los veranos en San José de las Pilas.

Lalo no estaba seguro de cuánto tiempo permanecería en la ciudad. Tenía la nueva cocina amplia y con aditamentos de primera. Podía dar cabida a un equipo más robusto para completar las tareas del día de manera más ordenada. Pero algo aún tenía que cambiar. Para administrar la cocina de manera profesional, reconoció:

—Necesito ayuda.

Posteó un video en Instagram: una animación de un hombre de traje y corbata que corre tras un montón de billetes suspendido en frente de él. Mientras corre, su cuerpo se desintegra, el dinero sale de cuadro, y su esqueleto colapsa en una tumba.

El dinero ya no era problema. El restaurante estaba a reventar: todos los días parecía sábado. Estaban inundados de nuevos clientes: todo el turismo atrasado, ansioso por celebrar el fin del aislamiento y gastarse sus dólares, y una nueva población de trabajadores a distancia que se habían mudado a la ciudad ahora que no tenían que reportarse a una oficina. Además, los clientes del barrio, que se habían pasado el último año en casa, estaban empezando a salir y querían conocer el nuevo local. Contra todo pronóstico, Lalo y Gaby salieron de la pandemia siendo más exitosos de lo que soñaron posible. Con esa preocupación superada, Lalo había encontrado un nuevo desafío que estaba ansioso por enfrentar: después de una década de cultivar su creatividad mediante la práctica, el viaje y la experimentación, sentía que estaba llegando al límite de lo que podía lograr de manera autodidacta. Cuando era joven, Michele Sedgwick, luego Enrique Olvera, lo habían desafiado a ir más allá de sus preferencias. Ahora, él ansiaba llenar los huecos en su educación. Estudiar, con humildad, lo que una abuela italiana podía enseñarle sobre la pasta. Ser un niño en el salón de clases que pone atención a las palabras en el pizarrón porque entiende el lenguaje que habla la maestra. Tomar esos sustantivos y adjetivos y darles forma de soneto.

Habían pasado catorce años desde que Lalo fue deportado por última vez de Estados Unidos. No tenía permitido volver, ni siquiera de visita. Envidiaba a sus colegas que podían irse un fin de semana a visitar los restaurantes de comida directo de la granja en Nueva Inglaterra o a ver cómo los chefs *creole* de Nueva Orleans estaban repensando los mariscos sustentables, y miraba con desconfianza a los que tenían la oportunidad de realizar esos viajes y no lo hacían... ¡qué desperdicio! Pero más que nada, sus decepciones giraban en torno a su separación de Max, y sus sueños de un posible reencuentro.

En septiembre de 2021, Lalo y Gaby compraron un terreno en el campo, rodeado de pinos maduros con vista a un lago. Estaba cerca de un centro vacacional para gente con dinero, pero lo suficientemente lejos del mismo como para que cupiera la duda de si los clientes potenciales estarían dispuestos a hacer el recorrido. Querían poner un pequeño hotel, que fuera un lugar donde la gente pudiera ir a aprender sobre el valor de la comida cultivada de manera ética, tomar clases de cocina, comer bien y descansar. Sus cocineros podrían entrenarse ahí antes de empezar a trabajar en Máximo, cuya administración Gaby y él esperaban dejar en otras manos. Aprenderían a cultivar maíz, a arar un campo, a buscar hongos en el bosque. Por ahora, era sólo una idea, una de muchas, pero parecía ser la más persistente. Si llegaba el momento correcto, esta nueva empresa no representaría un rompimiento con el pasado, ni tampoco sería volver a casa. Lalo no iba a resolver las contradicciones del sistema de comida en el que había trabajado. Tampoco pensaba abandonarlo. Allí, en el bosque, tal vez Lalo encontraría un lugar donde el conocimiento de sus experiencias pudiera tomar una nueva forma.

Entrevista a Lalo García

La vida de Lalo se mueve sumamente rápido. En los cinco años de reportaje que lo seguí para escribir *El chef migrante*, parecían sucederle más cosas en un mes que a mí en años enteros. Ahora, quise contactar a Lalo para poner a los lectores al día de sus novedades:

Lalo, me parece increíble que ya han pasado años desde que terminé mi reportaje para el libro —aproximadamente un año después del inicio de la pandemia de covid-19—. Lo primero que quiero preguntarte es: ¿Qué noticias me cuentas de Máximo? El libro termina cuando se mudan de su pequeño *bistrot* de la esquina a un espacio mucho más grande, bellamente renovado y con instalaciones de primera. Cuéntame, ¿cómo ha sido trabajar en la nueva cocina? ¿Qué pueden hacer ahora que antes no?

La pandemia fue un golpe muy duro, casi nos dobla, pero logramos salir adelante porque seguimos creyendo en el proyecto y en nosotros. ¿Qué ha pasado después de la pandemia? Nos hemos vuelto un restaurante mucho más competitivo. Nos fuimos de un espacio que ya era muy estresante por el tamaño. Hicimos un restaurante más grande para disminuir ese estrés, pero resulta que el estrés sigue. Así es el trabajo.

Actualmente tenemos más empleados, más familias a las que el proyecto sigue alimentando; estamos en una montaña rusa, arriba y abajo. Máximo sigue con todo, pero también la ciudad: abren restaurantes todos los días. El tema del personal sigue siendo un reto enorme, porque la oferta de trabajo es muy amplia.

Afortunadamente hemos logrado consolidarnos y crecer. Antes teníamos tres restaurantes, ahora tenemos once proyectos bajo un concepto que se llama Grupo Maximus, donde agrupamos distintos talentos, socios, chefs. Siempre he creído que el crecimiento se debe a las personas que se te atraviesan, hay gente talentosa que lo detona, tiene hambre y quiere crecer. Es la gente la que nos hace desarrollarnos.

En cuanto al nuevo espacio, me encanta. Creo que la gente viene en gran medida a este restaurante por él: es muy bonito, la cocina está increíble, y es acogedor.

Algo en lo que me hubiera gustado ahondar más en el libro es tu preocupación por el medio ambiente y el cambio climático. ¿Qué medidas están tomando en tu grupo de restaurantes para ser más sustentables? ¿Cómo concientizas al personal sobre estos temas?

Me gustaría hacer mucho más. Es complicado porque vivimos en este mundo de *fast track*. Todo rápido. Hoy son cien, mañana son doscientos y el viernes son trescientos. No te da tiempo para pensar en otras cosas y luego, cuando nos da tiempo, contratamos empresas para que nos asesoren y nos ayuden a encontrar soluciones para disminuir nuestro impacto en temas de energías renovables, a instalar paneles solares, a revisar la cuestión del agua. Muchas veces te dicen: "No está fácil" o "No se puede". Ahorita estamos intentando buscar otra solución que ya no sea tanto del restaurante. Ya resolvimos cómo compostar nuestros desechos para poder aprovecharlos.

Pero es extremadamente difícil, casi imposible, que un restaurante no tenga cierto impacto. Porque gastamos agua, energía, generamos desechos. Y por más que tratemos de ser conscientes con la gente, con el personal, suele ser complicado, pero ahí vamos. Nuestra preocupación es genuina y seguimos en la búsqueda constante de mejoras.

La devastación forestal y el cambio climático son temas que me angustian. Estamos buscando iniciativas, ya sean privadas o públicas, a las que podamos sumarnos en cuestiones de reforestación. Pero te enfrentas con todas estas trabas, ¿sabes? Ochenta mil pesos por trescientos árboles, pues no es nada. Trescientos árboles no son nada. Y ayer que fui a las chinampas vi la opción de que ahí pueden empezar, la semilla que nos puede dar un árbol. Y ya no pensar en trescientos, pensar en cinco mil. Y buscar pueblos, comunidades, por ejemplo, a donde voy a recolectar hongos —donde ya se acabaron el bosque— y acercarnos a las autoridades. Porque al final del día ellos son los que te van a cuidar.

Lo ideal sería crear nuestros propios alimentos, y creo que ése es el siguiente paso. Ya no ser como el chef de sartén, sino el chef de un azadón. Y empezar a generar conciencia en el comensal. Decirle a la gente: "A ver, ahora le toca a esto", al *plant based*, que es lo que menos está jodiendo al planeta.

Hace poquito leí de una investigación que están haciendo, y todas estas personas que trabajan para el *fast food* se están dando cuenta de que en los próximos diez años el consumo va a hundirse. Porque la gente de verdad ya lo está descubriendo. Antes, en los ochenta, noventa y dosmiles, sabíamos que lo que comías podía hacerte daño, pero no estaba tan presente. Hoy en día abres tu teléfono y es visible. Creo que eso es lo que sigue para nosotros y eso es en lo que debemos trabajar: en crear nuestros propios alimentos y llevarnos toda la sobra. Crear una economía diferente a la que tenemos; quizá ya no se va a beneficiar a tanta gente, porque ya no vamos a tener tantos proveedores. Nosotros vamos a ser los proveedores. Vamos a beneficiar otra economía que sería más de contratar campesinos, comprarles a ellos lo que ellos quieren sembrar naturalmente y volver a esos momentos en los que todo era temporal. Donde existían la primavera, el verano, el otoño y el invierno. Porque ahora, si quieres chícharos, te los traes de otro lado, aunque aquí no se estén produciendo porque hay una helada.

Creo que empieza por nosotros. Debemos crear conciencia con el ejemplo: primero nosotros y después el comensal, pero con honestidad. Porque eso cuesta. Lo que nosotros intentamos hacer quizá cuesta más. ¿Cómo le vas a decir a alguien: "Mira, me estoy comiendo un plato de verduras, pero puedo ir a otro lugar y comerme un filete de res por lo mismo"? Lo que te estoy dando te va a nutrir mucho más que ese filete de res. Eso tiene un costo. ¿Pero cómo le haces? Hay que explicárselo. Generar conciencia.

¿Cómo ha cambiado tu enfoque hacia el trabajo o tu relación con el restaurante? Sé que enfrentabas deseos contradictorios de hacer más cosas y de tomar distancia. ¿Qué estás haciendo de una manera diferente el día de hoy?

Todos los días soy una persona diferente. Todos los días soy un Lalo con una imaginación y con prioridades distintas. Aunque personalmente no he hallado cómo decir: "Ésta es la visión y ésta es la misión". Como grupo, Gaby siempre está al tanto y está trabajando para consolidar la misión y llevarnos al siguiente nivel. Todos los días están estos retos en mí, en mi interior, con los cuales tengo que trabajar. Sigo con un buen de trabajo en mi mente y un buen de trabajo físico. No encuentro la manera de delegar. Mi reto ahora es confiar. Me toca la tarea de confiar en la gente que está a mi alrededor. Y yo dedicarme a las cosas que me pueden hacer una mejor persona. Éste es un reto. Ya voy a cumplir cincuenta años, ya necesito el enfoque de hacer lo que tengo que hacer y liberar lo que tengo que liberar.

Mi sueño, después de confiar, es buscar este ambiente que me haga una mejor persona. Porque ya tengo treintaitrés años cocinando y nada más. Lo que necesito es buscar esa otra versión, que podría ser un restaurante como éste, así de grande, pero con cinco mesas. Otra opción, que he estado planeando con mi equipo —con todas las personas que han hecho este sueño realidad—, es hacer nuestra granja. Donde las preocupaciones son muy distintas a las de un restaurante.

Antes yo veía estos chefs como Alain Ducasse, como Enrique Olvera, como Daniel Boulud, que los critican porque no están todo el tiempo en sus restaurantes. Pero ahora entiendo por qué no están.

El libro termina con tu sueño de algún día abrir un pequeño hotel con su propio huerto donde puedas entrenar a jóvenes cocineros y tener un restaurante. Simplificar tu vida. ¿Eso ya sucedió? ¿Es algo que aún te gustaría hacer o tus sueños han cambiado?

Eso es lo que quiero hacer, pero quiero entrenarme a mí primero y después entrenar a la demás gente. Primero quiero aprender a caminar para poder enseñarle a alguien más. El sueño sigue. El tema de la tierra me está llamando, es un imán que me está jalando, y creo que por eso me agobio y me estreso más. Sigo viendo ese sueño que está ahí. Porque es muy fácil hablar con mi equipo. Quiero moverme a otro lado, trabajar desde otro punto. Orientar y ser el creador, pero no el que ejecuta.

Mucha gente también se pregunta si has podido contactar a tu hijo. ¿Hay alguna novedad en ese frente?

No he podido contactarlo, aunque él ya me aceptó en una red social. Yo le he dicho que estoy aquí, por si quiere conocerme o platicar. Pero ésa es una decisión que él debe tomar, y no lo ha hecho. Debo ser muy respetuoso de lo que él decida y no presionar. Estoy a la orden para él, dispuesto a lo que él decida, pero no debo pasar de ahí.

En los últimos años, una gran cantidad de extranjeros, muchos de ellos trabajadores a distancia, se ha mudado a la Ciudad de México. Y la gente de la ciudad no siempre se lo toma bien. ¿Tú qué opinas?

Me encanta ver a tantos extranjeros en México. Cuando vivía en Estados Unidos, la gente o no hablaba de México, o hablaba mal. Se partía desde el desconocimiento y el prejuicio hacia un país que simplemente no conocían, a pesar de que somos vecinos.

Ver ahora a muchísimos estadounidenses en México, contentos de estar aquí, que se sorprenden al conocer una ciudad como ésta, que tiene tanta vitalidad, tanto que hacer, una gastronomía sorprendente, ofertas culturales magníficas, arte contemporáneo, cine, arquitectura, diseño, en fin, me da mucha alegría. Ver a extranjeros contentos de vivir en México, o de venir a conocer y a disfrutar; en particular me alegra mucho ver afroamericanos, que no solían tener tantas oportunidades de viajar y hoy sí. Ver a esas otras comunidades norteamericanas... asiáticos que vienen a conocer. Me parece maravilloso.

Siempre me resultan fascinantes los cambios en el menú de Máximo. ¿Cuáles son algunos de los platillos nuevos? Cuéntanos sobre alguno de tus platillos y cómo evolucionó: ¿de dónde vino la inspiración?, ¿cómo fuiste probando con diferentes versiones hasta llegar al resultado final?

Los platillos cambian todo el tiempo. Dependemos de lo que ofrece la tierra y en ese sentido volvería al tema ambiental. No ha llovido. No hay muchos ingredientes de temporada para cambiar el menú; no he podido meter ingredientes a la carta porque no han llegado y no se ve para cuándo.

Me preocupa mucho esta situación, porque todo lo que crece naturalmente en los bosques no nace. Eso es lo que más me emociona de las temporadas. Pero los platillos que antes teníamos en temporadas no están disponibles por la falta de lluvia.

Y luego de repente se me va un proveedor. Tenía un superproveedor de pollos que me costó muchísimos años conseguir y de repente un día dijo que ya no iba a trabajar con nosotros: ya se le hacía muy difícil porque no hay agua. Entonces, como era un productor muy orgánico —ellos contaban con el agua de pozo mineralizada y después tuvo que empezar a pedir pipas—, ya no se le hacía muy orgánico que digamos. Entonces me dijo: "Sabes qué, ya no voy a trabajar".

Ahorita estamos con pocos cambios en el menú por eso mismo. Necesitamos crear otros métodos para hacer platillos. Voy a utilizar un ejemplo enorme de un documental que vi hace poco que se llama *The Biggest Little Farm*, en el que una pareja decide dejar la ciudad e irse al campo y se dan cuenta de que les vendieron un terreno devastado, pero no se rinden y hacen un paraíso. En una tierra que no tenía nada, ahora tienen de todo. Eso es lo que necesitamos crear: *The Biggest Little Farm*. Y a partir de eso, cuando se vienen las manzanas, hacer tartas de manzana. Y cuando se vienen los ejotes, hacer ensaladas de ejotes. Ésa es la historia romántica que le tenemos que contar al cliente. Ahora estoy trabajando con un proveedor nuevo de Valle de Bravo que tiene un huerto chiquito, pero lo que produce está increíble. Y a través de eso vamos a empezar a hacer platillos, pero apenas empezamos a trabajar con ellos, apenas trajimos las semillas para que ellos las hagan crecer. Y tenemos que evolucionar.

He visto en Instagram que desde la pandemia has cocinado en un montón de cenas y eventos especiales para recaudar fondos en apoyo a distintas causas. ¿Cuáles son algunas de las organizaciones que estás apoyando y por qué te resultan importantes esas causas?

Para mí la más importante y con la que más trabajamos es Save the Children. Es la que más me importa por muchas razones. Sí es triste que haya adultos que no puedan comer, pero ¿un niño? Eso es otra cosa.

En los últimos años nos hemos enfocado en ellos. Intentamos hacer por lo menos cinco a seis cenas al año. Ya sea con colegas amigos invitados o por nuestra cuenta. Vamos a organizar varias cenas en los restaurantes e invitar a la gente a donar.

Otra ONG de Francia nos invita a hacer un *pop-up* del restaurante y donamos nuestros ingresos. Vamos dos meses y la Fundación LUMA le da un donativo muy generoso a Save the Children aquí en México; eso es lo que hacemos. Mientras pueda y tenga la capacidad de seguir ayudando, lo voy a hacer. Lo hago naturalmente porque sé que no todo el mundo tiene la suerte de vivir como uno. ¿Ya sabes? Nunca fui una persona que no tuviera nada que comer. Siempre tenía algo, aunque fuera un huevo. Pero hay gente —especialmente niños— que no tienen esa opción. Entonces, si podemos hacer un poquito, si podemos darle de comer a un niño por lo menos un día, lo vamos a seguir haciendo.

Debe ser extraño leer un libro sobre tu propia vida. ¿Cómo ha sido para ti esa experiencia?

Al principio fue difícil, porque uno cuenta una historia y uno se imagina esa historia como la contó, pero el escritor o el editor tienen otra opción de cómo escribirlo. Pero después de leerlo un par de veces, me di cuenta de que tú escribiste el libro, no yo. Y también me di cuenta de que es tu versión desde tu experiencia y perspectiva.

Hoy en día hay mucha gente que me dice que le encantó el libro o que los inspiró, yo les pido que me digan por qué, y la mejor respuesta es: "Porque no sólo habla de ti, sino que también te da la explicación". Por ejemplo, cuando una familia en Estados Unidos está comiendo, pero no se imagina de dónde, o quién piscó esa comida. O, por ejemplo, te da explicaciones de los braceros. Y entonces te pones a imaginarte: "¡Ah!, pues tiene razón. Hay otra explicación de la versión de Lalo. De los niños migrantes, los niños jornaleros". A mí, trabajando en el campo, nunca se me vino esa palabra o nunca la había escuchado: "niños jornaleros". Entonces es raro, pero, a ver, ganaste un James Beard Award por este libro, que es un premio con el que muchos chefs en Estados Unidos sueñan. Es como el Oscar de un chef en Estados Unidos y tú acabas de ganar uno. Quiere decir que hay gente que lo leyó y que dijo: "¡Wow!".

Te estoy agradecido porque te aventaste cinco años para contar la historia de alguien más.

Ahora que el libro está disponible en español, ¿quién te gustaría que lo leyera?

Pues todos. El objetivo de este libro siempre fue ayudarles a personas que están o que van a estar en la situación en la que estuve.

Me gustaría que el libro lo leyera todo el mundo, pero especialmente las personas que no crean en sí mismas. Porque la historia que siempre quise contar no era tanto la del cocinero —que es malo o buen cocinero, que ha tenido éxito en México—, sino la de una persona que puede llegar hasta lo más bajo que quieras y volver a subir.

Me gustaría que lo leyera quien dude de sí mismo o que no crea que puede realizar su sueño. Para mí siempre fue con el objetivo de [llegar a] alguien que va a salir de prisión o alguien que no encuentre la salida o alguien al lado de esta persona que le esté diciendo: "No sirves para nada". Mi intención siempre fue ayudarle a alguien, aunque sea una persona.

¿Sabes lo que yo le quiero decir específicamente a la gente de Latinoamérica y a estas personas que buscan a Estados Unidos como una mejor opción? Que sí es una gran opción. Dedica todo tu tiempo a ser productivo, porque es un país que te puede cambiar la vida económicamente. No va a ser tu país, nunca va a ser el pueblito que dejaste, pero sí es una buena opción si quieres superarte y sacar a tu familia adelante. Porque lo que pasa y lo que vi, yo fui una de esas personas que no aprovechó Estados Unidos como lo que es. Sí me dediqué a trabajar, pero también a ser un delincuente y, como yo, hay no cientos, sino miles. Que se dediquen a hacer el bien, que se dediquen a educar a sus hijos, que se dediquen a crecer. Nunca va a ser su país. Nunca vas a tener esa pasión que tienes en tu país. Conocí gente allá que llegaba ilegalmente y a los cinco años ya era legal y podía visitar su país. Ése es el objetivo: regresar a tus raíces. Que nunca te olvides de dónde vienes.

pero sería una buena opción si quieres [illegible] a la [illegible]. Porque lo que pasa [illegible] que [illegible] [illegible] [illegible] [illegible] Estado. [illegible] como lo [illegible]. Si [illegible] trabaja, pero [illegible] [illegible], y, como [illegible] porque [illegible] [illegible] [illegible] que se [illegible] [illegible] [illegible] esa pasión que [illegible] [illegible] llegado [illegible] y los [illegible] y poder [illegible] [illegible]. Que [illegible] [illegible].

Agradecimientos

He tenido muchos colaboradores en este viaje, sin los cuales este proyecto no hubiera sido posible.

Gracias al personal de Máximo Bistrot, que amablemente respondió mis preguntas al paso de los meses y los años, y me hicieron lugar en la cocina. Gracias en especial a Óscar Luna Rivera, Gisela Arotoma, Andrés Trujillo, Federico Ríos, Juan Escalona Meléndez, Gabriel Rodríguez y Mariana Alfarache. Gracias también al personal de Peyote Dubai, en especial a Roberto Rivera, Francisco Omaña y Crystal Sánchez.

Tuve el placer de entrevistar a muchos grandes chefs para entender mejor una ciudad cambiante y cómo se ve reflejada en una gastronomía cambiante. Gracias a Mónica Patiño, Enrique Olvera, Jorge Vallejo, Alejandro Ruiz, Gabriela Cámara, Norma Listman-Sánchez y Martha Ortiz por compartir sus experiencias conmigo. Siempre estaré agradecida de haber tenido la oportunidad de entrevistar a los fallecidos Yuri de Gortari Krauss y Diana Kennedy. Gracias a Elena Reygadas, quien me permitió pasar tres semanas trabajando con los talentosos chefs en la cocina de panadería de su restaurante Rosetta.

Gracias a los muchos escritores y pensadores que compartieron su profundo conocimiento de los temas que sólo se mencionan brevemente en estas páginas: Gustavo Arellano, Sarah Bak-Geller Corona, Alyshia Gálvez, David Tavárez, Cynthia Rice, Paulina Oliva, Ruth Reichl, Tina Shull, John Kessler, Carly Goodman, Heidi Castaneda, Alonso Ruvalcaba, Deborah Harris, Jorge Durand, José Antonio Vásquez-Medina, Andrew Haley, Roberto Cruz Peña, Francisco Musi, Christopher Hart, Alejandro Hope, Hamanth Gundavaram, Paul Freedman, Lauren Joyner, Cynthia Greenlee, Jeannie Economos, Stephen Bright, Rachel Miller, Douglas Massey, Enrique Sepúlveda, Lucio Usobiaga y Mark Overmyer-Velázquez, por su tiempo, recomendaciones de lectura y perspectiva. Gracias a Latino USA y al Institute for Journalism and Natural Resources por apoyar las investigaciones relacionadas sobre la exposición a pesticidas entre los hijos de migrantes trabajadores del campo en Estados Unidos. Gracias a Catwalk Art Residency por una estancia productiva y restauradora.

Gracias a mi agente, Jacqueline Ko, quien apoyó este proyecto desde mucho antes de que hubiera algo que mostrar en la página, y a mi editora, Melanie Tortoroli, quien me ofreció el equilibrio perfecto entre la claridad y la libertad de llegar hasta el final. Gracias a las dos por su paciencia y por creer en la importancia de la historia de Lalo. Gracias a Mo Crist, por impulsar el proyecto en un momento crítico. Gracias al personal de W. W. Norton, incluyendo a Annabel Brazaitis, Susan Sanfrey y Will Scarlett, y a la correctora de estilo Vivian Reinert. Gracias también a Richard Ljeones por el diseño de portada y a la fotógrafa Malika Vora. Gracias a Angely Mercado y a la editora Allegra Houston, por su trabajo diligente. A Andrew Wylie, gracias por estar en mi esquina.

A Theo Emery, José Luis Chicoma, Tom French, Óscar Cásares, Larry Cohen, Cyntia González Santos, Whitney

Eulich, Michael D'Antonio, Robin Myers, Daniel Loedel, Susette Brooks, Suzannah Lessard, Hannah de Keijzer, David Tillman, Adam Williams, Allegra Ben-Amotz, Lydia Carey y Ellie Bozmarova, gracias por leer. Algunos de ustedes vieron un solo capítulo, otros todo el manuscrito. Gracias a cada uno por su invaluable retroalimentación en las diferentes etapas de este proyecto. Un agradecimiento especial a Suzannah Lessard por su orientación iconoclasta y su amistad. Gracias a Tracy Kidder por una charla significativa en las primeras etapas sobre el reportaje de inmersión. Al fallecido Dick Todd, tu amor por la escritura me hizo querer hacer esto otra vez. Gracias siempre.

A la familia de Lalo —en especial a Natalia, María y Gaby—, gracias por compartir sus historias conmigo.

A Lalo, pues sin él no habría libro. Gracias por responder mis interminables preguntas; gracias por tu compromiso de ver esto terminado; gracias por compartir tu vida. Aprender de ti ha moldeado indeleblemente cómo veo la mía.

A nuestra vecindad de la Roma Sur, por estar conmigo en las alegrías y en las penas. A los habitantes del E2. A Yvette y Lindsay: qué bueno que aquella noche nos fuimos a cenar. A mis padres, Maureen y Wayne, y a mi hermano David por tus ánimos y tu amor. A Lulú, cuyo arduo trabajo para ayudarnos a cuidar a nuestros hijos fue lo que posibilitó todo. A Chris, por ayudarme a atravesar los momentos más espinosos; por celebrar las cosas buenas. Y a Augie y Willa, los críticos gastronómicos de nuestra mesa, que llegaron al mundo mientras este libro se estaba reportando. Qué suerte tengo de ser su mamá.

Notas

Una nota sobre los desafíos del reportaje: el recuerdo de Lalo de sus primeros años se ve complicado por la naturaleza itinerante del trabajo agrícola migrante; la memoria de Natalia se ha visto afectada por trauma. Si bien María tiene un recuerdo claro de la vida de su familia en Chamblee y el Estado de México, no estuvo presente la mayor parte del tiempo que trabajaron en los campos. Lupe ya falleció. Esto ha planteado ciertos obstáculos para poder verificar algunos datos. La mayoría de estos casos se señalan a continuación de manera individual. Pude consultar algunos registros penitenciarios y migratorios para verificar fechas, y siempre que fue posible busqué varias fuentes para corroborar los recuerdos individuales con otros familiares o amigos. También hablé con expertos y leí textos académicos sobre estos temas para poder poner los recuerdos de Lalo en contexto. En algunos casos, figuras en la vida de Lalo se negaron a ser entrevistadas o no pudieron ser localizadas.

Prólogo

18 **nombrado uno de los cincuenta mejores de América Latina, el mejor de México:** Los 50 Mejores Restaurantes del Mundo, que hace la curaduría de una serie de listas que califican restaurantes alrededor del planeta, ha incluido

Máximo Bistrot en su lista de Latinoamérica en varias ocasiones. En 2022, Máximo fue nombrado el 89.º mejor restaurante del mundo, según su lista ampliada. Máximo ganó en la categoría más alta en los Gourmet Awards 2018 en México, y recibió el puntaje más alto en la guía Zagat 2013 para la Ciudad de México.

20 **un niño flacucho de diez años:** Hay cierta incertidumbre en Lalo y su familia sobre la edad exacta que tenía cuando empezó a trabajar en Estados Unidos. Con base en los recuerdos familiares, calculan que tendría nueve o diez años.

Capítulo uno: Tortillas al amanecer

23 **no aparece en el mapa del estado:** San José de las Pilas se ubica en el municipio de Acámbaro, Guanajuato, cerca de la frontera con el estado de Michoacán. Si se busca Acámbaro, se puede ver una ubicación cercana al lugar donde nació Lalo. No debe confundirse con el otro San José de las Pilas, Guanajuato, que es un pueblo más grande unos 100 kilómetros más al norte, y es el que aparece en el buscador.

26 **venirse al otro lado con los niños, que ya tenían diez y ocho años:** La familia no está completamente segura del año en que ocurrió esto, pero calculan que fue 1988, por el recuerdo de un tío que les ayudó a pagarle a un coyote para que los cruzara la frontera a salvo. Para entonces, dice Natalia, Lupe ya tenía su *green card* y podía viajar libremente entre los dos países.

27 **parte del Programa Bracero:** Para leer más sobre este programa, visita braceroarchive.org y asómate al libro de la historiadora Mireya Loza, *Defiant Braceros: How Migrant Workers Fought for Racial, Sexual, and Political*

Freedom (Chapel Hill: University of North Carolina Press, 2016), que complejiza la narrativa. La investigación de Loza sentó las bases de esta sección.

28 **Henry Pope Anderson lo expresó así:** Lori A. Flores, "A Town Full of Dead Mexicans: The Salinas Valley Tragedy of 1963, The End of the Bracero Program, and the Evolution of the Chicano Movement", *Western Historical Quarterly* 44, no. 2 (2013), pp. 124-43.

28 **la gran oleada de huelgas de 1946:** Como escribe Melvyn Dubofsky, en 1946: "casi 5 000 huelgas afectaron a 4.6 millones de trabajadores", que en ese momento constituían más del 10 por ciento de todos los trabajadores de Estados Unidos. Melvyn Dubofsky, "Labor Unrest in the United States, 1906-90", *Review (Fernand Braudel Center)* 18, no. 1 (1995), pp. 125-35, http://www.jstor.org/stable/40241326.

29 **un Congreso dominado por demócratas sureños había ideado esta exclusión:** Escribe el historiador del derecho, Juan F. Perea: "Específicamente, los congresistas sureños querían excluir a los empleados negros del *New Deal* para preservar el estilo de agricultura cuasi plantacionista extendido por todo el Sur, aún segregado bajo las leyes Jim Crow. Mientras que apoyaban reformas para traer mayor prosperidad a su región relativamente pobre, rechazaban aquellas que pudieran alterar el sistema existente de segregación racial y explotación de los negros". Concluye que la existencia continua de esta exclusión es, primero, "una manera notablemente eficaz de crear y preservar una casta racial. Segundo, un lenguaje de neutralidad racial se ha usado y puede usarse a propósito para infligir un daño dirigido a grupos raciales políticamente vulnerables. Nuestra distancia temporal de la creación de esta exclusión es lo único que nos permite categorizarlo 'de neutralidad

racial'. Sus autores, así como los más afectados por la exclusión, sabían que era todo menos neutra". Hoy, estas exclusiones, "que en principio buscaban mantener pobres y sometidos a los negros, ahora mantienen sometidos a los trabajadores latinos, agrícolas y domésticos". Juan F. Perea, "The Echoes of Slavery: Recognizing the Racist Origins of the Agricultural and Domestic Worker Exclusion from the National Labor Relations Act", *Ohio State Law Journal* 72, no. 1 (2011), pp. 95-138.

29 **agotadora, mugrienta, venenosa:** Dos décadas antes de que Lalo llegara a Estados Unidos, Truman E. Moore proporcionó este ejercicio para los estadounidenses urbanos que trataban de imaginarse la vida en un campamento de migrantes, en su crónica sobre los trabajadores migrantes y sus condiciones, *The Slaves We Rent* (Nueva York: Random House, 1965): "En medio de tu sala, marca un espacio de 2.5 metros de ancho por 5 metros de largo. Esto representa la mitad de una cabaña para dos familias en un campamento de Princeton, Florida, donde viven mil migrantes durante la temporada. Aquí, dos familias viven en una cabaña de cinco por cinco. Si pones algunas sillas en el espacio que marcaste, empezarás a ver lo claustrofóbico que puede ser un cuarto. Trata de pasarte ahí una tarde. Pero imagínate al estar sentado ahí que al otro lado de una pared de una pulgada hay otra familia. Cuando caminan, tu lado de la cabaña tiembla".

29 **la piel les quedaba pegajosa de los químicos:** De acuerdo con Cynthia Rice, abogada de la ONG California Rural Legal Assistance que representa a trabajadores migrantes, la exposición a pesticidas —incluyendo el contacto directo con insecticidas— sigue siendo una amenaza para los trabajadores, y en general el trato que reciben es despreciable. Como dijo Rice: "Le ponemos mucha más atención a lo

que se le pone a la comida en los campos que a lo que se somete a los trabajadores que trabajan con esa comida".

31 **Natalia, nacida Salomé García Acevedo:** Natalia se enteró de que legalmente su nombre era Salomé hasta que ya era adulta; toda la vida ha usado Natalia.

33 **El nixtamalizado cambia las propiedades químicas del maíz:** Una dieta predominantemente a base de maíz puede ocasionar pelagra, una enfermedad debilitante. De acuerdo con la *Encyclopedia of Human Nutrition*: "la niacina presente en el maíz y otros granos a menudo está unida químicamente en un complejo macromolecular que algunos llaman niacitina, del que la niacina no puede liberarse sólo con las enzimas digestivas del tracto gastrointestinal, sino que requiere de calor y un tratamiento alcalino durante la preparación del alimento (como en la preparación de las tortillas mexicanas, donde se usa un tratamiento de cal y calor) para volverlo apto y biodisponible". En lugares donde el maíz ha sido la base de la dieta, pero no se procesa con calcio, la pelagra ocasiona un salpullido escamoso, diarrea y demencia, así como otros síntomas neurológicos. A medida que el maíz fue introducido a otras regiones del planeta, sin ir acompañado por la técnica de nixtamalizado, la pelagra se volvió una consecuencia común. Ver https://www.sciencedirect.com/topics/medicine-and-dentistry/pellagra.

36 **casi todo lo que hacían Lalo y Jaime era ilegal:** Una entrevista con Michael Hancock, exdirector de Farmworker Justice y ex administrador adjunto de la División de Salarios y Horas del Departamento del Trabajo de los Estados Unidos, ayudó a establecer dónde caía el trabajo de Lalo y Jaime en términos de la regulación laboral. Hancock también detalló cuestiones habituales del trabajo infantil, incluyendo la inevitabilidad de que los niños acaben

trabajando en campos agrícolas cuando sus padres no tienen acceso a guarderías.

38 **un grupo de niños se les acercó:** Jaime recuerda que otros niños lo llamaban *onion boy*, niño cebollero. Lalo dice que, ya de adulto, esas interacciones se le quedaron grabadas. "No sé por qué, pero aún pienso en eso, a veces en un par de momentos en la semana".

39 **Luego vino el movimiento eugenésico:** Para leer más sobre eugenesia, ver *Los peces no existen* de Lulu Miller, que se enfoca en el presidente de Stanford, David Starr Jordan, un prominente eugenista.

40 **los agricultores cambiaron de cosechas:** Michael A. Clemens, Ethan G. Lewis y Hannah M. Postel, "Immigration Restrictions as Active Labor Market Policy: Evidence from the Mexican Bracero Exclusion", *American Economic Review* 108, no. 6 (2017), pp. 1468-87.

40 **reclutar a atletas preparatorianos:** Para leer la historia completa, ver Gustavo Arellano, "When the U.S. Government Tried to Replace Braceros with High Schoolers", NPR, 23 de agosto de 2018, https://www.npr.org/sections/thesalt/2018/07/31/634442195/when-the-u-s-government-tried-to-replace-migrant-farmworkers-with-high-schoolers.

40 **se unieron para protestar:** United Farm Workers, "The Rise of the UFW", https://ufw.org/research/history/ufw-history, accesado el 1 de junio de 2020; Adam Janos, "How Cesar Chavez Joined Larry Itliong to Demand Farm Workers' Rights", History.com, https://www.history.com/news/chavez-itliong-delano-grape-strike.

41 **menos del 1 por ciento de los trabajadores agrícolas están sindicalizados:** Gosia Wozniacka, "Less than 1 Percent of US Farmworkers Belong to a Union. Here's Why", *Civil Eats*, 7 de mayo de 2019, https://civileats.

com/2019/05/07/less-than-1-percent-of-us-farmworkers-belong-to-a-union-heres-why/.

41 **mostraran "buen carácter moral":** ¿Qué significa "buen carácter moral" en el contexto legal? De acuerdo con el Servicio de Ciudadanía e Inmigración de los Estados Unidos, una persona puede demostrar su "buen carácter moral" mediante lazos familiares, la ausencia de antecedentes penales, educación, historia laboral, conductas respetuosas de la ley como el pago de impuestos, involucramiento con la comunidad, el tiempo pasado en Estados Unidos y su credibilidad. Ver https://www.uscis.gov/policy-manual/volume-12-part-f-chapter-2.

41 **Lupe se inscribió en la segunda fase:** Documentos migratorios y los recuerdos de la familia indican que Lupe probablemente obtuvo su *green card* durante la segunda fase del programa de amnistía de Reagan, que aplicaba a trabajadores agrícolas. Sin embargo, para Lalo y Jaime no fue así, y para cuando la familia se puso a tramitar la *green card* de Jaime, Lalo ya había sido sentenciado por dos delitos graves y no era candidato.

Capítulo dos: Escoffier reencarnado

47 **Cuando Lalo cumplió doce marcó una metamorfosis:** Esto es un cálculo con base en la cronología que recuerda la familia.

47 **graduado de preparatoria con un título de contabilidad:** Muchas preparatorias en México ofrecen titulación paralela en algunas carreras y carreras técnicas, con la que se puede empezar a trabajar.

51 **las leyes segregacionistas y el legado de racismo que perduraba:** Helen B. Marrow, "Race and the New Southern Migration, 1986 to Present", en *Beyond la Frontera: The*

History of U.S.–Mexico Migration, editado por Mark Overmyer-Velázquez (Oxford: Oxford University Press, 2011).

51 **la abundancia de empleos, los cambios en las políticas migratorias y la vivienda accesible:** Mary E. Odem y Elaine Lacy, eds., *Latino Immigrants and the Transformation of the U.S. South* (Athens: University of Georgia Press, 2009).

56 **La comida se menciona a menudo:** Para más sobre la historia de la comida en el continente americano, ver Sophie D. Coe, *America's First Cuisines* (Austin: University of Texas Press, 1994). Y en México, específicamente, ver Jeffrey M. Pilcher, *¡Que Vivan los Tamales! Food and the Making of Mexican Identity* (Albuquerque: University of New Mexico Press, 1998). Y en español, la excelente compilación coordinada por Janet Long, *Conquista y comida: Consecuencias del encuentro de dos mundos* (Ciudad de México: Universidad Nacional Autónoma de México, 2018).

57 **entre 1 y 2 por ciento de los combatientes eran españoles:** Andrés Reséndez, "500 years after Aztec rule, Mexico confronts a complicated anniversary", en *National Geographic*, 12 de agosto de 2021. Este detalle específico, el porcentaje de combatientes españoles, se tomó de: Matthew Restall, *When Moctezuma Met Cortez: The Meeting that Changed History* (Nueva York: Ecco, 2018).

58 **La introducción del cerdo fue la alteración más significativa:** Long, *Conquista y comida.*

65 **Ripert lo presentó a todo el comedor:** Según recuerda Lalo. Ripert declinó ser entrevistado.

Capítulo tres: Mustang

73 **el cajero, Jung Ho Kim, se negó:** Los intentos por localizar a Jung Ho Kim para entrevistarlo no tuvieron éxito.

73 **Le pegaron con la pistola en la frente:** Esta sección se basa en las declaraciones de testigos y detectives, junto con el recuerdo de Lalo de los acontecimientos. Lalo no desea revelar públicamente la identidad de sus cómplices. Los administradores de la Corte del Condado DeKalb no pudieron ubicar el expediente del caso (abogados del área confirman que no es raro, dado el tiempo transcurrido y la naturaleza del caso), pero Lalo compartió algunas copias de los registros de la corte. El departamento de policía de Chamblee proporcionó su archivo del caso, aunque un administrador dijo que ninguno de los oficiales que habían trabajado en él seguía en activo, más de dos décadas después, y los esfuerzos por localizarlos no tuvieron éxito.

Capítulo cuatro: Ramen con Doritos

77 **la cárcel estatal Frank Scott en Hardwick, Georgia:** Originalmente se construyó para ser un sanatorio mental y se convirtió en cárcel en 1975. Cerró en 2009, cuando se le consideró una cárcel ineficiente de operar debido a la falta de características de seguridad. Daniel McDonald, "Another Prison Gone", *Union-Recorder* (Milledgeville, Georgia), 8 de julio de 2009, https://www.unionrecorder.com/archives/another-prison-gone/article_43c794db-932a-5007-9d02-b4b3d088993b.html.

78 **un acuerdo con la fiscalía:** Gonzalez no recordaba el caso de Lalo y no pudo confirmar los términos del acuerdo. "Lo siento —dijo—. Fue hace veinte años, miles de casos". No conservaba su expediente.

78 **tres años menos los ocho meses que ya había cumplido:** No está claro si la sentencia de Lalo fue de tres o cuatro años, menos los ocho meses en la cárcel del condado, pero la información en la base de datos de reclusos de Georgia indica que tres años es más probable.

80 **del proceso administrativo:** Según abogados de inmigración familiarizados con el procedimiento para individuos encarcelados, esta práctica es lo normal, una acción administrativa que puede dar por resultado ser transferido a otro centro de detención.

84 **Natalia llamó con noticias graves:** Los recuerdos de este intervalo no son muy claros. Varían de unas cuantas semanas a un par de meses.

Capítulo cinco: La jaula de oro

88 **"La jaula de oro":** El autor de la canción es el cantante sinaloense Enrique Franco Aguilar. Puedes ver a Los Tigres del Norte interpretarla en la cárcel de Folsom, aquí: https://www.youtube.com/watch?v=BnvNfE9fOv4.

89 **Para entonces, Lalo se había enamorado:** Se hicieron varios intentos, sin éxito, por localizar y entrevistar a la madre de Max. La familia de Lalo tampoco ha logrado contactarla en sus intentos al paso de los años.

90 **un estilo llamado *gastronomía molecular*:** El término fue acuñado por los químicos Nicholas Kurti y Hervé This en 1988. Ferran Adrià de El Bulli se volvió su más famoso exponente; El Bulli cerró en 2011. Para leer un tratamiento narrativo del movimiento, ver John Lanchester, "Incredible Edibles", *New Yorker*, 21 de mayo de 2011.

104 un plato de *foie gras* y trufas negras: "Entrevista con Enrique Olvera", *Time Out México*, 14 de junio de 2012.

109 Hoy no puedo pensar en ningún restaurante así de pinche: Vale la pena leer la entretenida crónica de la evolución de Pujol que hace Ruvalcaba, así como más citas coloridas de Olvera, en el volumen retrospectivo *Pujol Veinte* (Ciudad de México: Culinary, 2020).

110 un artículo de Patricia Sharpe, la crítica culinaria del *Texas Monthly*: Sharpe también señala dos ejemplos anteriores del lento proceso de integrar la comida mexicana a los espacios de alta cocina: Rosa Margarita Martín del Estoril, y Arnulfo Luengas, el chef corporativo del Banco Nacional de México. Patricia Sharpe, "Mix Masters", *Texas Monthly*, junio de 1991, https://www.texasmonthly.com/food/mix-masters/.

111 marcando la diferencia de clases: Como escribe Pilcher, las jerarquías asociadas con la comida antecedieron la conquista entre los pueblos mesoamericanos: la nobleza tenía mayor acceso a la proteína animal, y los mexicas veían con condescendencia a los grupos que "comían sobras", "cocinaban sin habilidad ni higiene" o que "supuestamente cortaban el maíz antes de que estuviera maduro". Si bien las responsabilidades de la cocina históricamente han sido la carga de las mujeres en todas las culturas, es especialmente notable el extraordinario y tardado esfuerzo físico para hacer tortillas, que en algún momento llegó a requerir "hasta la tercera parte del tiempo que una mujer pasaba despierta". Jeffrey M. Pilcher, *¡Que Vivan los Tamales! Food and the Making of Mexican Identity* (Albuquerque: University of New Mexico Press, 1998).

112 **apartarse de un modo de vida:** David S. Dalton, *Mestizo Modernity: Race, Technology, and the Body in Postrevolutionary Mexico* (Gainesville: University of Florida Press, 2018).

113 **el recetario de 1831 *El cocinero mexicano*:** Este recetario anónimo se ha seguido reeditando. Ver Cristina Barros, *El cocinero mexicano: México, 1831* (Ciudad de México: Dirección General de Culturas Populares, 2000).

113 **catalogar estas recetas homogeneizaba la propia comida:** S. B. G. Corona, "French-Fashioned Mexican Recipe Books in the 19th Century: Globalization and Construction of a National Culinary Model", *Anthropology of Food*, S6 (2009).

114 **un terremoto puede amplificarse hasta cien veces:** Para más acerca de los terremotos en la Ciudad de México y la ciencia, y sobre la sismóloga Lucy Jones del Servicio Geológico de los Estados Unidos, ver Laura Tillman y Rong-Gong Lin II, "Mexico City residents whose buildings survived the 1985 quake thought they'd be safe in the next big one. They were wrong", *Los Angeles Times*, 20 de septiembre de 2017.

115 **secuestro de Alfredo Harp Helú:** Associated Press, "Mexican Banker's Family Agrees to Pay Ransom", *Los Angeles Times*, 25 de junio de 1994.

122 **importante punto de llegada de africanos esclavizados:** Douglas Richmond, "The Legacy of African Slavery in Colonial Mexico, 1519-1910", *Journal of Popular Culture* 35, no. 2 (5 de marzo de 2004), https://onlinelibrary.wiley.com/doi/abs/10.1111/ j.0022-3840.2001.00001.x.

123 **el consumo de hormigas:** Como el chef Ricardo Arellano del restaurante Criollo de Oaxaca le dijo a una reportera: "Cuando una madre está tratando de alimentar a su familia y no hay comida, estas hormigas son una buena opción porque tienen un sabor rico y un alto contenido de proteína". Susannah Rigg, "A Sauce Made from Flying Ants", BBC, 9 de junio de 2017, https://www.bbc.com/travel/article/ 20170608-a-sauce-made-from-flying-ants.

Capítulo siete: Máximo Bistrot Local

147 **incluso del mundo:** La Liste, que califica restaurantes internacionales, ha nombrado Le Bernardin el mejor restaurante del mundo en múltiples ocasiones.

148 **una invención más reciente:** El primer chef celebridad fue Alexis Soyer, nacido en Francia en 1810. Si bien hubo algunos chefs muy conocidos antes de Soyer (por ejemplo, James Hemings, esclavo de Thomas Jefferson que aprendió la técnica francesa en un viaje a París en 1784, y a su regreso ayudó a popularizar platillos como el *macaroni and cheese* y la *crème brûlée*; Bartolomeo Scappi, el chef personal de varios papas, autor del recetario renacentista *Opera* en el siglo XV; y Guillaume Tirel, cocinero de la corte francesa del siglo XIV que escribió un influyente libro de recetas medievales), la reputación de Soyer superó en mucho la de sus predecesores. Como escribe Ruth Cowen, Soyer fue "el primero en entender la importancia de nutrir un perfil público, lo cual hizo mediante una combinación de brillante autopromoción y descarada manipulación de la prensa". Ruth Cowen, *Relish: The Extraordinary Life of Alexis Soyer, Victorian Celebrity Chef* (Londres: Weidenfeld and Nicolson, 2006).

149 **Chepina Peralta y Yuri de Gortari eran las figuras:** Retrocediendo aún más, como escribe Jeffrey Pilcher en *¡Que Vivan los Tamales! Food and the Making of Mexican Identity* (Albuquerque: University of New Mexico Press,

1998), "Clementina Cerrilla y Stella de Gamboa, maestras escolares de actividades domésticas de la Ciudad de México, presentaban cocina urbana clasemediera en programas en los años 1920 y 1930, pero no pudieron llegar a un público rural más amplio simplemente porque en aquellos tiempos pocas poblaciones tenían radio". Otras figuras de la preservación y celebración de la comida mexicana incluyen a Ricardo Muñoz Zurita, chef y restaurantero de Azul, la autora de libros de cocina británica Diana Kennedy, quien falleció en 2022, y la chef Martha Ortiz de Dulce Patria.

150 **Yuri de Gortari Krauss, que encabezó un movimiento:** Yuri de Gortari Krauss tuvo la gentileza de participar en una entrevista para este libro, el año anterior a su muerte. Era escéptico del término *alta cocina*, que viene de *haute cuisine*, pues sentía que se refería más a una cuestión clasista que a la calidad de la comida. ("Me parece una payasada", dijo). No consideraba que su revolucionario restaurante La Bombilla formara parte de esos restaurantes exclusivos de México.

156 **las posibilidades del tamal:** Yuri de Gortari Krauss habló de los tamales de esta manera: "Siempre menciono que no hay cocina en el mundo que tenga un plato tan variado como la cocina mexicana tiene el tamal. El tamal mextlapique, el tamal de charales, sólo que vayas a la Merced, son tamales que no tienen un gramo de masa. En el totomoxtle, meten charales, allí con venas de chile, sal, epazote y lo aprietan, lo amarran, y se cuece en las brasas del carbón. Y es absolutamente prehispánico. Ahora, ¿tamales que me encanten comer y hacer? Comer más que hacer, el pibil pollo, es un tamal horneado para Muertos en toda la península de Yucatán. ¿Que me guste hacer? Los tamales dulces con mantequilla". Para leer

más sobre la historia de los tamales, ver Pilcher, *¡Que Vivan los Tamales! Food and the Making of Mexican Identity*.

156 **"eleven" los alimentos en peligro de extinción, en ambientes exclusivos:** El libro de Alyshia Gálvez, *Comer con el TLC: Comercio, políticas alimentarias y la destrucción de México* (Ciudad de México: Fondo de Cultura Económica, 2021), ayudó a formar el prisma a través del cual entiendo el viaje de Lalo por el sistema alimentario y su contexto geopolítico. Es una obra de una erudición impresionante.

157 **Sembrando Vida:** Para más sobre este programa, ver Max de Haldevang, "How Mexico's Vast Tree-Planting Program Ended up Encouraging Deforestation", *Bloomberg News*, 8 de marzo de 2021, https://www.bloomberg.com/news/features/2021-03-08/a-tree-planting-program-in-mexico-may-encourage-deforestation.

157 **cuadruplicó sus exportaciones de maíz:** Para más sobre el impacto del Tratado de Libre Comercio de América del Norte sobre la economía del maíz, ver Gálvez, *Comer con el TLC*.

158 **pues veían el maíz con desconfianza:** Para más sobre los ataques históricos contra la tortilla, ver Pilcher, *¡Que Vivan los Tamales!*, y el libro de Rebecca Earle, *The Body of the Conquistador: Food, Race and the Colonial Experience in Spanish America, 1492-1700* (Cambridge: Cambridge University Press, 2012).

160 **el mezcal se está encareciendo a una velocidad vertiginosa:** De acuerdo con expertos de la industria, si bien algunos destilados que se venden como mezcal aún se pueden conseguir a precios mucho más bajos —unos 170 pesos el litro, si se compra de manera informal a los destiladores en el campo en Oaxaca— el mezcal hecho de puro agave

cuesta por lo menos 600 pesos el litro, y puede subir a 1 500 pesos o más, dependiendo de la marca.

161 **Es algo muy particular, las personas que pueden ser esos "pioneros":** Gálvez también habla de la figura de la Malinche, el ejemplo más famoso de un mediador cultural en la historia de México. Nacida en lo que hoy es Veracruz, un estado en la costa del Golfo, hacia 1500, la Malinche —o Malinalli, doña Marina, Malinal o Malintzin, como se le llama en diferentes crónicas— al parecer fue vendida a comerciantes a la muerte de su padre, que era noble. Estando esclavizada, aprendió dialectos mayas, además del náhuatl, que era su lengua materna. Cuando fue obsequiada a Hernán Cortés, junto con otras diecinueve mujeres, se convirtió en su principal intérprete, pues hablaba náhuatl, maya y español. También tuvieron un hijo. Su trabajo como intérprete y negociadora fue una herramienta crucial para el dominio español del pueblo azteca, y su relación con Cortés era vista como una traición. El legado de la Malinche está teñido de desprecio. En *La Malinche in Mexican Literature: From History to Myth* (Austin: University of Texas Press, 1991), Sandra Messinger Cypess escribe: "el que se ajusta a su paradigma es tildado de *malinchista*, el individuo que se vende al extranjero, que devalúa su identidad nacional en favor de beneficios importados". Los académicos siguen analizando el papel que jugó en la conquista, y su postura tanto como una interlocutora cuya capacidad de alterar la naturaleza de las comunicaciones entre los aztecas y Cortés le daba un poder único y como una persona esclavizada. Como muchos otros indígenas, la Malinche murió de viruela antes de cumplir los treinta años de edad.

170 **el restaurante es el Chez Panisse de la Ciudad de México:** Damien Cave, "Bad Reviews for Patron at Restaurant in Mexico", *New York Times*, 29 de abril de 2013.

170 **#LadyProfeco se volvía meme:** "Lady" y "Lord" se ha vuelto un prefijo para hablar de este fenómeno de personas privilegiadas actuando mal, que usan su estatus para evadir la autoridad o la rendición de cuentas. Otros ejemplos incluyen a las Ladies de Polanco, un par de mujeres alcoholizadas que fueron grabadas insultando a un policía, y Lord Audi, que fue grabado cuando atropelló a un ciclista sobre el carril para bicicletas, le dijo a un policía que llamara a su papá y luego huyó en su auto de la policía. "Esto es México, güey", dijo durante la interacción.

172 **Para Lalo, que idolatraba a Bourdain:** Bourdain escribió: "A pesar de nuestras actitudes ridículamente hipócritas hacia la inmigración, exigimos que los mexicanos cocinen un gran porcentaje de la comida que comemos, que cultiven los ingredientes que necesitamos para preparar la comida, que limpien nuestras casas, poden nuestro pasto, laven nuestros platos, cuiden a nuestros hijos. Cualquier chef te lo puede decir, toda nuestra economía de servicios —el negocio de los restaurantes como lo conocemos— en la mayoría de las ciudades de Estados Unidos, colapsaría de la noche a la mañana sin los trabajadores mexicanos. A algunos, desde luego, les gusta afirmar que los mexicanos les están 'robando el trabajo a los estadounidenses'. Pero en dos décadas como chef y patrón, nunca ha llegado UN solo chico estadounidense a mi puerta a pedir trabajo de lavaplatos, garrotero, o incluso de cocinero de producción. Los mexicanos hacen mucho del trabajo en este país que los estadounidenses,

al parecer, sencillamente no están dispuestos a hacer. En casi treinta años de cocinar de manera profesional, prácticamente todas las veces que he llegado a una cocina nueva, ha sido un cuate mexicano quien me ha orientado, me ha cuidado la espalda, me ha dicho qué onda con todo y ha estado ahí, pendiente del trabajo; mientras que los cocineros más como yo, con una historia más parecida a la mía, se escapaban para irse a esquiar o a surfear... o simplemente no daban el ancho".

175 **se suicidó saltando desde el puente internacional:** Guadalupe Olivas Valencia murió el 17 de febrero de 2017, una hora después de que le negaran la entrada a Estados Unidos, donde llevaba años trabajando de jardinero. Era padre de tres hijos y tenía cuarenta y cuatro años. Los medios en México reportaron que estaba consternado de regresar a México, y sus familiares ofrecieron dos explicaciones posibles: que enfrentaba problemas en México e intentaba irse a Estados Unidos para escapar de ellos, o que estaba desesperado por encontrar trabajo para mantener a sus hijos. Su esposa había muerto tres años antes. Él ya había sido deportado. Kate Linthicum, "Did a Mexican migrant leap to his death at the border minutes after deportation?", *Los Angeles Times*, 22 de febrero de 2017; Samantha Schmidt, "Moments after he was deported, a Mexican man jumped to his death off a border bridge, authorities believe", *Washington Post*, 23 de febrero de 2017.

Capítulo nueve: El chef

182 ***Fisiología del gusto* de Jean Anthelme Brillat-Savarin:** Otras citas memorables: "El placer de la mesa pertenece a todas las edades, todas las condiciones, todos los

países y todas las áreas. Se entremezcla con todos los demás placeres y perdura finalmente para consolarnos por su partida", y "Quien recibe amigos y no participa en la preparación de su comida no merece tener amigos".

187 **Era sólo una ilusión:** En palabras del chef Marco Pierre White, "Vivimos en un mundo de refinamiento, no de invención".

Capítulo diez: En casa

211 **el año más violento del que se tenga registro:** "En 2018, la CDMX tuvo la tasa de homicidios más alta desde que se tiene registro", *Expansión Política*, 3 de abril de 2019, https://politica.expansion.mx/cdmx/2019/04/03/2018-ano-mas-violento-cdmx-del-que-se-tenga-registro.

211 **En 2019, ocho mil trescientas cuarenta y cinco personas desaparecieron en México:** Lidia Arista, "2019, el año con más desapariciones en México, reconoce Encinas", *Expansión Política*, 7 de octubre de 2020, https://politica.expansion.mx/mexico/2020/10/07/2019-el-ano-con-mas-desapariciones-en-mexico-reconoce-encinas.

Epílogo: Notas sobre una plaga

229 **este "bichito":** el apodo que muchos en México dieron al covid-19, "bicho" o "bichito".

229 **casi quince mil muertes:** Julia Hollingsworth, Jenni Marsh, Rob Picheta, Fernando Alfonso III y Amir Vera, "March 22 Coronavirus News". CNN, 22 de marzo de 2020, https://edition.cnn.com/world/live-news/coronavirus-outbreak-03-22-20/index.html.

231 **trece mil cerraron sus puertas:** Kate Linthicum, "COVID-19 is crushing Mexico City's food scene and the

culinary energy that has made it so thrilling", *Los Angeles Times*, 20 de enero de 2021.

232 **un foco infeccioso de coronavirus:** Alexis Triboulard y Mark Stevenson, "Latin America's Critical Food Markets Fuel Virus Spread", Associated Press, 26 de junio de 2020, https://apnews.com/article/caribbean-peru-ap-top-news-venezuela-public-health-1bddc4345a272a919ce834e137a767ac.

233 **los trabajadores que ahora llamaban "esenciales" serían olvidados:** Scarlett Lindeman, propietaria de un restaurante en la Ciudad de México, escribió conmovedoramente sobre las desigualdades que la pandemia dejó al descubierto, en un ensayo para la revista *Hoja Santa*. "La cuarentena *necesita* comer —escribió—. Pero la diferencia es evidente en los que tenían el lujo de quedarse en casa, pidiendo sus cenas de UberEats y DiDi con las personas que hacen posible llegar la comida en *contactless delivery*, abasteciendo las repisas en Sumesa y cosechando los limones en el campo". Scarlett Lindeman, "Y a ustedes, ¿cómo les han tratado todos estos meses", *Hoja Santa*, julio de 2021, https://revistahojasanta.com/tentempie/2021/7/19/y-a-ustedes-como-les-han-tratado-todos-estos-meses.

233 **ciento treinta mil niños mexicanos despertaban:** "México es el país con más huérfanos por covid-19, según estudio", CNN Español, 25 de julio de 2021, https://cnnespanol.cnn.com/2021/07/25/mexico-pais-con-mas-huerfanos-por-covid-19-segun-estudio-orix/.

234 **antes de que una trabajadora viera su caso llegar a juicio:** De acuerdo con el abogado laboral Roberto Cruz Peña, en México el sistema de apoyo para los trabajadores es la familia. Esto contribuye a profundizar la desigualdad, pues los trabajadores pobres no tienen ninguna red de seguridad.

238 **herbicida Roundup de Monsanto:** Este vínculo se detalla en Paul J. Mills, Cyrielle Caussy y Rohit Loomba, "Glyphosate Excretion Is Associated with Steatohepatitis and Advanced Liver Fibrosis in Patients with Fatty Liver Disease", *Clinical Gastroenterology and Hepatology* 18, no. 3 (2020), pp. 741-43.

241 **firmar una hoja en blanco:** De acuerdo con el abogado laboral Roberto Cruz Peña, esta es una práctica común en México. Al falsificar la renuncia del trabajador, un patrón puede evitar pagar la liquidación que tendría que darle al empleado en caso de despedirlo.

241 **denuncias anónimas:** El grupo Terror Restaurantes México empezó a publicar denuncias y testimonios de abuso laboral contra los restaurantes del país en su página de Instagram en mayo de 2021. El grupo también mantiene abierta una hoja de cálculo donde los trabajadores pueden registrar sus quejas de manera anónima. Al momento de escribir esto, 345 restaurantes han sido denunciados aquí.

242 **carritos, puestos y fondas:** Lalo no consume mucha comida callejera, aunque muchos de los platillos que se venden en la calle —como quesadillas, carnitas y tamales— fueron de gran importancia para desarrollar su paladar, vía la cocina de Natalia. Puedes leer más sobre el vertiginoso panorama de la comida callejera en la Ciudad de México en el libro de Alonso Ruvalcaba, *24 horas de comida en la Ciudad de México* (Ciudad de México: Planeta, 2018); el recetario de Lesley Téllez, *Eat Mexico: Recipes from Mexico City's Streets, Markets and Fondas* (Londres: Kyle Books, 2015); la revista de comida *Hoja Santa*, disponible en español e inglés; la apetitosa serie de Netflix, *Las crónicas del taco*; y la guía ilustrada de Lydia Carey, *Mexico City Streets: La Roma* (Ciudad de México: Penguin Random House, 2018).

Bibliografía

Alvarado Tezozómoc, Hernando de. *Crónica mexicana*. México: José M. Vigil, Editor, 1878. https://bvpb.mcu.es/es/consulta/registro.do?id=576451

Arellano, Gustavo. *Taco USA: How Mexican Food Conquered America*. Nueva York: Scribner, 2012.

________. "When the U.S. Government Tried to Replace Braceros with High Schoolers". NPR, 23 de agosto de 2018. https://www.npr.org/sections/thesalt/2018/07/31/634442195/when-the-u-s-government-tried-to-replace-migrant-farmworkers-with-high-schoolers.

Arista, Lidia. "2019, el año con más desapariciones en México, reconoce Encinas". *Expansión Política*, 7 de octubre de 2020. https://politica.expansion.mx/mexico/2020/10/07/2019-el-ano-con-mas-desapariciones-en-mexico-reconoce-encinas.

Ashabranner, Brent. *Dark Harvest: Migrant Farmworkers in America*. North Haven, Connecticut: Linnet Books, 1993.

Back-Geller Corona, Sarah. "Culinary Myths of the Mexican Nation". En *Cooking Cultures: Convergent Histories of Food and Feeding, Part IV – Food, Myth and Nostalgia*, editado por Ishita Banerjee-Dube. Cambridge: Cambridge University Press, 2016.

———. "French-Fashioned Mexican Recipe Books in the 19th Century: Globalization and Construction of a National Culinary Model", *Anthropology of Food*, S6 (2009).

Bardacke, Frank. "The UFW and the Undocumented". *International Labor and Working-Class History* 83, Special Issue: Strikes and Social Conflicts (2013): 162-69.

Barros, Cristina. *El cocinero mexicano: México, 1831*. Ciudad de México: Dirección de Culturas Populares, 2000.

Bourdain, Anthony. *Confesiones de un chef*. Barcelona: RBA Libros, 2015.

Cave, Damien. "Bad Reviews for Patron at Restaurant in Mexico", *New York Times*, 29 de abril de 2013.

Clemens, Michael A., Ethan G. Lewis y Hannah M. Postel. "Immigration Restrictions as Active Labor Market Policy: Evidence from the Mexican Bracero Exclusion", *American Economic Review* 108, no. 6 (2017): 1468-87.

Coe, Sophie D. *America's First Cuisines*. Austin: University of Texas Press, 1994.

Coerver, Don M., Suzanne B. Pasztor y Robert Buffington. *Mexico: An Encyclopedia of Contemporary Culture and History*. Santa Bárbara, California: ABC-Clio, 2004.

Cortés, Hernán. *Cartas y relaciones de Hernán Cortés al emperador Carlos V*. París: A Chaix y Cía., 1866. https://upload.wikimedia.org/wikipedia/commons/6/67/Cartas_y_relaciones_de_Hernan_Cortés_al_emperador_Carlos_v.%3B_%28IA_gri_cartasyrelac00cort%29.pdf.

Cowen, Ruth. *Relish: The Extraordinary Life of Alexis Soyer, Victorian Celebrity Chef*. Londres: Weidenfeld and Nicolson, 2006.

Cummins, Thomas B. F. Reseña de *Casta Paintings: Images of Race in Eighteenth-Century Mexico* de Ilona Katzew e *Imagining Identity in New Spain: Race, Lineage, and the Colonial Body in Portraiture and Casta Paintings* de

Magali M. Carrera. *Arte Bulletin* 88, no. 1 (2006): 185-89.

Dalton, David S. *Mestizo Modernity: Race, Technology, and the Body in Postrevolutionary Mexico*. Gainesville: University of Florida Press, 2018.

de Haldevang, Max. "How Mexico's Vast Tree-Planting Program Ended up Encouraging Deforestation", *Bloomberg News*, 8 de marzo de 2021.

Dubofsky, Melvyn. "Labor Unrest in the United States, 1906-90". *Review (Fernand Braudel Center)* 18, no. 1 (1995): 125-35.

Durand, Jorge, Jorge A. Schiavon, Patricia Arias, Nuty Cárdenas Alaminos, Mónica Jacobo, Diego Terán y Miguel Vilches Hinojosa. *El fenómeno migratorio en Guanajuato: Diagnóstico y propuestas de política pública*. Ciudad de México: Secretaría del Migrante y Enlace Internacional, 30 de noviembre de 2019. https://www.cide.edu/transparencia/fracciones/DOCUMENTOMIGRACIONGUANAJUATO.pdf.

Earle, Rebecca. *The Body of the Conquistador: Food, Race and the Colonial Experience in Spanish America, 1492-1700*. Cambridge: Cambridge University Press, 2012.

Ehrenreich, Barbara. *Nickel and Dimed: On (Not) Getting By In America*. Nueva York: Henry Holt, 2002.

Escalante-Gonzalbo, Pablo, Bernardo García Martínez, Luis Jáuregui, Josefina Zoraida Vázquez, Elisa Speckman Guerra, Javier Garciadiego y Luis Aboites Aguilar. *A New Compact History of Mexico*. Ciudad de México: El Colegio de México, 2013.

Escoffier, Auguste. *Auguste Escoffier: Memories of My Life*. Traducido por Laurence Escoffier. Nueva York: Van Nostrand Reinhold, 1997.

Flores, Lori A. *Grounds for Dreaming: Mexican Americans, Mexican Immigrants, and the California Farmworker*

Movement. New Haven y Londres: Yale University Press, 2016.

———. "A Town Full of Dead Mexicans: The Salinas Valley Tragedy of 1963, The End of the Bracero Program, and the Evolution of the Chicano Movement". *Western Historical Quarterly* 44, no. 2 (2013): 124-43.

Gálvez, Alyshia. *Comer con el TLC: Comercio, políticas alimentarias y la destrucción de México*. Ciudad de México: Fondo de Cultura Económica, 2021.

Grandin, Greg. *The End of the Myth: From the Frontier to the Border Wall in the Mind of America*. Nueva York: Metropolitan Books, 2019.

Guérin-Gonzales, Camille. *Mexican Workers and American Dreams: Immigration, Repatriation, and California Farm Labor, 1900–1939*. New Brunswick, Nueva Jersey: Rutgers University Press, 1994.

Guillermoprieto, Alma. *Looking at History: Dispatches from Latin America*. Nueva York: Pantheon, 2001.

Haley, Andrew P. "The Nation Before Taste: The Challenges of American Culinary History". *Public Historian* 34, no. 2 (2012): 53-78.

Hamilton, Gabrielle. *Blood, Bones and Butter: The Inadvertent Education of a Reluctant Ched*. Nueva York: Random House, 2011.

Harvest of Loneliness (*Cosecha Triste*). Película dirigida por Gilbert Gonzalez, Vivian Price y Adrian Salinas. Nueva York: Films Media Group, 2011.

Hentoff, Nat. "Cracking Heads in Georgia". *Washington Post*, 14 de junio de 1997.

Holmes, Seth M. *Fresh Fruit, Broken Bodies: Migrant Farmworkers in the United States*. Berkeley: University of California Press, 2013.

Lander, Nicholas. *The Art of the Restaurateur.* Nueva York: Phaidon, 2012.

León-Portilla, Miguel. *Visión de los vencidos: relaciones indígenas de la conquista.* 1959. Edición electrónica: Himali. https://archive.org/details/leon-portilla-m.-cronicas-indigenas.-vision-de-los-vencidos-1959-2016/page/83/mode/2up?q=comida.

Long, Janet, coordinadora. *Conquista y comida: Consecuencias del encuentro de dos mundos.* Ciudad de México: Universidad Nacional Autónoma de México, 2018.

Loza, Mireya. *Defiant Braceros: How Migrant Workers Fought for Racial, Sexual, and Political Freedom.* Chapel Hill: University of North Carolina Press, 2016.

Marrow, Helen B. "Race and the New Southern Migration, 1986 to Present". En *Beyond la Frontera: The History of U.S.–Mexico Migration*, editado por Mark Overmyer-Velázquez. Oxford: Oxford University Press, 2011.

McDonald, Daniel. "Another Prison Gone", *Union–Recorder* (Milledgeville, Georgia), 8 de julio de 2009.

Meyer, Danny. *Setting the Table: The Transforming Power of Hospitality in Business.* Nueva York: Harper, 2006.

Mills, Paul J., Cyrielle Caussy y Rohit Loomba. "Glyphosate Excretion Is Associated with Steatohepatitis and Advanced Liver Fibrosis in Patients with Fatty Liver Disease". *Clinical Gastroenterology and Hepatology* 18, no. 3 (2020): 741-43.

Minian, Ana Raquel. *Undocumented Lives: The Untold Story of Mexican Migration.* Cambridge, Massachusetts: Harvard University Press, 2018.

Moore, Truman E. *The Slaves We Rent.* Nueva York: Random House, 1965.

Odem, Mary E. y Elaine Lacy, eds. *Latino Immigrants and the Transformation of the U.S. South.* Athens: University of Georgia Press, 2009.

Perea, Juan F. "The Echoes of Slavery: Recognizing the Racist Origins of the Agricultural and Domestic Worker Exclusion from the National Labor Relations Act". *Ohio State Law Journal* 72, no. 1 (2011): 95-138.

Pilcher, Jeffrey M. *Planet Taco: A Global History of Mexican Food*. Oxford: Oxford University Press, 2012.

————. *¡Que Vivan los Tamales! Food and the Making of Mexican Identity*. Albuquerque: University of New Mexico Press, 1998.

Reséndez, Andrés. "500 years after Aztec rule, Mexico confronts a complicated anniversary". *National Geographic*, 12 de agosto de 2021.

Rozman Clark, Tea, Darlene Xiomara Rodriguez y Lara Smith-Sitton. *Green Card Youth Voices: Immigration Stories from an Atlanta High School*. Minneapolis: Wise Ink Creative Publishing, 2018.

Ruvalcaba, Alonso. "Pujol: Twenty Years of Chilango Cuisine". En *Pujol Veinte*. Ciudad de México: Culinary, 2020.

Shallcross Koziara, Karen. "The Agricultural Minimum Wage: A Preliminary Look". *Monthly Labor Review* 90, no. 9 (1967): 26-29.

Sharpe, Patricia. "Mix Masters". *Texas Monthly*, junio de 1991. https://www.texasmonthly.com/food/mix-masters/.

Vásquez-Medina, José Antonio. *Cocina, nostalgia y etnicidad: En restaurantes mexicanos de Estados Unidos*. Barcelona: Editorial UOC, 2016.

Wilson, Eli Revelle Yano. *Front of the House, Back of the House: Race and Inequality in the Lives of Restaurant Workers*. Nueva York: New York University Press, 2021.

Wozniacka, Gosia. "Less than 1 Percent of US Farmworkers Belong to a Union. Here's Why". *Civil Eats*, 7 de mayo de 2019. https://civileats.com/2019/05/07/less-than-1-percent-of-us-farmworkers-belong-to-a-union-heres-why/.

Índice onomástico

Esta obra se terminó de imprimir
en el mes de octubre de 2025,
en los talleres de Impresora Tauro, S.A. de C.V.
Ciudad de México.